미래를 바꿀
기술 트렌드 100

닛케이 전망
테크놀로지
2026

NIKKEI TECHNOLOGY TENBO 2026
MIRAI WO TSUKURU 100 NO GIJUTSU
written by Nikkei Business Publications, Inc.

Copyright © 2025 by Nikkei Business Publications, Inc.
All rights reserved.
Originally published in Japan by Nikkei Business Publications, Inc.
Korean translation rights arranged with Nikkei Business Publications, Inc. through Tony International.

이 책은 토니 인터내셔널을 통한 권리자와의 독점계약으로
한국어판의 번역권은 시크릿하우스에 있습니다.
저작권법에 의해 한국 내에서 보호를 받는 저작물이므로 무단전재와 무단복제를 금합니다.

미래를 바꿀
기술 트렌드 100

닛케이 전망
테크놀로지 2026

시크릿하우스

머리말

AI 고도화, 다른 분야와의 융합으로 가속화되다

현재 AI(인공지능)는 우리 사회의 '동반자'로서 착실히 발걸음을 옮겨가고 있습니다. 매일의 업무에서 문서 작성이나 정보 정리를 도와주는 생성 AI만이 아닙니다. 스스로 판단하고 필요한 행동을 실행하는 AI 에이전트는 이제 기업에서 대규모 도입 붐을 일으키고 있습니다. 상담 기록을 분석해 다음 단계를 제안하는 영업 지원 AI, 복수의 업무 시스템에 걸친 복잡한 절차를 전자동으로 완수하는 에이전틱 오토메이션, 숙련자 이상의 정밀도로 기기 설계를 수행하는 설계 AI 등 이들 AI는 단순한 도구가 아니라, 함께 성과를 만들어 내는 파트너로서 기업과 개인의 일하는 방식을 변화시키고 있습니다.

 AI의 진화는 AI 자체의 힘뿐만 아니라 다른 분야와의 융합으로 가속화되었습니다. 광회로와 전기회로를 통합해 방대한 연산 처리의 전력 소비를 줄이는 광전융합, 양자비트에 빛을 활용해 상온에서 작동하는 광자 양자컴퓨터 등은 그 대표적인 사례입니다. 이러한 개발과 실용화는 앞으로 AI 고도화를 떠받칠 계산 기반의 혁신이 될 것입니다. PC나 스마트폰 등 단말기 안에서 대규모 언어모델을 실행하는 로컬 LLM, AI 처리 전용 NPU(신경망처리장치)와 같은 경량화·분산화 기술도 실용 단계에 들어서면서, AI는 보다 가까운 생활 현장까지 스며들고 있습니다. AI는 그야말로 수많은 신기술을 길러내는 '기술의 요람'이 되었습니다.

혁신의 물결은 AI에 국한되지 않고 폭넓은 분야로 확산되었습니다. 본서에서는 AI 분야를 비롯해 일렉트로닉스·모빌리티, 환경·에너지, IT·통신, 건축·토목, 의료·바이오·식농, 라이프·워크 스타일까지, 닛케이BP 각 전문지 편집장과 종합연구소 전문가들이 엄선한 '미래를 만드는 100가지 기술'을 수록했습니다. 예를 들어, 전기자동차(EV)의 주행 거리를 크게 늘리는 전고체전지, 건물의 벽과 창에도 설치하기 쉬운 페로브스카이트 태양전지 등 사회 실현이 진행되면 큰 임팩트를 가져올 기술도 포함했습니다.

또한, 100가지 기술 가운데 특히 주목도가 높은 것을 480명의 비즈니스 리더들을 대상으로 한 조사에 기초해 '2030년 테크놀로지 기대 순위'로 소개했습니다. 상위에는 핵융합 발전, AGI(범용 인공지능), 플라잉 카(하늘을 나는 자동차) 등 인류가 오랫동안 꿈꿔온 미래 기술이 이름을 올렸습니다. 그것들은 더 이상 공상에 머무르지 않고 현실에 가까워지고 있었습니다.

금년부터는 새롭게 주목 기술이 투자자로부터 얼마만큼 자금을 조달하고 있는지를 지수화한 '테크놀로지 미래 투자 지수'도 게재했습니다. 암석을 분쇄해 농지 등에 살포하고 대기 중 이산화탄소를 흡수·고정화하는 '암석 풍화 강화' 등 의외의 분야가 막대한 자금을 모으고 있었습니다. 이 리스트를 보면 스타트업을 중심으로 한 최전선의 시도를 조망할 수 있었습니다.

미래를 형성하는 기술의 전체상을 파악하고 다음 단계를 내딛기 위한 나침반이 되도록 이 책을 편집했습니다. 경영 전략 수립, 연구개발 지침, 사업 창출의 힌트로서 많은 분들께 활용될 수 있을 것입니다. 미래는 기다리는 것이 아니라 만들어가는 것입니다. 이 책이 독자 여러분 한 분 한 분의 비전을 키우는 힘이 되기를 기원합니다.

닛케이BP 상무 집행임원 기술미디어 담당
코무카이 마사히로

차 례

머리말 | AI 고도화, 다른 분야와의 융합으로 가속화되다 ◎ 5

1장

2030년 테크놀로지 기대 순위

5년 후, 기대 순위 1위 '광자 양자컴퓨터' ◎ 19

2장

AI

001. AI 에이전트 · 31
002. AGI · 35
003. 에이전틱 오토메이션 · 38
004. AI 기반 개발 · 41
005. MCP(모델, 컨텍스트, 프로토콜) · 44
006. 1비트 LLM · 49
007. 매니샷 ICL · 51
008. 리저버 컴퓨팅 · 54
009. 탈옥 방지 기술 · 58
010. 설계 AI · 63
011. AI 점포 설계 · 68
012. 딥페이크 대책 · 71
013. AI를 활용한 영업 도구 · 74
014. 로봇 기반 모델 · 77
015. HBM · 80

3장
일렉트로닉스·모빌리티

016. 광전융합 ● 89
017. 1.4나노 반도체 ● 94
018. CFET(상보형 전계효과 트랜지스터) ● 97
019. MRAM(자기저항 변화형 메모리) ● 100
020. RISC-V(리스크 파이브) ● 105
021. 나트륨이온전지 ● 108
022. 패널 레벨 패키지 ● 111
023. 마이크로 LED 디스플레이 ● 114
024. 극저온 에칭 ● 117
025. 후공정 자동화 ● 121
026. 고NA(개구수) EUV 노광 ● 125
027. 인휠 모터 ● 130
028. 브레이크 바이 와이어 ● 133
029. 자동차 바디의 일체 성형 ● 136
030. 전고체전지 ● 141
031. 날개 달린 재사용형 준궤도 우주비행체 ● 144

4장
환경·에너지

032. 암석 풍화 강화 ● 153
033. SAF(지속가능한 항공연료) ● 156
034. CCS(이산화탄소 포집·저장)／DAC(대기 직접 포집) ● 159
035. 탈탄소 콘크리트 ● 162
036. 발열·축전 콘크리트 ● 167
037. 합성연료 ● 172
038. 핵융합 ● 175
039. 혁신 경수로 ● 180
040. 고로 수소 환원 ● 183
041. 전 생애 탄소 산정 툴 ● 186
042. 페로브스카이트 태양전지 ● 189
043. PFAS(유기 불소화합물) 프리 ● 194
044. 전력 운반선 ● 197
045. 우주 잔해 제거 ● 200

5장
IT·통신

046. PQC(양자내성 암호) ○ 207
047. RDMA(원격 직접 기억 장치 접근) ○ 212
048. 월드 아이디 ○ 215
049. 인메모리 컴퓨팅 ○ 218
050. 로컬 LLM ○ 223
051. NPU(신경망처리장치) ○ 227
052. 위성 콘스텔레이션 ○ 232
053. 제로 지식 증명 ○ 235
054. 데이터 클린룸 ○ 238
055. 광자 양자컴퓨터 ○ 241
056. 차세대형 교통 혼잡 완화 대책 ○ 244
057. 도시형 데이터센터 ○ 249
058. ISAC(통신·센싱 융합) ○ 252

6장
건축·토목

- 059. 건설 로봇 ◦ 259
- 060. 건설 3D 프린터 ◦ 262
- 061. 인스턴트 하우스 ◦ 265
- 062. 순환형 건축 ◦ 268
- 063. 보급형 스마트빌딩 ◦ 271
- 064. 보급형 목조 빌딩 ◦ 274
- 065. 바살트 섬유 ◦ 277
- 066. 유지보수 사이클의 초고속화 ◦ 282
- 067. 위성 누수 탐사 ◦ 287
- 068. 고정밀 스마트폰 측위 ◦ 292
- 069. 산악 터널 굴착 자동화·원격화 ◦ 295
- 070. 차세대 막 소재 ◦ 298
- 071. 비개착식 수도관 갱신 ◦ 303
- 072. 디지털 트윈 ◦ 306

7장

의료·바이오·식농

073. 생체 모방 시스템 ◉ 313
074. 바이오 제조 ◉ 318
075. 슬립테크 ◉ 321
076. 돼지 신장 이식 ◉ 326
077. 소를 이용한 조직재생형 인대 ◉ 331
078. 치매 조기 발견 플랫폼 ◉ 334
079. PHR(개인 건강 기록) ◉ 337
080. 웰니스테크 ◉ 342
081. 실험실 자동화 ◉ 345
082. 극세 일회용 내시경 ◉ 350
083. 수술용 영상 인식 지원 프로그램 ◉ 353
084. 아쿠아포닉스 ◉ 356
085. 미도리무시 접착제 ◉ 359

Technology 2026

8장
라이프·워크 스타일

- 086. 플라잉 카 ○ 365
- 087. E2E 자율주행 ○ 370
- 088. PnC(플러그 앤드 차지) 시스템 ○ 373
- 089. SDV(소프트웨어 정의 차량) ○ 376
- 090. 주행 중 무선급전 ○ 381
- 091. 실시간 텍스트 통화 ○ 386
- 092. 유사 도면 검색 ○ 391
- 093. AI 챗 광고 ○ 394
- 094. AI 방범 G맨 ○ 397
- 095. 감정 분석 AI ○ 400
- 096. 전기 미각 ○ 403
- 097. 열사병 대응 펠티어식 냉각 베스트 ○ 408
- 098. 텔레비전 CM의 운용형 광고화 ○ 413
- 099. 최애테크 ○ 416
- 100. 뉴로마케팅 ○ 421

스페셜 리포트 | 테크놀로지 미래 투자 지수 ○ 426

Technology 2026

1장

2030년 테크놀로지 기대 순위

5년 후, 가장 기대되는 미래 기술의 1위는 '광자 양자컴퓨터'다. 현실화를 향한 로드맵이 가시화되며, 미래를 바꿀 새로운 테크놀로지들이 속속 등장하고 있다.

5년 후, 기대 순위 1위 '광자 양자컴퓨터'

테크놀로지가 어떤 미래를 만들어 갈까? 이 책은 앞으로의 세계를 조망하기 위해 주목할 만한 100가지 기술을 모아 그 동향을 해설한다. 2016년 첫 번째 책을 발행한 이래, 매년 그 해의 주목할 만한 기술을 계속 소개해 왔으며, 올해로 10번째가 된다.

여기서 다루는 기술은 닛케이BP가 발행하는 전문 잡지의 편집장 및 연구소 소장 약 50명으로부터 추천을 받아 선정한 것이다. IT, 전자, 건설, 의료, 라이프스타일 등 다루는 기술 분야가 매우 다양하다. 이는 매일 새로운 테크놀로지를 접하는 각 전문지 편집장들의 폭넓은 지식과 통찰이 반영된 결과다.

2020년부터는 닛케이BP종합연구소가 실시하는 '5년 후 미래에 관한 조사' 결과도 반영하고 있다. 이 조사에서는 본서에서 다루는 기술에 대해 비즈니스 확대나 신규 비즈니스 창출의 시각에서 '2030년에 중요성이 높다'라고 생각되는 기술과 '지금(2025년) 중요성이 높다'라고 생각되는 기술을 각각 선택하게 하여, 그 기술을 선택한 응답자 수의 비율을 기술의 기대도로 삼아 순위를 정했다 (이번 유효 응답자 수는 480명, 상위 30위까지 책에 게재했다).

조사에 응답한 사람들은 닛케이BP의 인터넷 미디어인 〈닛케이 비즈니스 온라인〉과 〈닛케이 크로스 테크〉 등의 독자를 중심으로, 폭넓은 업계에서 활약하는 비즈니스 리더들이다. 즉, 이 책을 읽으면 비즈니스 리더들이 현재와 가까운 미래에는 어떤 기술에 기대를 걸고 있는지 알 수 있다.

지난 10년간, 코로나 사태를 거치며 우리의 생활은 크게 변했다. 그 변화를 견인한 것은 다양한 분야에서 쌓여온 수많은 기술들이었다. 2025년에도 새로운 기술이 여럿 등장했고, 기존의 기술도 한 걸음 더 나아갔다. 우선은 조사 결과에 나타난 순위를 바탕으로, 기대되는 기술의 전체상을 살펴보도록 하자.

2030년의 가까운 미래

우선 5년 후 가까운 미래부터 보자. 미래이긴 하지만 2030년은 현재와 이어져 있다고 해도 좋을 만큼 앞날을 내다볼 수 있는 시기이므로, 조사 결과에도 현실성이 있다. 2030년 시점에서 가장 중요한 기술이 될 것이라고 비즈니스 리더들이 평가한 기대 순위 1위 기술은 '광자 양자컴퓨터'이다. 양자역학의 현상을 이용하는 양자컴퓨터에는 여러 유형이 있지만, 그중에서도 광자 양자컴퓨터는 특히 양자비트에 광자를 사용하는 것이 특징이며, 상온에서 동작한다.

그 뒤를 이어, 안전하고 수명이 긴 차세대 배터리의 유력주자인 '전고체전지'와 원자력 발전의 과제를 극복하는 '핵융합'이 기대 순위 2위와 3위에 올랐다. 두 기술 모두 거대한 비전을 품고 있으며, 지금의 세상을 근본적으로 바꿔놓을 잠재력을 지녔다고 해도 과언이 아니다.

계속해서 4위는 '건설 로봇', 5위는 'E2E(엔드투엔드) 자율주행', 6위는 'AGI(범용 인공지능)'다. 세 기술 모두 분야는 다르지만, 지금까지 인간이 해왔던 일을 기계나 시스템이 대체한다는 점에서 공통점을 갖는다. 이는 내부에 AI 기술이 탑재되어 있기 때문이다.

이번에 소개하는 테크놀로지들은 이 세 가지에 한정되지 않는다. 분야를 막론하고 대부분이 어떤 형태로든 AI와 밀접하게 연결되어 있다. 예를 들어 '딥페이크 대책'(2030년 랭킹 11위), 'AI 에이전트'(12위), '에이전틱 오토메이션'(17위), '설계 AI'(19위) 등이 그 예다. 다가올 미래는 이제 AI를 빼놓고는 이야기할 수 없는 시대가 되고 있다.

AI 이외의 테크놀로지 가운데서도 미래 사회를 떠올리게 하는 것들이 여럿 있다. 주유소나 충전소에 들르지 않고 달리는 동안 자동차에 에너지를 충전할 수 있는 '주행 중 무선 충전'(7위)이나, 문자 그대로 하늘을 나는 자동차인 '플라잉 카'(10위) 등은 마치 영화 속 세계 같다.

👑 2030년 테크놀로지 기대 순위 (유효 응답 480명)

순위	기술명 [개요]	기대도(%)
1	광자 양자컴퓨터 [광자를 양자비트로 사용하여 상온에서 동작하는 컴퓨터]	48.3
2	전고체전지 [안전하고 수명이 긴 차세대 배터리의 유력 후보]	48.1
3	핵융합 [적은 연료로 막대한 에너지를 얻을 수 있어, 원자력 발전의 한계를 극복할 수 있다]	46.5
4	건설 로봇 [주야 연속 작업이 가능할 뿐만 아니라, 숙련 기술자와 동등하거나 그 이상 수준의 품질을 확보 가능]	44.6
5	E2E 자율주행 [자율주행에 필요한 모든 과제를 AI가 담당]	43.8
6	AGI [인간에 가까운 지능을 지니고, 스스로 학습하며 필요한 작업을 실행하는 AI]	38.3
7	주행 중 무선급전 [노면에서 차량으로 무선으로 전력 공급]	37.1
8	광전융합 [전력 소비를 크게 줄이는 광회로와 전기회로의 통합]	36.7
9	페로브스카이트 태양전지 [건물 벽에도 설치하기 쉬운 차세대 태양광 발전 기술]	35.4
10	플라잉 카 [드론과 자동차의 특성을 결합한 새로운 형태의 항공기]	34.8
11	딥페이크 대책 [AI가 만든 가짜 영상·음성·이미지를 판별]	31.9
12	AI 에이전트 [다양한 작업을 자율적으로 수행하는 AI]	31.5
12	바이오 제조 [생물이 가진 능력과 특성을 활용해 제품을 개발하고 제조하는 기술]	31.5
14	PHR(개인 건강 기록) [개인의 건강·의료 데이터를 관리하여, 질병에 걸리기 전에 미리 치료하는 것]	30.6
15	합성연료 [수소와 이산화탄소를 원료로 제조하는 연료]	29.4
16	나트륨이온전지 [저비용이면서 내구성도 뛰어난, 희토류 금속을 사용하지 않는 전지]	28.5
17	에이전틱 오토메이션 [스스로 판단하고 실행하는 AI를 활용한 업무 자동화]	27.5
18	치매 조기 발견 플랫폼 [산업 간 협력으로 추진, 주택 등에 비접촉형 센서 설치]	26.9
19	설계 AI [숙련자를 능가하는 실력으로 기기를 설계하는 AI]	26.0
20	1.4나노 반도체 [회로선 폭이 바이러스보다 작은 초미세 반도체 기술]	25.8
21	로봇 기반 모델 [고도 수준의 자율 동작을 실행할 수 있는 로봇용 AI 모델]	24.8
22	PQC(양자내성 암호) [양자컴퓨터의 연산 능력에도 견딜 수 있는 암호]	24.6
22	감정 분석 AI [피부 온도, 심박수, 발한 등 생체 데이터를 기반으로 AI가 인간의 감정을 분석]	24.6
24	건설 3D 프린터 [3D 프린터를 활용해 구조물을 건설]	24.4
24	웰니스테크 [심신의 상태를 측정하고, 데이터에 기반해 행동을 지원하는 기술]	24.4
24	SDV(소프트웨어 정의 차량) [차량용 소프트웨어를 업데이트해, 출고 후에도 기능과 성능을 향상시킨다]	24.4
27	CCS(이산화탄소 포집·저장)／DAC(대기 직접 포집) [2050년에 필요할 것으로 예상되는 전 세계 연간 이산화탄소 저장량은 최대 72억 톤]	21.3
28	NPU(신경망처리장치) [PC에 탑재되기 시작한 AI 처리 전용 프로세서]	20.8
28	생체 모방 시스템 [신약, 식품, 화장품 개발 등에서 폭넓게 활용]	20.8
30	발열·축전 콘크리트 [열화가 거의 일어나지 않아 전지나 배터리보다 장기적인 활용이 가능한 기술]	20.6

출처: 닛케이BP종합연구소《5년 후 미래에 관한 조사 [세계를 바꾸는 유망기술(2025년)]》

조사 실시기관: 닛케이BP종합연구소　　**조사 기간:** 2025년 7월 3일~7월 22일　　**유효 응답 수:** 480명

조사 대상: 닛케이BP의 인터넷 미디어(닛케이 비즈니스 온라인, 닛케이 크로스 테크 등)의 독자를 중심으로 폭넓은 업계에서 활약하는 비즈니스 리더에게 인터넷 조사 실시.

대상 기술과 응답 방법: 본서에서 다룬 100건의 기술을 7분야로 분류하여, 각 분야의 기술에 대해 비즈니스 확대와 신규 비즈니스 창출 관점에서 '2030년에 중요성이 높다'라고 생각하는 기술을 최대 3개까지 선택하고, 선택한 응답자 수의 비율을 기대도로 정리했다.

👑 2025년 테크놀로지 기대 순위 (유효 응답 480명)

순위	기술명 [개요]	기대도(%)
1	전고체전지 [안전하고 수명이 긴 차세대 배터리의 유력 후보]	58.3
2	페로브스카이트 태양전지 [건물 벽에도 설치하기 쉬운 차세대 태양광 발전 기술]	47.7
3	건설 로봇 [주야 연속 작업이 가능할 뿐만 아니라, 숙련 기술자와 동등하거나 그 이상 수준의 품질을 확보 가능]	45.4
4	딥페이크 대책 [AI가 만든 가짜 영상·음성·이미지를 판별]	42.7
4	광자 양자컴퓨터 [광자를 양자비트로 사용하여 상온에서 동작하는 컴퓨터]	42.7
6	나트륨이온전지 [저비용이면서 내구성도 뛰어난, 희토류 금속을 사용하지 않는 전지]	40.2
7	AI 에이전트 [다양한 작업을 자율적으로 수행하는 AI]	37.7
8	핵융합 [적은 연료로 막대한 에너지를 얻을 수 있어, 원자력 발전의 한계를 극복할 수 있다]	37.3
9	광전융합 [전력 소비를 크게 줄이는 광회로와 전기회로의 통합]	35.2
10	치매 조기 발견 플랫폼 [산업 간 협력으로 추진, 주택 등에 비접촉형 센서 설치]	32.1
11	웰니스테크 [심신의 상태를 측정하고, 데이터에 기반해 행동을 지원하는 기술]	31.9
11	E2E 자율주행 [자율주행에 필요한 모든 과제를 AI가 담당]	31.9
13	주행 중 무선급전 [노면에서 차량으로 무선으로 전력 공급]	31.0
14	AGI [인간에 가까운 지능을 지니고, 스스로 학습하며 필요한 작업을 실행하는 AI]	30.8
14	PHR(개인 건강 기록) [개인의 건강·의료 데이터를 관리하여, 질병에 걸리기 전에 미리 치료하는 것]	30.8
16	SDV(소프트웨어 정의 차량) [차량용 소프트웨어를 업데이트해, 출고 후에도 기능과 성능을 향상시킨다]	29.4
17	로컬 LLM [개인용 PC나 스마트폰 단말기 내부에서 실행할 수 있는 대규모 언어 모델]	29.2
18	NPU(신경망처리장치) [PC에 탑재되기 시작한 AI 처리 전용 프로세서]	28.5
19	건설 3D 프린터 [3D 프린터를 활용해 구조물을 건설]	25.0
19	열사병 대응 펠티어식 냉각 베스트 [전기를 흘려 소재를 냉각, 소형 팬보다 효율적]	25.0
21	설계 AI [숙련자를 능가하는 실력으로 기기를 설계하는 AI]	24.2
21	합성연료 [수소와 이산화탄소를 원료로 제조하는 연료]	24.2
21	바이오 제조 [생물이 가진 능력과 특성을 활용해 제품을 개발하고 제조하는 기술]	24.2
24	디지털 트윈 [현실 세계를 컴퓨터상에 재현]	24.0
25	감정 분석 AI [피부 온도, 심박수, 발한 등 생체 데이터를 기반으로 AI가 인간의 감정을 분석]	22.5
26	AI 기반 개발 [생성 AI를 활용해 코딩을 수행하고, 시스템 개발을 효율화·고속화]	22.1
27	에이전틱 오토메이션 [스스로 판단하고 실행하는 AI를 활용한 업무 자동화]	21.7
27	1.4나노 반도체 [회로선 폭이 바이러스보다 작은 초미세 반도체 기술]	21.7
29	돼지 신장 이식 [투석이 불필요해지는, 동물에서 인간으로의 장기 이식]	21.0
30	도시형 데이터센터 ['교외·신축'에서 '도심·전용'으로]	20.8

출처: 닛케이BP종합연구소 《5년 후 미래에 관한 조사[세계를 바꾸는 유망기술(2025년)편]》
조사 실시기관: 닛케이BP종합연구소   **조사 기간**: 22025년 7월 3일~7월 22일   **유효 응답 수**: 480명
조사 대상: 닛케이BP의 인터넷 미디어(닛케이 비즈니스 온라인, 닛케이 크로스 테크 등)의 독자를 중심으로 폭넓은 업계에서 활약하는 비즈니스 리더에게 인터넷 조사 실시.
대상 기술과 응답 방법: 본서에서 다룬 100개 기술을 7개 분야로 분류하여, 각 분야의 기술에 대해 비즈니스 확대 및 신규 비즈니스 창출 관점에서 '지금(2025년) 중요도가 높다'라고 생각하는 기술을 최대 3개까지 선택하고, 선택한 응답자 수의 비율을 기대도로 정리했다.

2025년 현재

그렇다면 지금, 가장 주목받는 핵심 기술은 무엇일까. 1위는 전고체전지, 2위는 페로브스카이트 태양전지로, 두 기술 모두 '전기'를 중심으로 한 분야에 속한다. 전고체전지는 전기차(EV)에 탑재해 주행거리를 늘리거나 충전 시간을 단축하는 기술로 기대된다. 한편, 가볍고 유연한 페로브스카이트 태양전지는 지금까지 태양광 패널을 설치할 수 없었던 장소에도 설치할 수 있는 것이 특징이다. 두 기술 모두 명확한 용도를 쉽게 떠올릴 수 있고 효과 또한 기대할 수 있기 때문에 기대 순위 상위에 올랐을지도 모른다.

4위의 '딥페이크 대책'은 사회를 뒤흔들 수 있는 기술의 발전을 건전하게 이끌어가기 위한 시급한 과제이다. '광자 양자컴퓨터'(2025년 랭킹 4위)는 IT를 둘러싼 환경을 크게 변화시킬 가능성을 지니고 있으며, '나트륨이온전지'(6위) 역시 실용화를 향한 연구가 빠른 속도로 진행되고 있다.

이러한 점들을 보더라도 알 수 있듯이, 기대 순위 상위에 이름을 올린 기술의 상당수는 실용화 직전 단계이거나 프로토타입 검증 단계에 있는 것이다. 책에서는 실용화 수준을 세 단계로 평가한 '기술 성숙 레벨'을 각각의 기술마다 기재하고 있는데, 상위 10위 기술 가운데 성숙도가 가장 높은 '고(高)'가 3개, '중(中)'이 5개라는 평가였다.

이 책의 구성

이제 이 책의 구성을 설명하겠다. 2장에서 8장까지는 분야별 테크놀로지를 소개한다. 2장은 우리의 세계를 크게 바꿀 것이 확실한 AI를 다룬다. 2022년 후반에 등장한 '챗GPT'는 이제 많은 사람이 알고 활용하기 시작했지만, 2025년 현재는 AI의 보급을 더욱 가속화하는 기술들이 수없이 등장하고 있다. AI의 정밀도를 높이는 기술, 적은 자원으로 사용할 수 있도록 하는 기술, 업무에 적용하기 위한 기술, 악용이나 오용을 방지하는 기술, 나아가 인간 활동 전반을 대체하는 기술 등이 그것이다.

3장은 일렉트로닉스·모빌리티다. 일렉트로닉스 분야는 제품이나 서비스의 기반이 되는 기술이므로 일반인에게는 잘 보이지 않지만, 첨단 공업기술이나 소재가 속속 등장하고 있다. 더 작게, 더 빠르게, 더 가볍게라는 방향의 혁신이 두드러진다. 또한 모빌리티 분야에서는 전기차가 주목받기 쉽지만, 그것뿐만 아니라 아키텍처의 변혁과 제조 공정의 효율화도 나타나고 있다.

이어지는 4장에서는 환경·에너지 분야의 기술을 소개한다. 이 장에서는 지금 세계가 안고 있는 문제를 해결하려는 기술이 줄줄이 등장한다. 환경 분야에서는 이산화탄소 저감을 목표로 실효성을 갖춘 기술들이 여럿 나타나고 있다. 에너지 분야에서도 발전과 송전에 관련된 새로운 기술에 관심이 모인다.

5장은 IT·통신을 다룬다. IT의 여명기부터 오래도록 주류를 담당해 온 폰 노이만 구조 컴퓨터를 크게 능가하는, 다음 시대의 IT·통신의 모습을 상상하게 하는 최신 기술이 다수 등장하고 있다. 방대한 데이터를 얼마나 빠르고, 안전하며, 저렴하게 처리할 것인가가 테마다.

6장에서는 건축·토목 기술을 살펴본다. 업계에서 문제로 지적되는 인력 부족을 보완하는 기술이나, 지속가능성을 고려하기 위한 기술이 눈에 띈다. 또한, 싱크홀 등 최근 뉴스에 보도되는 도로 붕괴 사고를 미연에 방지하거나, 발생 시 신속하게 복구하기 위한 기술도 주목 대상이다.

7장은 의료·바이오·식농이다. 동물의 몸을 이용한 치료나, 인체의 기능을 다양한 사물에 응용하는 등 한때는 SF(공상과학)라고 여겨졌을 기술이 현실이 되고 있다.

마지막 8장은 라이프·워크 스타일이다. 이 장을 읽으면 일상의 생활이나 비즈니스 현장에서 우리의 삶이 어떻게 변해갈지를 구체적으로 그려볼 수 있을 것이다.

테크놀로지 미래 투자 지수

이번 책에서는 시리즈 최초로 '테크놀로지 미래 투자 지수'를 권말에 수록했다. 이 지수는 주목받는 기술들이 어느 정도의 자금을 유치하고 있는지를 수치로 나타낸 것이다. 자금 조달 규모는 투자자들이 해당 기술에 얼마나 큰 기대를 걸고 있는지를 보여주는 지표이기도 하므로, 앞으로 유망한 기술을 가늠할 수 있는 중요한 단서가 된다. 닛케이BP와 스타트업 데이터베이스(DB) 운영사 주바(Zuva)가 공동으로 개발해, 2025년 봄부터 공개하고 있다.

닛케이BP종합연구소의 조사와는 다른 관점에서의 조사이기 때문에, 이 책에서 해설한 100가지 기술과 반드시 일치하는 것은 아니다. 그러나 자금 흐름이라는 관점에서 기술의 동향을 살펴보는 이 지표 역시, 앞으로의 기술이나 비즈니스를 전망하는 데 크게 참고가 될 것이다. 2025년 7월 시점에서 1위는 이 책에서도 소개하고 있는 '암석 풍화 강화'였고, 2위는 '딥페이크 탐지', 3위는 '우주 자원 채굴'이었다.

기술 성숙 레벨과 기대지수 읽는 법

이 책에 기재한 100개의 기술 모두 앞부분에 '기술 성숙 레벨'과 '2030 기대지수'를 함께 표기했다. 기술 성숙도는 3단계로 평가했다. '고(高)'는 이미 실용화되어 제품이 출시된 것, '중(中)'은 프로토타입이 존재하고 검증이 진행되고 있는 것, '저(低)'는 아직 연구 단계에 있으며, 경우에 따라 이론만 존재하는 것이다. 또한, '2030 기대지수'는 앞서 설명한 테크놀로지 기대 순위 조사에 근거하여, 2030년 기대 수준을 기록한 것이다. 이러한 지표를 바탕으로 현재 등장하고 있는 기술이 어느 정도 기대할 만한지, 또 실용 단계에 얼마나 가까워지고 있는지를 이해할 수 있을 것이다.

이제부터는 각 기술을 하나씩 살펴보자. 그 기술이 무엇이며, 현재 어떤 기업과 연구소가 참여하고 있는지, 어떤 과제가 남아 있고, 앞으로 어떤 가능성이 열려 있는지를 함께 짚어본다. 읽는 동안 미래 기술의 흐름을 즐기며 느껴보길 바란다.

Technology 2026

2장

AI

AI가 이제 본격적으로 우리 일상 가까이 다가왔다. 정확도를 높이는 기술, AI를 손쉽게 활용할 수 있는 시스템 개발 기술, 그리고 AI를 능숙하게 다루는 응용 기술까지… 다양한 관점에서 신기술들이 잇따라 등장하고 있다.

001.

AI 에이전트

다양한 작업을 자율적으로 수행하는 AI

| 기술 성숙 레벨 | 중 | 2030 기대지수 | 31.5 |

AI 에이전트란 인간의 개입을 최소화한 채 자율적으로 작업을 수행하는 인공지능 기반 시스템을 말한다. 결과물을 생성할 때마다 인간의 지시를 필요로 하는 생성 AI와 달리, 사용자의 요구에 맞추어 작업 분해·계획 수립·행동 실행까지 스스로 판단해 수행할 수 있다. '퍼스널 어시스턴트'를 시작으로, 기업에서는 업무 효율화 등에 기여할 것으로 기대하고 있다.

AI 에이전트는 사용자가 자연어로 내린 지시를 대규모 언어모델(LLM)이 해석하고, 적절한 수단을 선택해 자율적으로 처리를 실행한다. 직원의 출장을 지원하는 AI 에이전트를 예로 들어보자. AI 에이전트는 사용자와 출장을 주제로 대화를 이어가면서, 그 이면에서 웹 검색이나 API(애플리케이션 프로그래밍 인터페이스) 등을 활용해 장소나 예산과 같은 사용자의 요구에 맞는 항공편과 숙소를

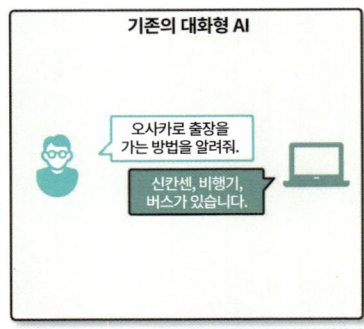 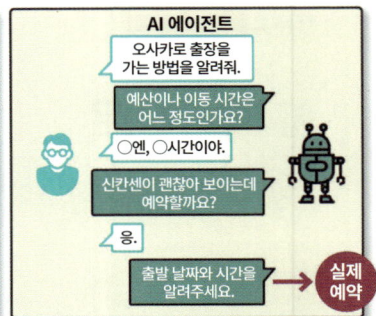

기존 생성형 AI와 AI 에이전트의 차이
(출처: 닛케이 컴퓨터, 일부 아이콘: Flaticon.com)

찾아낸다. 나아가 예약 사이트에 접속해 항공편이나 숙소를 실제로 예약한다. 또한 AI 에이전트가 사내 시스템을 불러올 수 있도록 하면, 출장 경비 정산까지 자동으로 완료하는 것도 가능하다.

에이전트 기능이 없는 기존의 대화형 AI도 사용자의 질문에 대해 학습 데이터에 기반한 답변을 생성할 수 있다. 그러나 이들만으로는 예약이나 경비 정산과 같은 구체적인 처리를 실행하기는 어려웠다.

기업 시스템에서는 AI 에이전트를 활용해 업무 프로세스 전체를 자동화하는 데 주목했다. 생성 AI 붐의 초기에는 문서 요약이나 회의록 작성 등 업무 프로세스 일부를 효율화하는 사용 방식이 중심이었다. 그러나 현재는 업무 소프트웨어를 개발 및 제공하는 각각의 기업들이 자사 제품에 AI 에이전트를 탑재하는 데 힘을 쏟고 있다.

그중 한 곳이 고객정보관리(CRM) 소프트웨어 대기업인 미국의 세일즈포스다. 세일즈포스는 2025년 4월, AI 에이전트 기반 플랫폼 '에이전트포스 2dx(Agentforce 2dx)'의 일본 내 제공을 시작했다. 서비스명의 dx는 'developer experience(개발자 경험)'의 약자였다. 말

미국 세일즈포스 패트릭 스톡스 프로덕트
& 인더스트리 마케팅 담당 수석 부사장
(출처: 닛케이 크로스 테크)

그대로, 에이전트의 개발에서부터 배포, 모니터링에 이르기까지 개발 라이프 사이클 전 과정을 지원하는 기능을 강화한 것이다.

새롭게 추가된 기능 가운데 하나는 에이전트 개발 자체를 AI가 지원하는 기능이다. 에이전트로 만들고자 하는 업무 내용을 자연어로 입력하면, AI가 자동으로 에이전트의 목적을 정의한 '토픽', 그 목적을 달성하기 위한 처리 단계인 '액션', 그리고 에이전트에 대한 지시문 후보를 제시한다. 개발자는 AI가 제안한 토픽이나 액션을 선택하기만 하면 간단히 에이전트를 완성할 수 있다.

에이전트 테스트를 지원하는 기능에서는 수천 건의 테스트 케이스를 자동으로 생성할 수 있다. 그 밖에도 에이전트의 동작을 시각화하고 모니터링하는 인터랙션 익스플로러(Interaction Explorer)도 제공한다. 이는 에이전트와 사용자 간의 대화 내용을 기록한 뒤, AI가 이를 식별해 태그를 달고 분류하는 기능이다. 액션의 처리 내용이나 실행에 걸린 시간도 확인할 수 있다.

에이전트포스 2dx에서는 이전보다 한층 더 자율적으로 작동하

AI에 의한 에이전트 개발 지원 데모
(출처: 닛케이 크로스 테크)

는 에이전트를 개발할 수 있다. 기존에는 사용자의 질문이 에이전트 동작의 출발점이 되었지만, 에이전트포스 2dx에서는 업무 프로세스를 플로차트 형태로 설계하고 자동화하는 기능인 '플로우(Flow)'에 에이전트를 결합할 수 있다. 예를 들어, 데이터 플랫폼 '세일즈포스 데이터 클라우드(Salesforce Data Cloud)'의 데이터가 변경되면 에이전트가 자동으로 기동되어, 데이터 변경에 따라 필요한 처리를 스스로 판단해 실행한다.

세일즈포스의 패트릭 스톡스 프로덕트&인더스트리 마케팅 담당 수석부사장(EVP)은 경쟁사 대비 강점에 대해 "특정 목적에 한정된 에이전트가 아니라, 자사 업무에 맞게 유연하게 개발할 수 있다는 점이 경쟁사와의 가장 큰 차별점이다"라고 말했다.

— 아츠미 유리(닛케이 크로스 테크, 닛케이 컴퓨터)

002.

AGI

인간에 가까운 지능을 지니고,
스스로 학습하며 필요한 작업을 실행하는 AI

기술 성숙 레벨 | 저   2030 기대지수 | 38.3

AGI(범용 인공지능)란 인간과 마찬가지로 폭넓은 분야에서 사고·학습·판단을 할 수 있는 AI를 말한다. 현재의 AI가 특정 작업에 특화되어 있는 것과 달리, AGI는 미지의 문제에도 유연하게 대응할 수 있고, 자율적으로 지식을 응용하면서 복잡한 과제를 해결할 수 있다. AGI가 실현된다면 교육, 의료, 연구, 비즈니스 등 많은 분야에서 인간의 파트너로 활약할 것으로 기대하고 있다.

소프트뱅크그룹(SBG)과 미국 오픈AI가 공동으로 개발·판매하는 기업용 AI 에이전트 '크리스털 인텔리전스(Crystal Intelligence)'. 2025년 2월 열린 발표회에서 SBG의 손정의 회장은 이 제품의 특징으로 'AI의 장기 기억(Long-Term Memory) 기능'을 꼽았다.
  크리스털 인텔리전스는 기업 내의 모든 시스템과 소스코드를

AI는 각 기업 전용으로 커스터마이즈된다.
(출처: 닛케이 크로스 테크)

학습해, 경영의 핵심 파트너로서 자율적으로 업무를 수행하는 AI다. 회의 시에는 토론 파트너로 참여하고, 콜센터에서는 상담 업무를 지원하기도 한다. 또한 기업 데이터를 안전하게 보호하기 위해, 각 기업별로 맞춤형으로 커스터마이징된 버전이 제공된다.

크리스털 인텔리전스가 겨냥하는 주요 고객은 기업, 그중에서도 대기업이다. 손정의 회장은 그 이유에 대해 "대기업에는 AI가 학습하기에 적합한 양질의 데이터가 방대하게 축적되어 있기 때문"이라고 설명했다. 그는 또 "AGI는 개인보다 먼저 기업, 특히 대기업에서 시작될 것이다. AGI를 실현하려면 막대한 비용이 들고, 그 부담을 감당할 수 있는 재력을 가진 곳은 결국 대기업뿐이다"라고 덧붙였다.

손정의 회장은 크리스털 인텔리전스를 소개하며 'AI의 장기 기억'의 중요성을 거듭 강조했다. 오픈AI의 샘 올트먼(Sam Altman) CEO 역시 발표회에서 "앞으로의 AI 모델에서는 장기 기억이 핵심이 될 것"이라고 말했다. 기존의 RAG(검색 확장 생성) 기술은 실시간으로 정보를 갱신해 최신 데이터를 반영할 수 있다는 장점이 있었지만, 컨텍스트 윈도의 길이에 제한이 있어 단기 기억에 머물렀다는 한계가 있었다. 손 회장은 이에 대해 "장기 기억이 구현되면 프롬프트 엔지니어링이 더 이상 필요하지 않게 될 것"이라며 크리스털 인텔리전스의 잠재력에 대한 기대감을 드러냈다.

손정의 회장 겸 사장은 2024년 6월 정기 주주총회에서, 당초 10년 이내에 실현될 것으로 예상했던 AGI가 3~5년 안에 도래할 것이라며 시기를 앞당겼다. 그는 인류 진화의 주체가 인간에서 AGI로 바뀌게 될 것이라고 말했다.

— 나가타 유다이(닛케이 크로스 테크, 닛케이 컴퓨터)

003.

에이전틱 오토메이션

스스로 판단하고 실행하는
AI를 활용한 업무 자동화

기술 성숙 레벨 | 중   2030 기대지수 | 27.5

데이터 처리나 PC 작업을 자동화하는 RPA(로보틱 프로세스 오토메이션)에, 주어진 목표에 따라 다양한 작업을 자율적으로 수행하는 AI 에이전트를 결합함으로써 보다 고도화된 업무 자동화를 실현한 기술이다.

PC 조작을 자동화해 업무 효율화를 실현하는 대표적인 도구 가운데 하나가 바로 RPA(로보틱 프로세스 오토메이션)다. 로봇이 PC를 다루듯 운영체제나 애플리케이션을 조작해, 데이터 수집·입력·전기·송신 등의 작업을 자동으로 수행할 수 있다. 예를 들어 청구서에서 날짜, 거래처명, 상품명, 금액 등을 읽어 회계 시스템에 등록하는 등 정형화된 업무를 자동화할 수 있다. 지난 10여 년 동안 디지털 트랜스포메이션(DX) 추진이나 '일하는 방식 개혁'의 흐름 속에서 RPA는 유력한 업무 혁신 수단으로 주목받아왔다.

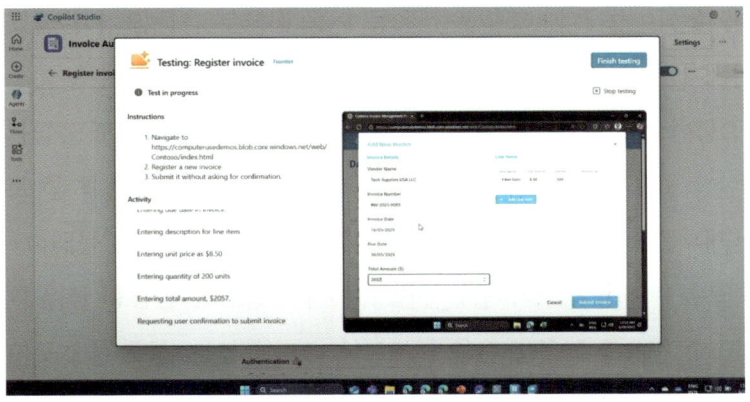

'코파일럿 스튜디오'를 활용한 에이전틱 오토메이션
마이크로소프트의 AI 에이전트 구축 도구 코파일럿 스튜디오(Copilot Studio)를 이용한 업무 자동화 데모 화면. PC 조작을 자동화하는 컴퓨터유즈(computeruse)와 연동해, AI가 PC를 직접 조작하며 지금까지 사람이 수행하던 작업을 자동화한다.
(출처: 마이크로소프트 온라인 스트리밍 영상)

그러나 RPA를 활용해 업무를 자동화하려면, 해당 업무가 일정한 규칙을 따르고 있어야 했다. 예를 들어 청구서의 어느 위치에 날짜가 있고, 어디에 거래처명이 있는지 등이 명확히 정해져 있지 않으면 RPA의 동작을 정확히 지정할 수 없었다. 따라서 거래처마다 형식이 다른 청구서가 들어오는 경우에는 자동화가 사실상 어려웠다.

이러한 한계를 해결하기 위해 등장한 것이 바로 에이전틱 오토메이션이다. '에이전틱 프로세스 오토메이션'이라고도 불리는 이 기술은, 최근의 AI가 문서를 읽고 이해하는 능력이 비약적으로 향상되면서 가능해졌다. AI는 청구서의 형식이 제각각이더라도 내용을 파악해 필요한 정보를 추출할 수 있으며, PC 화면의 구성을 이해해 입력란의 위치나 눌러야 할 버튼까지 스스로 판단할 수 있다. 이처럼 AI가 자율적으로 PC를 조작해 업무를 자동화하는 방식이 바로 에이전틱 오토메이션이다. 현재 미국의 유아이패스(UIPath)와 마이크로소프트(Microsoft) 등 RPA 분야의 선도 기업들이 이 기술을 본격적으로 도입, 전개하고 있다.

　에이전틱 오토메이션은 자동화의 수준을 한층 끌어올렸을 뿐 아니라, 자동화 프로세스 자체도 훨씬 단순해졌다. RPA의 경우 처리 내용이나 조작 절차를 규칙에 따라 일일이 설정해야 했지만, 에이전틱 오토메이션에서는 대화형 AI에게 질문하듯 자연스러운 언어로 하고 싶은 일을 요청하기만 하면 된다. AI가 필요한 조작을 스스로 판단해 프로세스를 설계하고 실행해주기 때문이다. 유능한 동료나 부하 직원에게 일을 맡기듯, 다양한 업무를 손쉽게 자동화할 수 있을 것으로 기대된다.

― 다무라 노리오(크로스미디어 편집부)

004.

AI 기반 개발

생성 AI를 활용해 코딩을 수행하고,
시스템 개발을 효율화·고속화

기술 성숙 레벨 | 중   2030 기대지수 | **20.2**

AI 기반 개발은 생성형 인공지능을 이용해 코딩을 자동으로 수행함으로써, 시스템 개발의 효율과 속도를 크게 높이는 기술이다. 자재 통신판매 기업 모노타로가 이 방식을 본격적으로 도입했다.

'AI 기반 개발'에 나선 모노타로는 미국 깃허브(GitHub)가 제공하는 깃허브 코파일럿(GitHub Copilot)을 표준 개발 도구로 채택해 2023년 5월 전사적으로 도입했다. 또한 미국 코그니션AI(Cognition AI)가 개발한 자율형 AI 데빈(Devin), 코딩 에디터 비주얼 스튜디오 코드(Visual Studio Code, VS Code)용 오픈소스 확장 기능 클라인(Cline), 그리고 미국 에니스피어(Anysphere)가 개발한 코딩 에디터 커서(Cursor) 등 세 가지 생성형 AI 도구를 함께 시험 운영 중이다.

먼저 데빈이다. 모노타로 플랫폼 엔지니어링 부문 CTO-오피

사용 툴	이용 상황
데빈(Devin)	2025년 1월 도입, 약 160명 이용. 컨테이너 설정 파일 작성 등 IaC(인프라스트럭처 애즈 코드) 업무에 활용
클라인(Cline)	2025년 1월 도입, 약 250명에게 접근 권한 부여. 파일 읽기 및 명령 실행 기능을 지원
커서(Cursor)	2025년 1월 도입, 2월부터 평가 시작. 약 40명 이용. GitHub Copilot과 비교해 속도와 보완능력에서 강점

모노타로가 시험 운영 중인 개발 지원 툴
(출처: 모노타로 자료를 바탕으로 닛케이 크로스 테크 작성)

스 그룹 AI 기반 개발팀의 이치하라 고타로 팀리더는 가장 성공적인 사례로 IaC(Infrastructure as Code)활용을 꼽았다. 모노타로는 컨테이너 관리 도구인 쿠버네티스(Kubernetes)를 사용하고 있으며, 그동안 각 개발팀에서는 유사한 YAML 파일을 사람이 직접 작성해 왔다. 이 작업을 데빈에 맡긴 결과, "개발 속도가 눈에 띄게 빨라졌다"라고 이치하라 팀리더는 말했다.

다음은 AI 에이전트 클라인이다. 모노타로는 2025년 5월 기준으로 약 250명에게 접근 권한을 부여했으며, 이용 요금은 6,000달러(약 820만 원)였다. 모노타로가 발표한 2025년 4월 실적에 따르면, 클라인을 사용하는 엔지니어들의 코드 변경 요청 수는 도입 전과 큰 차이가 없었다. 다만 상위 20%의 헤비유저는 코드 변경 요청 수가 약 30% 증가했다. 숙련도에 따라 효과가 달라지는 도구라고 할 수 있을 것이다.

코딩 도구 커서는 2025년 1월에 도입되어 약 40명이 시험 사용 중이었다. 이치하라 팀리더는 "속도와 보완 수준은 깃허브 코파일럿보다 높다"라고 평가하지만, 비용 면에서는 깃허브 코파일럿

이 더 유리하다고 덧붙였다.

생산성을 높이는 핵심 동력으로서 AI 기반 개발에 대한 기대는 크다. 예를 들어, 문서화되지 않은 기능이라도 AI의 리버스 엔지니어링을 활용하면 프로그램 코드에서 문서를 자동으로 생성할 수 있다.

— 쿠니시 리사코(닛케이 크로스 테크)

005.

MCP(모델, 컨텍스트, 프로토콜)

AI 애플리케이션과 외부 시스템을 연계하는
오픈 프로토콜

기술 성숙 레벨 | 중   2030 기대지수 | 5.4

MCP(Model Context Protocol)는 미국 앤스로픽이 개발한 AI 애플리케이션과 외부 시스템을 연결하기 위한 오픈 프로토콜이다. 이를 활용하면 AI가 다양한 데이터와 서비스에 더욱 쉽게 접근하고 연동할 수 있어, AI 활용의 폭이 한층 더 확장될 것으로 기대되고 있다.

2025년 3월, 미국 마이크로소프트의 사티아 나델라 CEO는 도쿄에서 열린 '마이크로소프트 AI 투어 2025' 기조연설에서 새로운 플랫폼 구축에 전력을 다하고 있다고 밝혔다. 그가 말한 플랫폼이 바로 '에이전틱 웹(Agentic Web)'이다. 이 에이전틱 웹의 기반을 이루는 것이 MCP다. 에이전틱 웹의 세계에서는 다양한 태스크를 자율적으로 수행하는 AI 에이전트들이 웹사이트나 웹서비스처럼 네트워크 공간 곳곳에 존재하며, 서로 연계한다.

'마이크로소프트 AI 투어 2025'에서 강연 중인 미국 마이크로소프트의 사티아 나델라 CEO
(출처: 닛케이 크로스 테크)

현재 시장에 나와 있는 AI 에이전트들은 주로 '조사'처럼 단일한 작업을 개별적으로 수행하는 수준에 머물러 있다. 그러나 앞으로 도래할 에이전틱 웹의 세계에서는 서로 다른 종류의 AI 에이전트들이 유기적으로 연결되어 지금보다 훨씬 복잡한 태스크를 함께 수행할 수 있게 될 것이다. 사티아 나델라 CEO는 이에 대해 이렇게 말했다.

"지금까지는 개인, 기업, 팀의 엔드투엔드 비즈니스 프로세스가 애플리케이션이나 웹사이트 형태로 구축되어 왔다면, 앞으로는 그 모든 프로세스가 AI 에이전트나 AI 에이전트 간의 소통을 통해 재구성될 것이다."

예를 들어 개인 사용자의 세계에서는 "사람들이 정보를 조사하고 찾는 방식, 뉴스를 보는 방식, 게임이나 엔터테인먼트를 즐기는 방식, 그리고 쇼핑에 이르기까지 모든 경험이 새롭게 재정

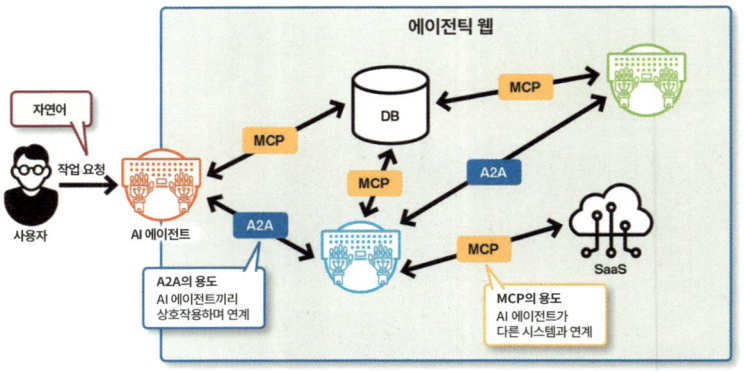

에이전틱 웹의 개념도
(출처: 닛케이 크로스 테크 작성)

의될 것이다. 지금은 브라우저, 웹사이트, 모바일 애플리케이션에 의존하고 있지만, 앞으로는 이러한 소비자 행동 전반이 AI 에이전트에 의해 크게 바뀌게 될 것이다"라고 나델라 CEO는 설명했다. 또한 마이크로소프트의 자회사인 깃허브의 토머스 돔케 CEO는 "MCP가 에이전틱 웹을 실현하는 데 중요한 핵심 요소가 될 것"이라고 강조했다.

MCP는 AI 스타트업 앤스로픽이 2024년 11월에 발표한 AI 에이전트와 외부 시스템을 연결하기 위한 프로토콜이다. 기존의 AI 에이전트들도 '커넥터(Connector)'라 불리는 기술을 이용해 SaaS(서비스형 소프트웨어)나 DB 등 외부 시스템과 연동할 수 있었다. 하지만 마이크로소프트의 코파일럿, AWS의 아마존 Q 등 각 기업의 AI 에이전트 기술마다 고유한 커넥터를 사용하고 있었고, 서로 간의 호환성은 없었다.

이에 비해 앤스로픽이 제안한 MCP는 다양한 AI 에이전트가 여러 외부 시스템과 연동할 수 있는 공통 프로토콜로 자리 잡았다. 앤스로픽은 MCP를 두고 "AI 에이전트에게 있어 USB-C와 같은 존재"라고 표현한다. 깃허브의 토머스 돔케 CEO는 "MCP는 HTTP에 비견되는 기술"이라고 평가한다. 그는 "1990년대 초 팀 버너스-리가 월드 와이드 웹(www)을 발명했을 때, 혁신의 핵심은 링크와 HTTP였다. 그 시절 사람들은 정적인 웹페이지를 만들었지만, 오늘날에는 HTTP를 통해 서로 연동되는 동적 웹사이트와 웹서비스가 주류가 되었다"고 말한다.

현재는 각 벤더가 정의한 한정된 환경 안에서 폐쇄적으로 활동하던 AI 에이전트들이 MCP를 통해 벤더의 경계를 넘어 서로 동적으로 연결될 수 있게 된다. 이러한 변화가 바로 돔케 CEO가 예측하는 에이전틱 웹의 세계다.

MCP에서는 MCP에 대응하는 AI 에이전트를 MCP 클라이언트, 그리고 MCP를 통해 AI 에이전트에게 기능이나 정보를 제공하는 존재를 MCP 서버라고 부른다. 깃허브는 2025년 4월, 자사의 소스코드 관리 기능 등을 활용할 수 있는 MCP 서버 기능 프리뷰 버전을 공개했다. 또한 소프트웨어 개발용 AI 어시스턴트인 깃허브 코파일럿과 개발 도구 '비주얼 스튜디오 코드(VS Code)'에 탑재된 GitHub Copilot in VS Code에도 MCP 클라이언트 기능을 구현했다.

구글은 2025년 4월, AI 에이전트끼리 상호 연동할 수 있도록 하는 Agent2Agent(A2A) 프로토콜을 발표했다. 이 프로토콜은 MCP를 보완하는 사양으로 제시된 것이다. 이어 마이크로소프트도 같은 해 5월, A2A 지원을 공식 발표했다. 이로써 MCP와 A2A를 통해 벤더나 플랫폼의 경계를 넘어 AI 에이전트들이 서로 연계할 수 있는 환경이 마련되었다.

— 미즈 타츠야(닛케이 크로스 테크, 닛케이 컴퓨터)
나카타 아츠시(AI·데이터랩)

006.

1비트 LLM

생성 AI가 사용하는 전력 소비량을
한 자릿수 수준으로 줄일 수 있는 대규모 언어 모델

기술 성숙 레벨 | 중   2030 기대지수 | 13.5

1비트 LLM으로 주목받은 비트넷(BitNet)에 대해 "AI의 에너지 효율을 한 자릿수 수준으로 개선할 수 있다"고 밝힌 사람은 비트넷을 개발한 마이크로소프트 연구 부문, 마이크로소프트 리서치 아시아(MSR Asia)의 리돈 저우 소장이었다.

비트넷(BitNet)은 대규모 언어모델(LLM)의 파라미터를 −1, 0, 1이라는 단 세 가지 값(1.58비트)으로 구성한 기술이다. 이 기술은 MSR 아시아 연구진이 2024년 2월, 논문 사전 공개 사이트 아카이브(arXiv)에 게재한 〈The Era of 1-bit LLMs: All Large Language Models are in 1.58 Bits〉라는 논문에서 처음 공개되었다. 비트넷은 기존 16비트 파라미터로 구성된 트랜스포머 기반 LLM과 비교했을 때, 문장 이해력 등 핵심 성능은 그대로 유지하면서도 계산 비용, 메모리 사용량, 에너지 소비량을 획기적으로 줄일 수 있다.

저우 소장은 현재 AI가 안고 있는 가장 큰 문제로 "학습과 추론에 드는 비용이 지나치게 높고, 특히 인간의 뇌와 비교했을 때 에너지 효율이 최소 5~6자릿수나 떨어진다"는 점을 지적했다. 그는 이어 "기존의 머신러닝에서는 행렬의 곱셈과 덧셈을 모두 수행해야 했지만, 비트넷에서는 덧셈만으로 계산이 가능하다. 또한 더 낮은 비트 표현을 사용하면, 사전에 계산된 데이터를 참조하는 '룩업 테이블(lookup table)'을 구축할 수 있어 별도의 계산 과정을 수행할 필요가 없어진다. 이로써 에너지 효율을 한 자릿수 이상 더 개선할 수 있다"라고 설명했다.

저우 소장은 비트넷의 구현에는 덧셈 연산과 룩업 테이블 처리에 특화된 전용 하드웨어가 필요하다고 설명했다. 이는 현재 머신러닝에 주로 사용되는 행렬 연산 중심의 GPU와는 "완전히 다른 설계가 될 것"이라고 말했다. 그는 이어 "가속기 설계를 근본적으로 다시 검토할 필요가 있다"며, 1비트 LLM이 기존 GPU 이후의 새로운 패러다임, 즉 '포스트 GPU' 시대를 여는 흐름을 만들어낼 가능성이 있다고 전망했다.

또한 저우 소장은 최근 몇 년간 컴퓨터 사이언스의 기초 연구뿐 아니라, 분야의 경계를 넘는 응용 연구와 사회적 과제를 다루는 연구의 중요성이 커지고 있다고 밝혔다. 그는 특히 일본 사회가 직면한 주요 과제로 "급속히 진행되는 고령화"를 지목했다.

— 미즈 타츠야(닛케이 크로스 테크, 닛케이 컴퓨터)

007.

매니샷 ICL

프롬프트에 지식 정보를 삽입해
생성형 AI의 정확도를 향상

기술 성숙 레벨 | 중   2030 기대지수 | 4.6

프롬프트 안에 외부 지식 정보를 대량으로 삽입하고, 그 정보에 기반해 대규모 언어모델(LLM)로 하여금 답변을 생성하게 하는 기법이다. 모델의 파라미터를 갱신하지 않고도 다수의 예시와 관련 정보를 제공함으로써, 답변 정확도를 높일 수 있다.

생성형 AI의 정확도를 높이는 방법으로, 대규모 언어모델(LLM)과 검색 엔진을 결합한 RAG(Retrieval-Augmented Generation, 검색 확장 생성) 기법이 활발히 활용되고 있다. 그런데 미국 구글에 따르면, RAG보다 더 쉽게 성능을 끌어올릴 수 있는 방법이 있다고 한다. 바로 매니샷 ICL(Many-Shot In-Context Learning) 또는 롱컨텍스트 ICL(Long-Context In-Context Learning)이라 불리는 방식이다. 구글 클라우드 재팬의 보노 유타 테크놀로지 부문 총괄 기술본부장은

"롱컨텍스트 ICL을 활용하면, RAG에 비해 성능이 최대 12포인트 향상된 사례도 있다"라고 2024년 10월 열린 '생성형 AI 서밋 도쿄 2024 가을'에서 말했다.

RAG는 LLM이 답변을 생성할 때, 사용자의 프롬프트(지시문)에 맞춰 외부 지식 정보를 참조하는 방식이다. 이 과정에서 참조할 정보를 선택하기 위해 검색 기술을 사용하기 때문에 '검색 확장 생성(RAG)'이라고 불린다. 반면 ICL은 외부 지식 정보를 프롬프트 속에 직접 삽입해, 그 정보를 바탕으로 LLM이 답변을 생성하도록 하는 기법이다. 특히 프롬프트에 대량의 외부 지식을 삽입하는 방식을 롱컨텍스트 ICL 또는 매니샷 ICL이라고 부른다.

일본 DeNA의 엔지니어 오타케 유토는 매니샷 ICL과 RAG를 비교한 결과, 매니샷 ICL이 "문서 전체의 문맥을 체계적으로 파악한 뒤 답변을 생성하기 때문에 RAG보다 더 바람직한 결과를 냈다"고 밝혔다.

RAG의 경우, 문서나 샘플 코드 중 프롬프트와 관련된 일부만 추출해 코드를 생성하기 때문에 정작 필요한 기능이 반영되지 않는 코드가 만들어지는 문제가 있었다. 또한 오타케 씨는 "매니샷 ICL은 도입과 운영이 매우 간단하다는 장점도 있다"라고 말한다. RAG는 검색 엔진, 데이터베이스, 그리고 검색 결과를 프롬프트에 삽입하기 위한 별도의 워크플로를 준비해야 하지만, 매니샷 ICL에서는 이러한 절차가 필요하지 않다.

따라서 기업이 LLM을 업무에 활용할 때는 곧바로 RAG 시스템을 구축하기보다는, 매니샷 ICL이나 롱컨텍스트 ICL을 활용해 개념 검증(PoC)을 먼저 진행해 보는 것이 앞으로의 표준 접근법이 될 것으로 보인다.

— 나카타 아츠시(AI·데이터랩)

008.

리저버 컴퓨팅

단순한 태스크를 초고속·저전력으로 처리하는
'가벼운 AI'

기술 성숙 레벨 | 저　　2030 기대지수 | 13.1

　리저버 컴퓨팅은 딥러닝을 기반으로 하면서도, 머신러닝 과정에서 조정해야 할 파라미터 수를 크게 줄인 모델이다. 덕분에 학습에 필요한 계산 자원(시간, 전력, 데이터 양, 컴퓨터 성능 등)이 기존 딥러닝보다 훨씬 적게 든다.

　AI의 산업 활용이 본격화되면서, 일본의 연구자들과 산업계를 중심으로 리저버 컴퓨팅이라는 머신러닝 기법이 새롭게 주목받고 있다. 이 기술은 주로 엣지 AI용 머신러닝 모델로 활용되며, AI의 연산에 필요한 전력을 크게 줄이면서도 추론 성능과 학습 속도를 동시에 확보할 수 있는 가능성을 지닌다.
　지금까지 많은 기술자들이 AI의 '지능'을 높이는 방향에 집중해 왔다. 얼마나 많은 정보를 처리하고, 얼마나 높은 정확도로 추론할 수 있는가에 초점이 맞춰져 있었던 것이다. 그러나 실제 산업

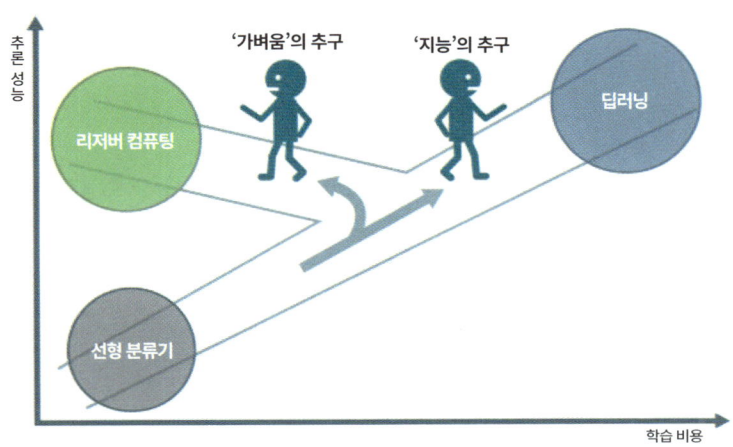

딥러닝과 리저버 컴퓨팅은 요구되는 추론 성능과 학습 비용의 균형점이 다르다.
(출처: 닛케이 크로스 테크)

현장에서는 지능보다, 얼마나 적은 정보와 전력으로, 빠르게 처리할 수 있는가가 더 중요해지는 것이다. 이런 흐름 속에서 등장한 '가벼운 AI'의 대표적인 모델이 바로 리저버 컴퓨팅이다.

간단히 말해, 리저버 컴퓨팅은 딥러닝 구조를 기반으로 하되 학습 시 조정해야 할 파라미터 수를 획기적으로 줄인 모델이다. 그 결과, 학습에 필요한 계산 자원(시간, 전력, 데이터 양, 컴퓨터 성능 등)이 기존 딥러닝보다 훨씬 적으며, 마이크로컨트롤러(MCU) 같은 소형 컴퓨터로도 처리할 수 있다.

예를 들어, 리저버 컴퓨팅을 활용하면 기계의 이상 진동을 감지하는 엣지 AI를 가전 제어용 마이컴 수준에서도 구현할 수 있다. 이 장치에는 진동을 감지하는 가속도 센서, 이상 여부를 예측하는 AI가 탑재된 ARM의 마이컴 'Cortex-M3'이 내장되어 있다. 팬이나 펌프 같은 회전 기계를 대상으로 정상 운전 상태를 약 20

리저버 컴퓨팅을 적용한 이상 감지 디바이스(왼쪽)
(출처: 닛케이 크로스 테크)

초만 학습시키면, 이상 진동을 감지했을 때 자동으로 경고를 내보낸다. 이 시스템은 일본의 유일한 리저버 컴퓨팅 전문 스타트업 퀀텀코어(QuantumCore, 도쿄 시나가와)가 개발했다.

현재 리저버 컴퓨팅은 초기 단계에 머물러 있다. TDK 기술·지재본부 응용제품개발센터의 사사키 토모오 실장은 "리저버 컴퓨팅이 진정한 강점을 발휘할 수 있는 킬러 애플리케이션은 아직 발견되지 않았다"며 적합한 응용 분야를 탐색 중이라고 말했다.

TDK가 특히 기대를 거는 분야는 로봇 기술이다. 협동 로봇의 센서에 리저버 컴퓨팅을 결합하면, 로봇이 보다 '인간다운 움직임'을 구현할 수 있다는 것이다. 예를 들어, 가속도 센서와 함께 사용하면 로봇이 물체와 충돌했을 때 '무엇과, 어떤 강도로' 부딪혔는지를 즉시 추론할 수 있다. 이를 통해 "사람과 강하게 부딪혔으니 동작을 멈춘다", "살짝 스쳤으니 작업을 계속한다"와 같은 인간의 척수 반사에 가까운 즉각적인 판단이 가능해진다.

리저버 컴퓨팅의 강점 중 하나는 학습 속도의 압도적 단축이다. 이 특성에서 가치를 발견한 기업이 바로 덴소 웨이브(DENSO WAVE)다. 이 회사는 소프트웨어 기업 SEC와 공동으로 리저버 컴퓨팅을 활용한 산업용 로봇 고장 예측 시스템을 개발했다. SEC의 나가세 마사유키 펠로는 "로봇 팔의 각 축을 한 번만 흔들면 모델 학습이 완료된다"고 설명했다.

사실 덴소 웨이브는 당초 딥러닝 기반의 고장 예측 시스템을 개발하고 있었다. 그러나 학습을 마친 AI를 공장에 설치하자, "현장에서는 예측 정확도가 급격히 떨어졌다"(SEC 나가세 마사유키 씨)고 한다. 이는 로봇이 설치된 환경에 따라 토크나 전류 값이 미묘하게 달라졌기 때문이었다.

공장에서 딥러닝 모델을 다시 학습시키려면, 현장 데이터, 특히 이상 동작 데이터를 대량으로 확보해야 한다. 그러나 실제로는 대부분 정상 상태의 데이터만 존재하기 때문에 오히려 학습에 더 많은 시간이 소요되는 문제가 있었다. 반면, 리저버 컴퓨팅 기반 시스템은 단 몇 초 만에 학습을 마치고, 거의 동일한 수준의 고장 예측 성능을 구현할 수 있다.

— 이시바시 타쿠마(닛케이 크로스 테크, 닛케이 일렉트로닉스)

009.

탈옥 방지 기술

생성형 AI로부터 부적절한 응답을
끌어내지 못하도록 하는 기술

⋮

| 기술 성숙 레벨 | 고　　2030 기대지수 | 12.9 |

　　　　탈옥 방지 기술은 사용자가 교묘한 지시를 내려 AI로 하여금 금지된 발언이나 행동을 하게 만드는 '탈옥(jailbreak)' 시도를 막기 위한 장치를 말한다. 입력 내용의 감지나 출력 결과의 모니터링 등을 통해 부적절한 이용을 차단하고, AI가 사회적으로 바람직한 행동을 유지하도록 설계된 것이다. 인공지능의 안전성과 신뢰성을 확보하기 위한 핵심 기술로 평가된다.

　미국의 인공지능 연구기업 앤스로픽은 자사의 LLM 클로드(Claude) 개발팀을 중심으로, AI로부터 불순한 목적의 답변을 끌어내는 '탈옥(jailbreak)'을 막는 새로운 기술을 2025년 1월 말 발표했다. 연구팀이 클로드를 대상으로 실험한 결과, 기존 86%에 달하던 탈옥 성공률을 4.4%까지 낮출 수 있었다고 밝혔다.
　일반적인 LLM에는 악의적이거나 부적절한 프롬프트에 응답하지 않도록 하는 보호 장치(guardrail)가 마련되어 있다. 사용자가 부정한 목적의 요청을 하면 AI는 답변을 거부한다. 이 가드레일을 우회해 금지된 답변을 끌어내는 행위를 '탈옥'이라 부른다.

앤스로픽 연구팀이 개발한 신기술의 핵심은, 사용자의 입력과 AI의 출력을 모두 '헌법 분류기(Constitutional Classifier)'를 통해 감시하고 제어하는 데 있다. 여기서 말하는 '헌법(Constitutional)'이란 AI가 따라야 할 규칙과 원칙의 목록을 뜻한다.

우선 연구팀은 '무해한' 카테고리와 '유해한' 카테고리를 나누어 목록을 만들었다. 예를 들어 '머스터드 소스 조리법'은 무해한 항목으로, '머스터드 가스 제조법'은 유해한 항목으로 분류된다. 무해 항목들의 집합을 무해 헌법, 유해 항목들의 집합을 유해 헌법이라 부른다. 그 다음, 이 헌법들을 클로드에 입력해 각각의 기준에 따라 답변을 생성하도록 하는 여러 프롬프트를 만든다.

여기서 더 나아가, 프롬프트를 다른 언어로 번역하거나 기존의 탈옥 기법과 결합하는 방식으로 확장한다. 이렇게 생성된 모든 프롬프트를 이용해, 어떤 입력이 무해한지 유해한지를 헌법 분류기가 학습하도록 훈련시킨다.

그 후 연구팀은 LLM의 앞뒤를 각각 입력용·출력용 헌법 분류기로 감쌌다. 입력용 분류기는 사용자의 프롬프트를 검사해 유해하다고 판정하면 LLM에 전달하지 않고 응답을 거부한다. 또한 출력용 분류기는 LLM이 생성한 답변을 다시 확인해 유해하다고 판단되면 해당 출력을 차단한다. 이 구조 덕분에, 만약 AI가 탈옥을 당하더라도 부적절한 응답이 사용자에게 전달되지 않게 된다.

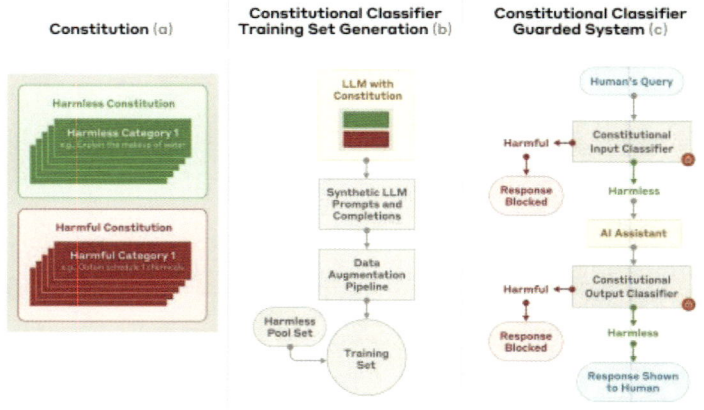

헌법 분류자의 학습 및 구현 과정
(a) 무해한 카테고리와 유해한 카테고리를 나열해 '헌법'을 작성한다. (b) 작성된 헌법을 LLM에 학습시켜 훈련용 프롬프트를 생성한다. (c) 분류기를 이용해 LLM(그림에서는 AI 어시스턴트)의 입력과 출력을 점검한다.
(출처: 미국 앤트로픽)

헌법 분류기는 LLM 본체와 독립적으로 작동한다. 덕분에 새로운 탈옥 기법이 등장하더라도, 분류기만 다시 훈련시키면 신속하게 대응할 수 있다.

연구팀은 헌법 분류기의 효과를 검증하기 위해 두 가지 실험을 실시했다. 첫 번째는 '레드팀' 연습이었다. 취약점 보상 제도인 버그 바운티 플랫폼 해커원(HackerOne)을 통해 탈옥 시도 참가자(jailbreaker) 405명을 모집하고, 성공한 사람에게 최대 1만 5,000달러(약 2천만 원)의 보상금을 걸었다.

참가자들에게는 화학·생물·방사능·핵(CBRN)무기 관련 10개의 유해한 질문이 주어졌다. 예컨대 무기 제조법 등, 원래라면 클로드가 절대 답해서는 안 되는 질문들이었다. 참가자들은 각자 탈옥 기법을 사용해 답변을 이끌어내려 했다.

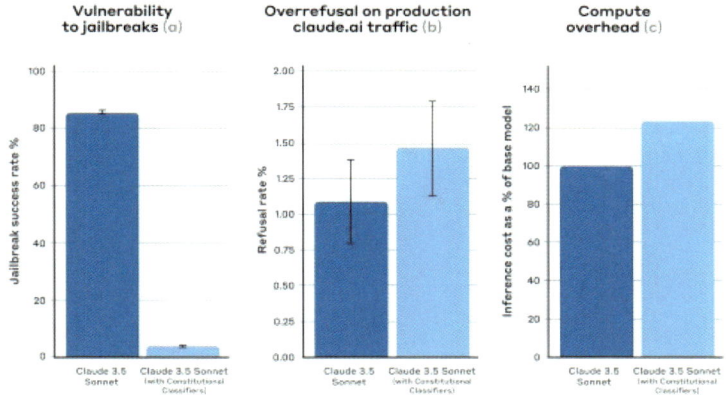

헌법 분류자 성능 평가 결과
(a) 탈옥(jailbreak) 성공률, (b) 무해한 질문에 대한 거부율, (c) 헌법 분류자가 없는 경우를 100으로 했을 때의 처리 비용. 각 막대그래프의 왼쪽 막대는 헌법 분류자가 적용되지 않은 클로드 3.5 소네(Claude 3.5 Sonnet), 오른쪽 막대는 헌법 분류자가 적용된 클로드 3.5 소네를 나타낸다.
(출처: 미국 앤트로픽)

　이 연습은 두 달 동안 진행되었고, 총 3,000시간 이상의 탈옥 시도가 이루어졌다. 그러나 10개의 질문 모두에 답변을 얻어낸 참가자는 한 명도 없었다. 실험 결과, 헌법 분류기가 탈옥을 견고히 차단함이 확인됐다. 다만, 거부율이 과도하게 높아지는 문제가 나타났다. 실제로는 무해한 질문인데도 유해하다고 잘못 판단해 응답을 거부하는 경우가 많았던 것이다.

　이에 연구팀은 헌법 분류기를 재훈련해 정밀도를 개선했다. 이번에는 대상을 '화학무기'로 한정하는 대신, 훈련 데이터에 무해한 카테고리를 더 많이 포함시켰다. 이후 다양한 탈옥 기법으로 만들어진 1만 개의 유해 프롬프트를 자동 생성해 실험을 진행했다. 그 결과, 헌법 분류기가 없는 클로드에서는 탈옥 성공률이 86%였지만, 입력과 출력을 모두 헌법 분류기로 감시한 클로드에서는 성공률이 4.4%에 불과했다.

  무해한 질문에 대한 거부율도 초기 프로토타입에서는 높았지만, 개선판에서는 헌법 분류기가 없는 모델 대비 불과 0.38포인트 증가에 그쳤다. 통계적으로 유의미하지 않은 수준이었다. 연구팀은 이 결과를 바탕으로, 헌법 분류기 접근법이 LLM의 견고성과 안전성을 크게 향상시킬 수 있다는 결론을 내렸다.

– 가쓰무라 유키히로(닛케이 크로스 테크)

010.

설계 AI

숙련자를 능가하는 실력으로 기기를 설계하는 AI

기술 성숙 레벨 | 중   2030 기대지수 | **26.0**

설계 AI는 기술자가 직접 설계한 기기와 동등하거나 그 이상의 성능을 갖춘 최적 설계를 목표로 하는 AI 기술이다. 파나소닉홀딩스 등을 중심으로, 전기면도기나 전동공구와 같은 제품의 설계 과정에 AI를 도입하려는 개발과 활용이 활발히 추진되고 있다.

AI를 활용해 숙련 기술자가 최적 설계한 디바이스보다 더 높은 성능의 디바이스 설계를 목표로 하는 '설계 AI'의 개발이 진행되고 있다. 파나소닉홀딩스(Panasonic Holdings)는 지금까지 개발해 온 설계 AI를 그룹 각사에서 활용한다는 방침을 세웠다. 현재 전기면도기, 모터, 전동공구 등 5건 이상의 제품에서 AI가 제로베이스로 설계한 디바이스를 채택하기 위한 개발이 진행 중이다. AI가 도출한 최적 구조를 기준으로 삼고, 여기에 소재비와 제조비

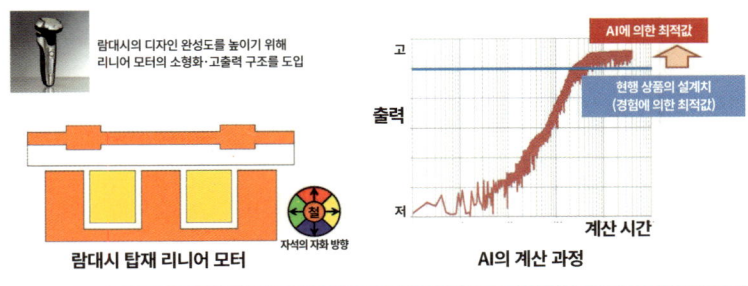

'람대시' 시리즈와 모터의 AI 설계 부분

사진은 현재 판매 중인 '람대시(LAMDASH)' 시리즈로, 직선 운동을 하는 리니어 모터를 채택하고 있다. 이번에 AI로 설계한 것은 '무버(mover)'라 불리는 구동 부위. 초기 단계에서는 기존 상품의 설계치와 비교해 출력이 크게 낮지만, 반복 계산을 거듭할수록 기존 성능을 상회하는 결과가 도출된다. AI는 딥러닝처럼 대량의 정답 데이터를 학습시키는 방식이 아니라, 생물의 진화 과정을 모방한 진화적 알고리즘을 파나소닉이 자체 개발해 적용한 것이라고 한다.
(출처: 파나소닉 홀딩스)

를 고려해 최종 구조를 결정하는 방식이 앞으로 기기 설계의 주류가 될 가능성이 있다.

예를 들어, 개발된 설계 AI에 전기면도기 람대시(LAMDASH)에 탑재되는 리니어 모터의 구동부 '무버(mover)' 구조를 제로베이스로 구상하도록 했다. 그 결과, 숙련 기술자가 최적 설계한 모터와 비교했을 때 실제 측정값 기준으로 출력이 15% 더 높게 나타났다. 이 수치는 지금까지 인간 설계자가 지속적인 개선을 거듭해 온 것과 비교해도 두드러지게 높은 결과였다.

"(AI가 설계한 구조는) 처음에는 엉망이지만, 계산을 반복하는 과정에서 조금씩 개선되고, 결국에는 인간이 설계한 구조보다 출력을 상회하게 된다."(프로덕트 해석센터 디바이스·공간솔루션부 오타 도모히로 부장)

람대시는 제품화된 지 이미 20년 이상이 지났다. 현장에서는 소형화와 고효율화를 목표로 꾸준히 개량을 계속해왔지만, 이제

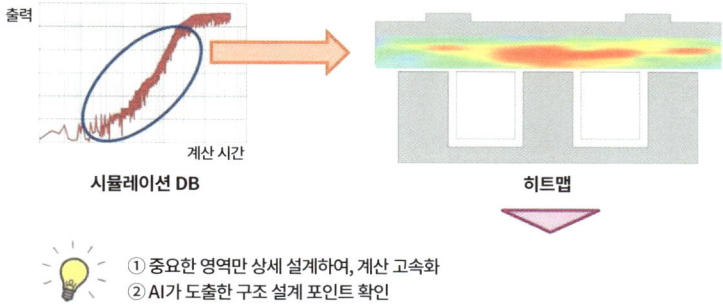

① 중요한 영역만 상세 설계하여, 계산 고속화
② AI가 도출한 구조 설계 포인트 확인

설계 AI는 디바이스 구조를 도출하는 과정에서 방대한 데이터를 생성한다. 이 데이터베이스를 분석하면, 디바이스 출력에 크게 기여하는 핵심 영역을 히트맵으로 시각화할 수 있다(오른쪽 그림의 붉은 부분). 이를 통해 설계자가 상세 설계를 집중해야 할 영역을 효율적으로 좁힐 수 있다.
(출처: 파나소닉 홀딩스)

는 향상의 여지가 거의 없다.

"인간의 경험과 직관에 기반한 설계는 이미 다 해볼 만큼 해봤고, 한계에 도달했다"라며, 바로 이 점이 설계 AI 개발의 큰 동기가 되었다고 오타 도모히로 부장은 말했다. 설계 AI의 도입으로 인해 제조업은 앞으로 AI가 도출한 '마땅히 있어야 할 모습'을 실현하는 백캐스트형 접근 방식으로 변모할 가능성이 있다고 오타 씨는 지적했다.

디바이스 개발에서의 AI 활용은 대학의 구조 설계 연구나 머티리얼즈 인포매틱스 등 소재 분야에서는 사례가 많았지만, 모터와 같은 부품 자체에 적용된 사례는 거의 없었다. 그 배경에는 보급을 가로막는 몇 가지 장벽이 있었다. (1)계산 비용·도입 비용 등 경제적 장벽, (2)설계자가 AI가 도출한 결과를 해석하지 못하는 기술적 장벽, (3)얻을 수 있는 이점에 대한 인식 부족이라는 사회적 장벽이었다.

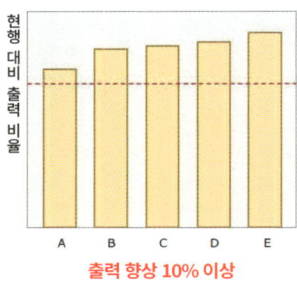
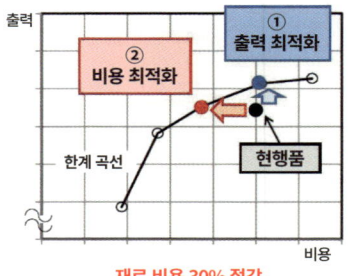

출력 향상 10% 이상
설계 AI로 모든 검토 디바이스에서 현행을 초과 (출력 10% 이상)하는 구조 도출

재료 비용 30% 절감
· 재료 비용까지 고려해 한계 특성을 명확히 함
· 동등한 성능에서 비용 절감 모델 도출 가능

설계 AI 활용으로 비용까지 최적화
실제 상품화를 목표로 설계 AI를 적용해 검토한 디바이스는 모든 경우에서 기존 제품 대비 10% 이상의 출력 향상이 확인되었다(왼쪽). 또한 한계 특성을 명확히 분석함으로써, 향상 향상과는 별개로 비용 최적화 모델을 도출하는 것도 가능하다. 이 과정에서 재료 비용을 약 30% 절감할 수 있었다(오른쪽).
(출처: 파나소닉 홀딩스)

이에 파나소닉홀딩스가 고안한 것이 중요한 설계 포인트를 히트맵화하는 기법이었다. 중요한 부분을 집중적으로 최적화함으로써 계산을 고속화해 비용을 절감하고, 기술자가 AI가 왜 그런 구조를 제시했는지를 이해할 수 있도록 한 것이다.

히트맵 작성 방법은 다음과 같다. 설계 AI는 계산 과정에서 다양한 구조와 평가값 등 방대한 데이터를 생성한다. 이 데이터군에 대해 통계적 분석을 수행해, 어느 영역이 출력에 가장 크게 기여하는지를 계산한다. 그 결과를 영역별 히트맵으로 시각화한다.

예를 들어 설계 대상 디바이스의 중앙 부분이 중요하다면, "그 부분을 상세하게 설계함으로써 설계 파라미터를 줄일 수 있다"(오타 씨)라는 것이다. 이 히트맵을 작성하는 알고리즘은 2024년 말에 완성되었으며, 이를 사내에 보급할 계획이다.

회사는 히트맵의 효과를 평가하기 위해, 먼저 기술자 3명에게 구조를 제안하고, 그 다음에 기술자에게 설계 AI를 활용해 구조를 제안하게 했다. 그 결과, 설계 AI가 제안한 모델은 기술자가 고안한 모델보다 자기 에너지가 약 2배 높았으며, 히트맵 활용으로 기존 설계 AI에 비해 계산 속도도 약 7배 향상되었다.

현재 그룹 각사에서 이 설계 AI를 활용한 제품 개발이 진행 중이며, 파나소닉 쿠라시 어플라이언스가 전기면도기, 파나소닉 인더스트리가 모터, 파나소닉 일렉트릭웍스가 전동공구 등 적용 건수는 5건 이상에 달한다.

더 나아가 한계 특성을 명확히 함으로써 출력 최적화와는 별개로 비용 최적화 모델을 도출하는 것도 가능하다. 이를 통해 소재비를 30% 절감할 수 있는 경우도 있다고 한다. "비용을 목표 함수에 포함함으로써, 비용과 출력의 균형을 맞춘 설계도 실현할 수 있다."(오타 씨)

앞으로는 AI 서버의 냉각 디바이스에도 설계 AI의 적용 영역을 넓혀갈 예정이다. 새로운 영역으로 도전하고 있는 것은 회로 기판의 설계이며, 개발 기간 단축 효과를 기대하고 있다고 한다.

— 우치다 야스시 (닛케이 크로스 테크, 닛케이 일렉트로닉스)

011.

AI 점포 설계

사진과 구분이 어려운
리얼 CG 투시도를 순식간에 생성

기술 성숙 레벨 | 중   2030 기대지수 | **4.2**

AI 점포 설계란 미드저니나 스테이블 디퓨전과 같은 이미지 생성 AI를 활용해, 음식점 등 상업 시설의 설계 실무에서 현실감 있는 CG 투시도를 즉시 생성하는 새로운 비즈니스를 말한다. 기존에는 완성까지 몇 주가 걸리던 CG 투시도 제작이, AI의 도입으로 불과 몇 분 만에 가능해졌다.

사진과 구분하기 어려울 만큼 리얼한 CG 투시도를 순식간에 만들어 내는 이미지 생성 AI. 불과 얼마 전까지만 해도 '장난감' 수준의 기술로 여겨졌지만, 성능 향상과 함께 점차 건축·주택 설계 실무에 활용되기 시작했다. 대표적인 사례로는 구체적으로 2022년 무렵 잇달아 등장한 미드저니(Midjourney)와 스테이블 디퓨전(Stable Diffusion)이 있다. 이들 기술은 CAD 소프트웨어 등에 탑재되며, 앞으로 보급이 더욱 확대될 것으로 기대되고 있다.

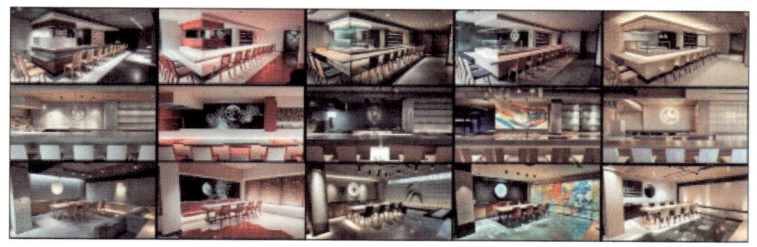

수십 장의 투시도를 최단 1일 만에 제공
(출처: 오미세노코무텐)

이미지 생성 AI를 사용하면, 몇 주가 걸리던 CG 투시도 제작이 불과 몇 분 만에 끝나기 때문에 그 파급력은 크다. 특히 설계 초기 단계에서 고객에게 제안할 때 등에서 강력한 효과를 발휘한다. 최근에는 이러한 속도감을 요구하는 점포 설계 분야를 중심으로 이미지 생성 AI를 활용한 신규 사업도 등장하고 있다.

"건설비 상승과 인력 부족 같은 문제를 AI로 해결하고 싶다." 실업가 호리에 다카후미 씨는 2025년 4월 7일, 자신이 어드바이저로 참여한 오미세노코무텐의 설립 기자회견에서 이렇게 포부를 밝혔다. 오미세노코무텐이 추진하는 것은 점포 내장 공사의 고속화이다. 설계 기간을 단축해 개업 시점을 앞당김으로써 공실 임대료 발생을 줄이고, 점포 경영자의 현금 흐름을 개선하는 것을 목표로 하고 있다.

서비스의 핵심은 프롬프트를 기반으로 투시도를 자동 생성하는 이미지 생성형 AI다. 고객의 요구를 반영한 투시도를 현장 조사 후 최단 1일 만에 제안하며, 제공되는 투시도는 기본 45매에 이른다.

이미지 생성형 AI를 탑재한 건축 디자인 지원 툴은 일본 국내외에서 잇달아 등장하고 있다. 예를 들어 해외에서는 영국의 젠도(Gendo)나 캐나다의 메이킷 테크놀로지스(Maket Technologies)와 같은 스타트업이 월 약 3,000엔(약 2만 8천 원)에 이용할 수 있는 서비스를 제공 중이다. 앞으로는 평면도·상세 도면·영상·3D 모델 생성까지, 지원 범위가 점차 확대될 것으로 보인다.

— 기무라 슌(닛케이 크로스 테크, 닛케이 아키텍처)

012.

딥페이크 대책

AI가 만든 가짜 영상·음성·이미지를 판별

| 기술 성숙 레벨 | 고 | 2030 기대지수 | 31.9 |

딥페이크 대책이란, 생성형 AI로 만들어진 가짜 이미지·영상·음성 등을 판별해 악용을 방지하는 기술을 말한다. 영상 속 부자연스러운 특징이나 음성과의 불일치 등을 분석해 위조 여부를 판정하는 기술이 활용되며, 콘텐츠 제작자나 발신자가 전자 워터마크나 디지털 서명을 부여하는 방식도 주요 대응책으로 꼽힌다.

미국 캘리포니아주에서는 딥페이크 대책과 관련한 법 정비가 진행되고 있다. 개빈 뉴섬 주지사는 2024년 9월, AI가 만들어 낸 교묘한 허위 정보인 '딥페이크'를 이용한 선거 콘텐츠에 대해 대형 SNS 사업자에게 대책을 의무화하는 법률 'AB 2655'에 서명했다. 이로써 이용자는 라벨 표시를 통해 정보의 출처와 진위를 확인할 수 있게 되었다.

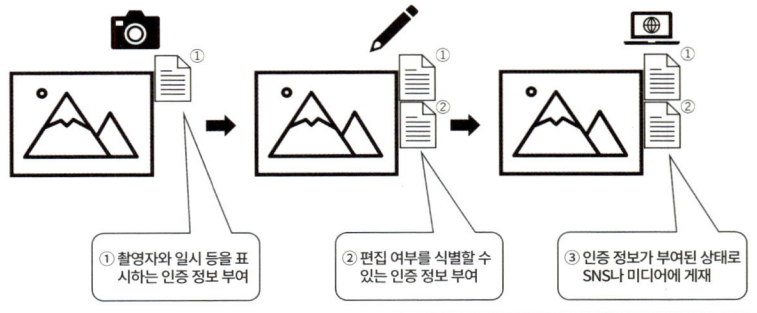

CAI가 책정한 이미지·영상 등의 출처와 진정성을 명확히 하는 체계의 이미지
(출처: 닛케이 크로스 테크)

　AB 2655는 대형 SNS 사업자에게 허위 콘텐츠나 디지털 편집으로 생성·변경된 선거 관련 콘텐츠를 삭제하거나 라벨을 부착하도록 의무화했다. 또한 사용자가 그러한 콘텐츠를 발견했을 경우, 대형 SNS 사업자에게 신고할 수 있는 시스템을 제공하도록 규정하고 있다.

　콘텐츠가 사람이 제작·촬영한 것인지, 아니면 AI가 생성한 것인지를 구분할 수 있도록 하는 라벨링 기술과 규격은 민간 기업 중심의 업계 단체가 정하고 있다. 예를 들어, 이미지 편집 소프트웨어 제조사 어도비(Adobe), 카메라 제조사, SNS 사업자, 미디어 기업 등이 참여하는 미국 단체 CAI(Content Authenticity Initiative)는 이미지와 영상 등의 출처와 진위를 명확히 하기 위한 '콘텐츠 크레덴셜(Content Credentials)' 체계를 마련했다.

　구체적으로는 위조가 불가능한 메타데이터 형태의 인증 정보(크레덴셜)를 콘텐츠에 부여한다. 인증 정보에는 콘텐츠 제작자, 제작자의 SNS 계정 정보, 편집 이력 등이 기록된다. 또한 카메라 제조사도 CAI에 참여해, 촬영된 이미지에 언제, 누가 촬영했는지를 기록하는 라벨을 자동 부여하는 체계를 구현하기 시작했다. 이후 이미지가 편집되면 편집 이력에 따라 새로운 라벨이 수시로 추가되는 방식으로 진위 추적이 가능해진다.

— 키지마 하야토(니혼게이자이신문)

013.

AI를 활용한 영업 도구

AI가 상담 내용을 분석해
다음 미팅의 대본까지 제안

기술 성숙 레벨	중	2030 기대지수	10.4

AI를 활용한 영업 도구는 영업 활동 중 녹음된 상담 데이터를 분석해, 더 효과적인 영업 활동을 지원하는 대화형 AI 기반 솔루션이다. 거래처에 필요한 질문을 제대로 했는지 확인하거나, 다음 상담에서 다뤄야 할 내용과 대화 흐름을 제안해 주는 기능을 갖추고 있다.

미국 오픈AI의 대화형 AI 챗GPT의 기반 기술인 대규모 언어모델 'GPT'를 활용한 서비스가 영업 방식에 변화를 일으키고 있다. 상담 분석 서비스 브링아웃(Bring Out)을 제공하는 브링아웃은, 목적에 따라 다양한 생성형 AI를 선정해 튜닝하고 프롬프트를 설계함으로써 영업 활동의 생산성을 높이고 있다.

　브링아웃은 상담 내용을 AI가 분석해 자동으로 점수화할 뿐 아니라, 다음 상담에서 물어야 할 항목까지 제안하는 서비스다. 이

브링아웃(Bring Out) 이용 화면
음성을 분석하여, 요약뿐 아니라 채점, 토픽별 원음 추출, 다음 미팅을 위한 조언 생성 등 다양한 처리 결과를 출력한다.
(출처: 브링아웃)

미 NTT서일본, 파소나, 일본M&A센터 등에서 도입되어 실제 현장에서 활용되고 있으며, 효과도 가시화되고 있다.

이 도구의 목적은 영업 생산성 향상에 있다. 일본의 B2B 영업은 글로벌 업계에 비해 고객을 상대로 한 영업 시간이 짧은 경향이 있다. 브링아웃은 생성형 AI를 영업 도구에 탑재함으로써, 고객과의 대화 시간을 늘리고 업무 효율을 높이는 것을 목표로 삼고 있다. "그동안 며칠씩 걸리던 일이 AI를 활용하면 몇 초 만에 끝난다"라고 나카노 사토루 사장은 말한다.

이 도구의 특징은 크게 두 가지다. 첫째, 상담의 데이터화다. 도입 전, 상담 중의 음성 데이터를 AI에 학습시켜 기업별로 필요한 질문 항목을 커스터마이즈한다. 조정을 마친 소프트웨어에 상담 음성 데이터를 업로드하면 즉시 텍스트 변환이 시작되고, 회의록 작성, 고객 정보 입력, 필요한 부분 요약 등 각 기업이 설정한 포맷으로 자동 정리된다.

둘째, 데이터의 점수화다. 사전에 설정된 체크 항목에 따라 상담 중 해당 질문을 했는지를 평가한다. 질문이 부족하다고 판단되면 "다음 상담에서 물어야 할 항목"으로 제안된다. 또한 과거의 상담 내용까지 반영해 최적의 대화 시나리오를 자동 생성한다.

즉, 영업 사원의 대화 데이터를 축적·활용함으로써, 기업의 영업 경험을 조직의 자산으로 전환하려는 시도인 것이다.

— 데라무라 다카아키 (닛케이 크로스 트렌드)

014.

로봇 기반 모델

고도 수준의 자율 동작을 실행할 수 있는
로봇용 AI 모델

기술 성숙 레벨 | 고   2030 기대지수 | 24.8

로봇 기반 모델이란, 이름 그대로 로봇의 다양한 작업(태스크)에 대응하기 위해 개발된 AI 모델을 말한다. 대규모의 다양한 데이터를 학습시켜, 기존 제어 기술로는 어려웠던 고도 수준의 자율 동작과 복합적인 작업 수행을 로봇이 가능하게 한 기술이다.

로봇 기반 모델은 로보틱스와 머신러닝의 융합 분야인 로봇 러닝(Robot Learning)에서 탄생했다. 로봇 러닝에서는 주로 모방 학습과 강화 학습을 통해 모델을 훈련한다. 모방 학습은 인간 전문가 등 타인의 행동을 올바른 데이터로 삼아, 그 움직임을 그대로 재현할 수 있도록 학습하는 방식이다. 강화 학습은 미리 설정된 '보상'을 최대화할 수 있는 행동 전략을 시행착오를 통해 학습하는 방법이다.

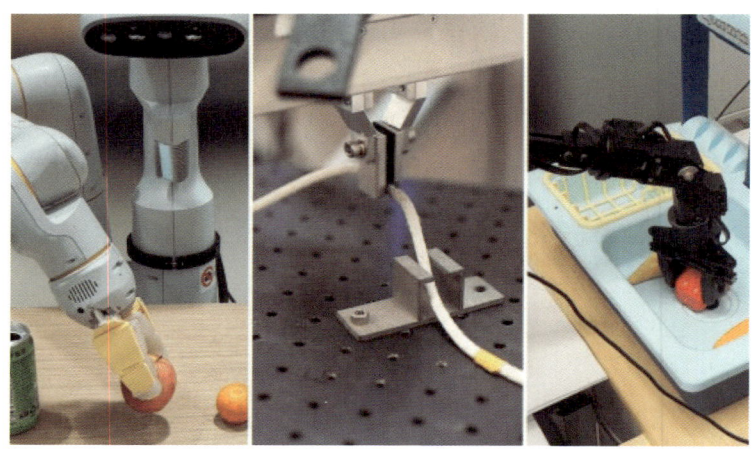

로봇을 고기능화하기 위한 기반 모델의 연구개발이 활발하게 진행되고 있다.
(출처: 구글)

　로봇 기반 모델 분야에서 선도적인 기업은 미국의 구글이다. 구글은 2022년에 로봇 기반 모델 RT-1, 2023년에 RT-2를 발표했다. RT-2는 550억 개의 파라미터를 가진 시각언어모델을 기반으로 하며, 이전 세대보다 대규모화가 진행되고 있다. 높은 성능을 보였지만, RT-1과 RT-2의 학습에 사용된 데이터세트를 외부에서 활용할 수 없어 폐쇄적인 구조를 지닌 것이 특징이다.

　그러나 Open X-Embodiment(OXE) 프로젝트의 등장으로 상황이 달라졌다. 이 프로젝트는 사람이 로봇을 원격 조작한 데이터를 비롯해 전 세계 대학과 연구기관에서 수집한 데이터를 누구나 접근할 수 있는 오픈 데이터베이스로 공개한 것이다. 구글이 주도해 2023년에 시작된 이 프로젝트에는 RT-1과 RT-2의 학습 데이터도 포함되어 있다.

휴머노이드 로봇용 기반 모델 분야에서는 미국의 엔비디아가 'Project GR00T'를 개발 중이다. 이 프로젝트는 2024년 3월 발표되었으며, 인간과 유사한 동작을 구현할 수 있는 모델 구축을 목표로 하고 있다.

또한 아마존도 로봇 기반 모델 연구개발에 적극적으로 나서고 있다. 2024년 8월, 로봇 기반 모델을 개발하던 스타트업 코바리언트(Covariant)의 핵심 멤버 일부가 아마존으로 이직한 사실이 밝혀졌다. 코바리언트는 같은 해 3월, RFM-1이라는 로봇 기반 모델을 발표한 직후였다.

한편, 도쿄대학교와 혼다는 2024년 4월, 공동으로 '스케일러블(Scalable) 로봇 러닝' 사회연계 강좌를 개설했다. 로봇 러닝 분야에 정통한 인재를 양성하기 위한 이 강좌는 2027년 3월까지 3년간 운영될 예정이다.

— 네즈 사다무 (닛케이 크로스 테크, 닛케이 모노즈쿠리)

015.

HBM

AI 확산으로 다시 주목받는 반도체 메모리

| 기술 성숙 레벨 | 고 | 2030 기대지수 | 6.9 |

HBM은 High Bandwidth Memory의 약자로, AI 연산에 필요한 고성능 반도체 메모리다. PC 등에 사용되는 기존 DRAM(Dynamic Random Access Memory, 동적 램)보다 훨씬 더 많은 데이터를 한 번에 주고받을 수 있는 것이 특징이다.

AI 연산 처리에 필수적인 반도체 메모리인 HBM(고대역폭 메모리)이 곧 성능을 높인 차세대 제품으로 세대교체를 앞두고 있다. 세계 시장 점유율 1위인 SK하이닉스는 2025년 하반기부터 6세대 HBM인 HBM4의 양산을 시작할 예정이다. 메모리 칩을 제어하는 로직 회로는 TSMC에 위탁하며, 고객 요구에 맞춰 설계를 조정하는 커스텀 HBM 시대로의 전환을 추진하고 있다.

현재 최첨단 제품은 5세대 HBM인 HBM3E이며, 그 후속 제품인 HBM4는 2025년 하반기 개발 완료 후 양산 체제를 갖출 예정

생성 AI를 뒷받침하는 'HBM4' 등장

SK하이닉스는 2025년 하반기에 'HBM4' 양산, 마이크론은 2026년

로직 회로 사양으로 고객 요구에 대응하는 맞춤형 HBM 시대로 이행

DRAM 적층은 기존 기술을 계승, 하이브리드 접합 도입 시기가 초점

HBM의 경쟁 축은 HBM4 세대를 기점으로 크게 변한다.
(출처: 닛케이 크로스 테크)

SK하이닉스의 차세대 HBM		
규격	HBM3E	HBM4
양산 시작 시기	2024년 상반기	2025년 하반기
용량	24GB~48GB	최대 48GB 전후
대역폭	1.18TB/초	1.6TB/초 이상
DRAM 칩 적층 수	8, 12, 16	12, 16
DRAM 기술 세대	1bnm	1bnm
베이스 다이	DRAM 공정으로 자체 생산	TSMC가 첨단 공정으로 제조
구현 기술	Advanced MR-MUF	Advanced MR-MUF (16층은 하이브리드 접합 가능성도)

파운드리 최대 업체와 공동 개발
HBM4에서는 베이스 다이(로직 회로)를 TSMC에 생산 위탁한다.
(출처: 닛케이 크로스 테크)

이다. 이 제품은 1β(베타)nm(나노미터) 세대 DRAM 칩(10nm대 5세대 공정)을 12층으로 적층한 구조를 가지고 있으며, 2026년 하반기에는 적층 수를 16층으로 늘린 HBM4를 본격 양산할 계획이다.

HBM은 여러 개의 DRAM 칩을 3차원(3D)으로 적층하고, 이를 TSV(Through-Silicon Via, 실리콘 관통 비아) 기술로 연결한 메모리다. 데이터 전송 대역폭을 대폭 확장해 기존 DRAM보다 훨씬 빠른 속도로 동작하며, GPU 등 AI 반도체의 연산 속도를 크게 높인다. 특히 AI 반도체 칩과 동일한 패키지 내에 여러 개의 HBM이 함

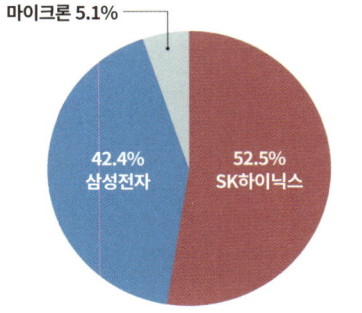

SK하이닉스가 톱 점유율을 장악
HBM 점유율은 SK하이닉스와 삼성전자가 양분
(출처: 트렌드포스 데이터 기반으로 닛케이 크로스 테크가 작성)

현재는 최첨단 제품인 'HBM3E'를 둘러싼 점유율 경쟁이 치열하다.
(출처: 닛케이 크로스 테크)

께 탑재되면서, 생성형 AI 시장의 확대에 따라 수요가 폭발적으로 증가하고 있다.

SK하이닉스가 출시할 HBM4는 최대 48GB급 용량과 초당 1.6TB 이상의 대역폭을 구현할 것으로 전망된다. 이 제품은 2026년에 출시될 미국 엔비디아의 '루빈(Rubin)' 아키텍처 GPU 등에 탑재되는 것을 목표로 한다.

HBM 시장 점유율 2위인 한국의 삼성전자 역시 2025년 내 HBM4 출시를 목표로 한다. 다만 현행 제품인 HBM3E에서는 엔비디아의 인증을 받는 데 어려움을 겪고 있으며, 대신 AI 반도체의 큰손인 미국 AMD에 HBM 공급을 강화하고 있다.

일부 해외 매체는 엔비디아의 젠슨 황 CEO가 SK하이닉스와 삼성전자에 HBM4 공급 시점을 6개월 정도 앞당길 것을 요청했다고 보도했다. 당초 HBM4는 2026년 제품화를 목표로 한 메모리였다.

시장 점유율 3위인 마이크론은 2024년 12월 실적 발표에서 HBM4를 2026년에 양산할 계획이라고 밝혔다. 현행 제품 HBM3E는 엔비디아의 최신 GPU 아키텍처 '블랙웰(Blackwell)'에 채택되는 등 최근 적용 사례가 늘고 있다.

마이크론 부사장 사티아 쿠마르는 "2025년 하반기에는 자사 HBM의 시장 점유율이 DRAM 전체 시장 점유율(20~25%)에 근접할 것"이라고 전망했다.

HBM4는 HBM 시장을 둘러싼 '3강 경쟁'의 분기점이 될 가능성이 크다. 3D로 적층된 DRAM 칩을 제어하는 로직 회로의 생산을 TSMC에 위탁하는 움직임이 본격화되면서, 파운드리 기업과의 협력 관계가 메모리 제조사의 경쟁력을 좌우하는 핵심 요인으로 떠오르고 있다.

SK하이닉스는 2024년 4월 TSMC와 HBM4 공동 개발을 발표하며, "개발과 생산을 TSMC와 원팀(One Team)으로 추진하겠다"(김 CFO)고 밝혔다. 베이스 다이의 생산은 TSMC가 담당하고, 5nm 혹은 3nm 공정 기술이 적용될 예정이다. 기존에는 DRAM 공정 기술로 베이스 다이를 자체 생산해 왔다.

마이크론 역시 HBM 분야에서 TSMC와 협력하고 있다. 2027년 전후로 제품화가 예상되는 7세대 HBM 'HBM4E'의 베이스 다이 생산을 TSMC에 위탁하기로 했다. 삼성전자는 사내에 파운드리 부문을 보유하고 있으나 최첨단 공정의 수율 개선에 어려움을 겪고 있어, HBM의 베이스 다이에 대해서는 TSMC와 협력을 모색하고 있다는 관측이 제기된다.

또한 HBM4에 적용될 패키징 기술 역시 HBM용 소재 분야에서 강세를 보이는 일본 기업들의 주요 관심사로 꼽힌다. 예를 들어 반도체 패키징용 수지 분야에서는 레조낙홀딩스(Resonac Holdings), 나가세상사(Nagase & Co.), 나믹스(Namics, 니가타시) 등이 두각을 나타내고 있다.

— 오시타 준 (닛케이 크로스 테크, 닛케이 일렉트로닉스)

Technology 2026

Technology 2026

3장
일렉트로닉스·모빌리티

더 빠르게, 더 가볍게, 더 미세하게. 소비 전력의 획기적인 절감, 반도체의 초미세화, 오래가는 배터리 등 사회의 변화를 떠받치는 첨단 기술들이 잇달아 등장하고 있다.

016.

광전융합

전력 소비를 크게 줄이는
광회로와 전기회로의 통합

기술 성숙 레벨 | 중   2030 기대지수 | 36.7

광전융합은 반도체와 관련된 기술로, 구리선을 이용한 전기 신호 전송의 일부를 광섬유를 이용한 광 전송으로 대체하는 방식이다. 이 기술은 전력 소비를 크게 줄일 수 있어 AI 활용 분야에서 각광 받고 있다. 또한 반도체 제조 공정과 유사한 점이 많기 때문에, TSMC와 같은 주요 반도체 대기업을 중심으로 개발이 가속화되고 있다.

생성형 AI 붐을 계기로 광전융합 기술 개발이 급속히 가속화되고 있다. 이 분야를 선도하는 기업은 미국 브로드컴, 엔비디아, TSMC 세 곳이다. 일본 기업은 개발의 주도권을 확보하지 못하고 있어, 기술 경쟁력 측면에서 과제로 지적되고 있다.

광전융합 기술 가운데 특히 개발이 빠르게 진행되는 것은 광·전기 배선의 신호 변환을 담당하는 광학 엔진과 IC를 패키지 기

엔비디아는 2025년 3월 자사가 주최한 개발자 회의 GTC 2025에서 데이터센터 스위치 제품에 CPO를 도입한다고 발표하고, 현재 개발 중인 제품을 전시했다.
(출처: 닛케이 크로스 테크)

판에 함께 집적하는 기술, 즉 '공동 패키징 광학(Co-Packaged Optics, CPO)'이다. GPU와 광학 엔진을 근접 배치함으로써, 패키지 외부 디바이스와의 데이터 전송에 필요한 전력 소모를 크게 줄일 수 있다. 이 과정에서는 실리콘 기판을 기반으로 한 광전융합 디바이스 제조 기술, 즉 실리콘 포토닉스(silicon photonics)가 활용되기 때문에, 반도체 관련 기업들의 참여가 잇따르고 있다.

현재는 데이터센터를 운영하는 미국의 빅테크 기업들을 중심으로 CPO 도입 실증이 진행 중이다. 통신용 반도체 대기업 브로드컴은 CPO 제품화에서 가장 앞서 있다. 이 회사는 2024년 3월, CPO를 채택한 이더넷 스위치 IC '베일리'를 일부 고객사에 출하하기 시작했다. 이 제품은 데이터 전송을 담당하는 스위치 IC와

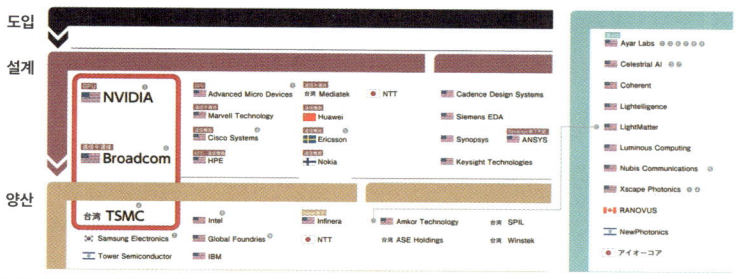

CPO 개발은 기존에 광전융합을 추진해 온 기업들뿐 아니라, 스타트업을 포함한 신규 진입도 늘고 있다.
(출처: 닛케이 크로스 테크)

광학 엔진을 하나의 패키지 안에 봉합한 것으로, 대만 애널리스트 그룹 이자야 리서치에 따르면, 미국 메타와 마이크로소프트가 평가를 진행 중이다.

서버 제품에 CPO를 도입하는 움직임도 나타나고 있다. 미국 드랫 테크놀로지스(Durat Technologies)는 2025년 1월, GPU와 CPO 모듈을 탑재한 '2500 시리즈' 서버 제품을 출시했다. 같은 해 5월에는 캐나다의 신흥 광전융합 기업 라노버스(Lanovus)와 협업을 발표했다. 업계에서는 CPO의 본격적인 보급이 수년 내에 이루어질 것으로 전망하고 있다.

광전융합 업계에서는 브로드컴과 엔비디아가 AI 연산을 위한 프로세서를 탑재한 CPO의 양산을 예상하고 있다. 두 회사 모두 데이터센터용 프로세서 시장에서 높은 점유율을 차지하고 있으며, AI 활용 확대에 따라 전력 효율을 높이라는 고객사의 요구가 급격히 커지고 있다. 복수의 미디어 보도에 따르면, TSMC가 양

빨간 선으로 둘러싼 부분은 엔비디아가 GTC 2025에서 공개한 CPO 개발품의 구현 예시이다.
(출처: 닛케이 크로스 테크)

사가 설계한 CPO의 집적과 양산을 담당할 예정이다.

엔비디아는 2025년 3월 자사가 주최한 개발자 회의 'GTC 2025'에서 데이터센터용 스위치 제품에 CPO를 도입하겠다고 발표했다. 2025년 내 출시 예정인 네트워크 스위치 '퀀텀-X', 그리고 2026년 발매 예정인 '스펙트럼-X'에 CPO가 적용될 예정이다. 이 회사는 TSMC가 개발한 첨단 광전융합 패키징 기술 'COUPE'를 채택했다.

TSMC 외에도 다른 반도체 파운드리들이 CPO 관련 투자를 확대하고 있다. 삼성전자는 2024년 연례 행사에서 2027년 CPO 기술 도입 계획을 발표했으며, 미국 글로벌파운드리스는 2025년 1월 약 7억 달러(약 9,800억 원)를 투자해 실리콘 포토닉스 대량 생산 공장 신설 계획을 밝혔다. 또한 이스라엘의 타워 세미컨덕터도 CPO용 광도파로(光導波路, optical waveguide)를 포함한 실리콘 포토닉스 대량 생산 공정 'PH18'을 전개하고 있다.

일본 내에서는 파운드리나 팹리스 등과 같은 최종 제품의 결정권을 가진 기업이 적다는 점이 과제로 꼽힌다. 일본에는 CPO용 부품·소재를 다루는 기업이 많아 세계 시장에서도 존재감을 보이고 있지만, 대부분이 최종 제품 제조사의 요구에 맞춰 생산하는 구조라 표준화 과정에서 주도권을 확보하기 어렵다.

이 가운데 NTT 그룹은 일본에서 CPO를 폭넓게 다루는 몇 안 되는 최종 제품 제조사 중 하나다. NTT는 파운드리와의 협업을 염두에 두고 자체 개발한 CPO 제품을 데이터센터에 도입할 계획이며, 후루카와 전기공업 등과 공동으로 CPO 및 차세대 기술에 해당하는 광 I/O 개발도 추진하고 있다.

CPO의 표준화는 아직 확립되지 않은 상태로, 향후 대형 반도체 기업이 사실상의 표준(de facto standard, 디팩토 스탠더드)을 주도할 가능성이 높다. 일본 기업이 앞으로 이 표준화 과정에 얼마나 깊이 관여할 수 있을지가 관건이 될 전망이다.

— 쿠보타 류노스케(닛케이 크로스텍, 닛케이 일렉트로닉스)

017.

1.4나노 반도체

회로선 폭이 바이러스보다 작은
초미세 반도체 기술

기술 성숙 레벨 | 중   2030 기대지수 | 25.8

1.4나노 반도체는 반도체 소자인 트랜지스터의 세대를 가리키며, 회로선 폭이 바이러스보다 작을 정도로 미세한 수준에 도달한 기술이다. 현재 미국 인텔, 대만 TSMC, 그리고 한국 삼성전자가 양산을 준비하고 있다. 이러한 최첨단 반도체는 AI 연산을 중심으로, HPC(고성능 컴퓨팅) 및 스마트폰의 고성능화 등에 폭넓게 활용될 전망이다.

인텔과 TSMC는 각각 1.4nm 세대에 해당하는 차세대 반도체 기술을 발표했다. 생성형 AI 등 고성능 연산을 겨냥한 최첨단 기술로, 2027~2028년경 양산이 시작될 예정이다.

2025년 3월 인텔 CEO로 취임한 립부 탄은 부진이 이어지는 파운드리 사업에서 반격 의지를 드러냈다. 인텔은 같은 해 4월 미국에서 파운드리 사업 설명회를 열고, 탄 CEO는 1.4nm 세대 공

인텔 CEO 립부 탄은 파운드리 사업에서의 반격 전략을 밝혔다.
(출처: 인텔)

정 'Intel 14A'를 여러 기업이 검토 중이라고 밝혔다. 'Intel 14A'는 1.8nm 세대 'Intel 18A'의 후속 공정으로, 2027년 양산을 목표로 하고 있다.

Intel 14A는 전 세대인 Intel 18A에서 도입한 후면 전원 공급(backside power delivery) 기술 '파워비아(PowerVia)'를 발전시킨 '파워디렉트(PowerDirect)'를 적용했다. 이 기술은 기존에 반도체 웨이퍼 표면에 형성하던 전원선을 웨이퍼 후면으로 옮겨, 배선 밀집도를 줄이고 신호 간섭을 최소화하는 방식이다. 또한 노광 장비의 개구수(NA)를 높여 해상도를 향상시킨 EUV(극자외선) 노광 기술도 새롭게 도입한다.

TSMC는 2025년 4월 미국에서 열린 이벤트에서, 1.4nm 세대 공정 'A14'를 2028년부터 양산할 계획이라고 발표했다. 이는 2025년 하반기 양산 예정인 2nm 세대 'N2', 2026년 양산 예정인 1.6nm 세대 'A16'의 후속 기술이다.

TSMC는 A14 개발이 순조롭게 진행 중이며, 수율 역시 계획을 상회하는 수준으로 개선되고 있다고 밝혔다. A14 공정은 AI와 스마트폰을 주요 타깃으로 한 기술로, N2 공정 대비 같은 소비전력 조건에서 동작 속도가 약 15% 향상, 혹은 같은 속도 조건에서 소비전력을 30% 절감할 수 있다.

― 오시타 준(닛케이 크로스 테크, 닛케이 일렉트로닉스)

018.

CFET
(상보형 전계효과 트랜지스터)

1나노 반도체를 실현하는 3차원 적층 기술

기술 성숙 레벨 | 중   2030 기대지수 | 11.0

CFET(상보형 전계효과 트랜지스터)는 차세대 트랜지스터 기술이다. 계산 처리를 담당하는 프로세서는 그동안 트랜지스터의 탑재 수를 늘리는 방식으로 성능을 높여왔다. 트랜지스터는 '1'과 '0'의 신호를 출력하는 핵심 소자로, 개수를 늘리면 더 적은 전력으로 더 높은 성능을 구현할 수 있다. CFET는 이러한 트랜지스터를 수직 방향으로 적층하는 구조를 채택해, 이전 세대보다 한층 높은 집적도와 효율을 실현한다.

벨기에의 반도체 연구기관인 아이멕(imec)은 2024년 11월, 도쿄에서 연례 이벤트를 개최했다. 아이멕의 CEO 뤽 반덴호브는 일본 기업과의 연계 및 차세대 반도체의 전망에 대해 언급하며, 차세대 최첨단 반도체 기술은 난도가 한층 높아질 것이라며 더 많은 개발 노력이 필요하다고 강조했다.

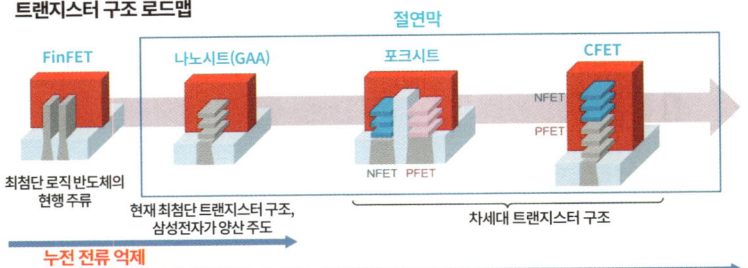

CMOS(상보성 금속 산화막 반도체) 트랜지스터는 NFET과 PFET의 쌍을 사용해 온·오프 상태를 제어하고 전기 신호를 전달한다. CFET는 이를 수직으로 적층하여 수평 방향으로 트랜지스터를 더 밀집시키기 쉽게 한다.
(출처: 닛케이 크로스 테크)

반덴호브 CEO는 강연에서 반도체 기술의 향후 로드맵에 대해 설명했다. 그는 3차원화가 진행되는 반도체 구조의 제조 기술과 회로 설계에 대해 "패러다임 시프트가 필요하다"라고 말했다. 트랜지스터를 동일한 면적에 더 많이 탑재할 수 있다면 성능을 높일 수 있지만, 기존의 수평 방향 미세화에는 한계가 보이기 시작했기 때문에 수직 방향의 면적을 활용하는 트렌드가 이어지고 있다는 것이다.

대표적인 사례가 최첨단 반도체의 트랜지스터 구조인 GAAFET(게이트 올 어라운드 전계효과 트랜지스터)과 그 차세대 기술인 CFET(상보형 전계효과 트랜지스터)이다. GAAFET은 한국의 삼성전자가 이미 양산 중이며, 대만의 TSMC는 2025년 양산을 목표로 하고 있다. 아이멕은 CFET가 2031년 7Å(옹스트롬, 1Å=0.1나노미터) 세대부터 도입될 것으로 내다보고 있다.

CFET는 최종적으로 여러 장의 웨이퍼를 접합해 제조하게 되는데, 핵심은 바로 이 접합 기술이다. 반덴호브 CEO는 이전보다 훨씬 높은 정밀도의 웨이퍼 접합 기술이 필요해질 것이라고 설명했다. 또한 이러한 복잡한 3차원 구조를 실현하기 위해서는 EDA(전자설계자동화) 툴의 발전도 필수적이라고 덧붙였다. 그는 지금까지의 2차원 회로 설계에서 벗어나, 회로 전체를 3차원으로 설계하는 접근 방식으로의 전환이 필요하다고 강조했다.

― 구보타 류노스케(닛케이 크로스 테크, 닛케이 일렉트로닉스)

019.

MRAM
(자기저항 변화형 메모리)

데이터 유지에 전력이 필요 없는 차세대 메모리

| 기술 성숙 레벨 | 중 | 2030 기대지수 | 15.2 |

MRAM(자기저항 변화형 메모리)은 전자가 지닌 미세한 자기적 성질인 스핀(spin)을 이용해 정보를 기록하는 불휘발성 메모리이다. 데이터를 유지하기 위해 별도의 전력이 필요하지 않기 때문에, 기존 메모리 대비 전력 소비를 수십 분의 1 수준으로 낮출 수 있다.

MRAM은 저전력 소비로 주목받고 있지만, 그것이 전부는 아니다. 전류와 전자가 중심이었던 기존의 전자 기술에서 벗어나, 스핀이 핵심이 되는 '스핀트로닉스' 시대를 여는 기술이기도 하다. 이러한 새로운 기술 패러다임에서는 훨씬 더 극적인 수준의 초저전력 동작이 가능할 것으로 기대된다.

   MRAM 기술의 원류는 HDD나 자기 테이프다. 초기에는 디스크나 테이프 형태의 필름 위에 미세한 자성체 분말을 증착한 기

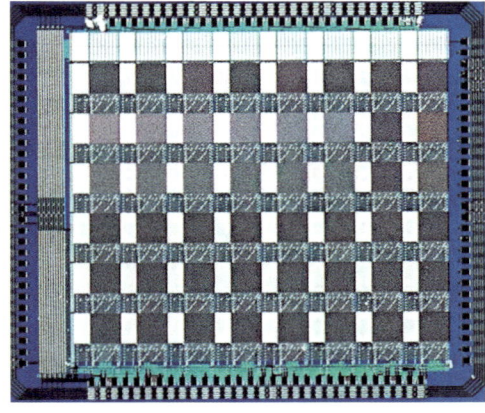

CMOS 기술과 호환되는 SOT-MRAM 칩
벨기에 imec가 2024년 학회 '2024 IEEE Symposium on VLSI Technology & Circuits'에서 발표했다.
(출처: imec)

록 매체를 사용했다. 데이터 쓰기(기록)는 코일이 감긴 자기 헤드가 기록 매체를 따라 이동하면서 전자기 유도로 자기장을 발생시키고, 이 자기장이 자성분말의 자극, 즉 미세한 막대자석의 N극과 S극 방향을 반전시키는 방식으로 이루어졌다. 데이터 읽기도 전자기 유도를 이용하며, 자극의 방향 차이로 인해 생기는 전류의 세기나 방향의 차이를 감지하는 원리였다.

이 가운데, 읽기 방식은 1975년을 기점으로 MR(자기저항 변화형) 현상을 이용하는 기술로 전환되기 시작했다. 이 방식은 전자기 유도보다 감도를 높이기 쉽다. 최초의 실용화 사례는 미국 IBM이 개발한 대형 매장을 위한 POS(판매시점정보관리) 단말기였다. 다만 이후에는 2차원 바코드 기술이 이를 대체하게 되었다. HDD에 MR 기술이 사용되기 시작한 것은 1984년의 일이다.

그 후 기술 혁신이 이어지며 MR의 감도(전기저항값의 변화율)가 비약적으로 향상되었고, HDD의 기록 밀도 또한 크게 높아졌다.

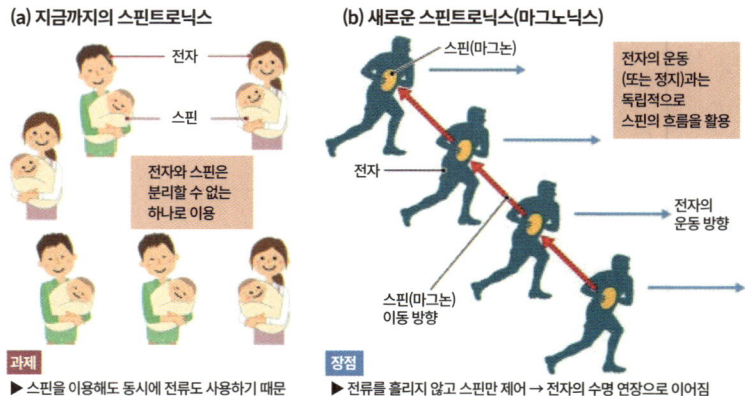

STT-MRAM까지의 스핀트로닉스와 SOT-MRAM 같은 새로운 스핀트로닉스의 차이
기존에는 스핀을 전자와 일체로 다루어 스핀 제어와 전류 제어를 분리할 수 없었다(a). 새로운 스핀트로닉스에서는 전자와 스핀을 분리해 스핀만 제어하는 것이 가능해지고 있다(b). 이에 따라 기존 MRAM 대비 1/100 이하의 초저전력 소자 실현이 가시화되고 있다.
(출처: 닛케이 크로스 테크)

1988년에는 GMR(거대자기저항) 효과가 발견되었으며, 그 공로로 연구자가 2007년 노벨 물리학상을 수상했다. 1994년에는 IBM이 이 기술을 '스핀밸브(Spin Valve)' 구조로 구현해, HDD의 읽기용 자기 헤드에 적용했다.

또한 1970년대에 이미 발견되어 있던 TMR(터널 자기저항) 효과 소자의 성능 개선도 진행되었다. 이 TMR 소자는 MTJ(Magnetic Tunnel Junction, 자기 터널 접합)라 불리며, 스핀밸브와 마찬가지로 고정층과 자유층을 가진다. 스핀밸브와의 가장 큰 차이는 자성체층 사이에 위치한 층이 비자성 금속이 아니라 MgO(산화마그네슘)와 같은 극도로 얇은 절연층이라는 점이다. MTJ에 전류를 흘리면 전자가 터널 효과(tunneling effect)를 통해 이 절연층을 뛰어넘는다.

TMR 헤드는 2004년 말, 미국 씨게이트 테크놀로지의 HDD에 처음 채택되었으며, 현재는 GMR을 능가하는 성능으로 HDD 읽기 헤드의 주류 기술이 되었다.

이 기술의 연장선에서 MRAM이 등장했다. MRAM은 다수의 MTJ를 병렬로 배열해 기록 매체로 사용하는 메모리 기술이다. HDD의 경우 기록 매체와 읽기·쓰기 장치가 분리되어 있고, 읽기·쓰기 장치에 MTJ가 사용된다. 반면 MRAM에서는 MTJ, 더 정확히는 MTJ의 자유층 자체가 기록 매체 역할을 한다. MTJ 하나가 1비트만 저장할 수 있기 때문에 기록 밀도 면에서는 HDD보다 낮지만, 디스크나 기계식 읽기·쓰기용 장치가 필요 없고, 이를 트랜지스터와 배선으로 대체할 수 있어 반도체 메모리의 한 형태로 분류된다. 현재 MRAM은 DRAM이나 SRAM을 대체할 수 있는 초저전력 비휘발성 메모리의 유력 후보로 주목받고 있다.

최초의 상용화는 2006년 당시 미국 프리스케일 세미컨덕터(현, 네덜란드 NXP 세미컨덕터)가 이뤘다. 초기 MRAM은 '토글형 MRAM'이라 불렸으며, MTJ의 자유층 자화를 반전시키는 데 HDD와 유사한 전자기 유도 방식을 사용했다. 그러나 소자가 미세화될수록 자기장이 약해지는 문제가 있었다. 이 과제는 1996년 IBM이 제안한 '스핀 주입 토크형(STT) MRAM'으로 해결되었다. STT-MRAM은 스마트워치 등 웨어러블 기기에 탑재된 반도체 칩의 내장 메모리로 이미 실용화되었으나, SRAM을 완전히 대체하기에는 쓰기 속도가 부족하다.

이 문제를 해결하기 위한 기술이 '스핀 궤도 토크형(SOT) MRAM'

이다. STT-MRAM과의 주요 차이는 두 가지다. 첫째, STT-MRAM의 MTJ가 2단자 소자인 반면, SOT-MRAM의 MTJ는 3단자 소자이다. 둘째, 쓰기 동작 시 MTJ 내부에는 전류가 흐르지 않고, 순수 스핀 전류만 흐른다는 점이다. 이로써 스핀이 기술의 중심이 되는 진정한 스핀트로닉스가 실현된다.

현재 SOT-MRAM은 일본을 포함해 전 세계의 연구기관과 반도체 기업들이 활발히 개발 중이다. 다만 기존 일렉트로닉스의 한계를 넘어서는 신개념 기술이기 때문에 실용화는 2030년 이후로 전망된다. 실용화가 본격화되면, AI 반도체를 비롯한 다양한 컴퓨터의 소비전력이 지금보다 수백분의 1, 많게는 1000분의 1 수준으로 줄어들 것으로 기대된다.

— 노자와 테쓰오 (닛케이 크로스 테크, 닛케이 일렉트로닉스)

020.

RISC-V
(리스크 파이브)

단순하고 저전력인 오픈소스 명령어 집합 아키텍처

기술 성숙 레벨 | 고   2030 기대지수 | 5.4

RISC-V(리스크 파이브)는 반도체 설계에 사용하는 오픈소스 명령어 집합 아키텍처다. 명령어를 자유롭게 추가할 수 있으며, 라이선스 비용이나 로열티가 전혀 들지 않는다는 점이 가장 큰 특징이다. 이러한 개방성과 유연성 덕분에, 연구개발용 플랫폼이나 반도체 제조사가 설계하는 IC의 내부 회로 블록 등에서 활발히 활용되고 있다.

독일의 반도체 대기업 인피니언 테크놀로지스(Infineon Technologies)는 2025년 3월, RISC-V(리스크 파이브) 기반의 차량용 마이컴(Microcontroller)을 수년 내 시장에 출시하겠다고 발표했다.

과거 차량용 마이컴의 주요 제조사들은 대부분 독자적인 CPU 코어를 기반으로 한 제품 개발에 주력해 왔다. 예를 들어, 네덜란드의 NXP 세미컨덕터스와 스위스의 ST마이크로일렉트로닉스는 각각 POWER 계열 CPU 코어를 기반으로 한 제품이 주력이었으나, 최근에는 영국 ARM의 CPU 코어를 채택한 신제품이 대부분을 차지하고 있다.

RISC-V는 이러한 상황, 즉 ARM이 차량용을 포함한 CPU 코어 시장을 사실상 독점하고 있는 현실에 대한 위기감 속에서 등장했다. RISC-V의 가장 큰 차별점은 명령어를 자유롭게 추가할 수 있다는 점이다. ARM 코어는 기본적으로 명령어를 새로 추가할 수 없지만, RISC-V는 명령어 집합을 기반으로 한 자체 CPU 코어 개발(회로 설계)이 가능하며, 이때 로열티나 라이선스 비용이 전혀 발생하지 않는다.

그러나 장점만 있는 것은 아니다. 명령어 추가의 자유로움이 곧 호환성 문제로 이어질 수 있기 때문이다. 예를 들어, A사가 명령어를 추가한 RISC-V 코어와 B사가 명령어를 추가한 RISC-V 코어는 상호 호환성이 보장되지 않는다. 이로 인해 RISC-V 차량용 마이컴에 대응하는 소프트웨어의 이식성·재사용성이 떨어질 가능성이 있다. 앞으로 자동차는 소프트웨어 정의 차량(SDV, Software Defined Vehicle)으로 진화하면서 소프트웨어의 중요성이 더욱 커질 전망이다. 따라서 소프트웨어의 호환성과 재사용성을 저해할 가능성이 있는 요소에 대한 표준화 대책이 필요하다.

이러한 배경 속에서 등장한 것이 바로 RISC-V 기반 제품의 호환성을 확보하기 위한 기업 연합 '퀸타우리스(Quintauris)'다. 2025년 3월 시점 기준으로 인피니언을 포함한 6개 기업이 출자했으며, 세계 공통 규격 확립을 목표로 하고 있다. 현재 차량용 마이

인피니언의 마르코 카솔 씨는 일본 언론을 대상으로 한 차량용 마이컴 설명회에 참석했다.
(출처: 닛케이 크로스 테크)

컴 분야에서는 중국 제조사들의 영향력이 커지고, SDV 개발 분야에서는 미국 테슬라가 주도적인 위치를 점하고 있다. 이 때문에 중국의 RISC-V 기반 차량용 마이컴이나 명령어 세트가 사실상의 업계 표준이 될 가능성도 있다. 퀸타우리스 설립에는 이러한 상황을 선제적으로 막고자 하는 의도가 깔려 있다.

— 고지마 이쿠타로(닛케이 크로스 테크, 닛케이 일렉트로닉스)

021.

나트륨이온전지

저비용이면서 내구성도 뛰어난,
희토류 금속을 사용하지 않는 전지

기술 성숙 레벨 | 고   2030 기대지수 | 28.5

배터리 내부에서 양극과 음극 사이를 오가는 전하가 나트륨이온인 나트륨이온전지는 리튬이온전지를 대체할 가능성이 있는 기술이다. 실제로 리튬이온전지와 비교했을 때, (1)재료 구성상 저렴하게 제조할 수 있는 가능성이 있고, (2)급속 충전이나 급속 방전에 강하며, (3)저온에도 강하다는 특징을 지닌다.

중국 CATL은 2025년 4월 개최한 프라이빗 쇼 '슈퍼 테크 데이 2025'에서 전기차용 양산형 나트륨이온 2차전지(NIB)를 발표했다. 브랜드명은 '낙스트라(NaCXtra)'이다.

낙스트라는 두 가지 타입으로 구성된다. 첫 번째는 시내 주행용 EV에 적합한 모델로, 배터리 팩의 에너지 밀도는 175Wh/kg에 달한다. 나트륨이온 2차전지로서는 "세계 최고 수준"(CATL)에

CATL의 '슈퍼 테크 데이 2025' 현장
(출처: CATL)

도달해, 동사의 주력 제품인 인산철 리튬계 리튬이온 2차전지와 거의 대등한 수준을 이뤘다. 주행거리는 500km이며, 충방전 사이클 수명은 1만 회를 넘어선다. 안전성 측면에서도 못 찌르기 테스트, 드릴 구멍 내기 테스트, 다양한 각도의 압축 테스트 등에서 높은 안정성을 보였다. CATL은 "소재 단계에서 발화 가능성을 제거했다"라고 밝혔다. 충전 속도는 5C(12분 완충)에 이르며, 실제 충전에서는 10분 만에 충전율을 30%에서 80%로 끌어올릴 수 있다.

두 번째는 24V 출력의 '스타트·스톱 배터리'로 불리는 제품으로, 상용 대형차에 사용되는 납축전지를 대체하는 것을 목표로 한다. 트럭의 아이들링 스톱 기능을 구현하는 데 쓰이며, 출력 밀도와 사이클 수명이 높아 수명이 8년 이상이다. 이로 인해 기존 납축전지 대비 라이프사이클 비용을 61% 절감할 수 있다.

낙스트라의 가장 큰 특징은 두 타입 모두 동작 온도 범위가 섭씨 −40도에서 +70도까지로 넓다는 점이다. 시내 주행용 EV 모델은 −40도의 혹한에서도 출력 저하가 10% 미만에 그쳤으며, 스타트·스톱 배터리 모델 또한 −40도의 환경에서 버튼 한 번으로 엔진 시동이 가능했다.

— 노자와 데쓰오(닛케이 크로스 테크, 닛케이 일렉트로닉스)

022.

패널 레벨 패키지

대형 유리 기판을 지지체로 사용하는
반도체 패키징

기술 성숙 레벨 | 중   2030 기대지수 | 3.8

패널 레벨 패키지는 대형 유리 패널 등에 반도체 칩을 배열해, 배선이나 봉지(封止, 칩을 수지로 밀봉하는 공정) 등 반도체의 후공정을 한 번에 대량 처리하는 기술이다. 기존의 반도체 제조에서는 '웨이퍼'라 불리는 원판 위에서 칩을 봉지하는 방식이 일반적이었다. 직사각형 패널을 사용하면 칩의 수율이 높아져 생산성 향상으로 이어진다.

대형 유리 기판(패널)을 지지체로 사용하는 반도체 패키징 분야에 기업들의 진출이 잇따르고 있다. 이 기술은 패널 레벨 패키지(PLP)라고 불리며, AI 반도체용 대형 패키지와 관련 부품을 저비용으로 제조할 수 있는 기술이다. 일본 라피더스나 대만 TSMC 같은 반도체 기업뿐만 아니라, 재팬디스플레이(JDI)와 대만의 이노룩스(Innolux) 같은 액정 패널 제조사도 잇달아 참여를 선언했다.

반도체 제조 장비 및 소재 업체들에게도 주요 전장 중 하나가 될 전망이다.

"G4.5(4.5세대, 730×920mm) 유리 기판을 사용해 반도체 패키지용 인터포저(중간 기판)를 제조할 수 없을지 검토하고 있다. 2028년에는 사업을 본격적으로 시작하고 싶다."

재팬디스플레이 집행임원이자 최고전략책임자(CSO)인 시모가 키우치는 반도체 사업 진출에 강한 의지를 보였다. 적자가 이어지는 디스플레이 사업 의존에서 벗어나기 위해 '비욘드 디스플레이(Beyond Display)'를 내걸고 모색하는 새로운 분야 가운데 하나가 바로 패널 레벨 패키지다.

대만 폭스콘 그룹 계열의 이노룩스 역시 액정 디스플레이 분야에서의 노하우를 살려서 패널 레벨 패키지 시장 진출을 노리고 있다. 대만 남부 타이난에 위치한 액정 공장을 반도체 패키지용으로 전환할 계획이며, 2024년 12월에는 차량용 OLED 디스플레이 사업에서 재팬디스플레이와 제휴했다. 양사는 장기적으로 패널 레벨 패키지를 비롯한 반도체 분야에서도 협력할 가능성이 있다.

패널 레벨 패키지 진출이 잇따르는 이유는, 데이터센터용 AI 반도체 수요가 관련 시장을 크게 성장시킬 것으로 전망되기 때문이다. AI 반도체는 요구되는 연산 성능이 지수적으로 증가하는 반면, 미세화에 따른 집적도와 성능 향상은 한계에 다다르고 있다. 이에 따라 여러 개의 반도체 칩을 조합해 성능을 끌어올리는 첨단 패키징이나 '칩렛 집적'이라 불리는 방식이 확산되고 있다.

그 결과, 반도체 제조의 부가가치가 점차 패키징 기술로 이동하기 시작했다. 조사기관 옴디아(Omdia)의 미나미카와 아키라는 "2024년에 약 80조 엔(약 750조 원)에 달한 반도체 시장 중 첨단 패키징이 차지하는 비중은 약 10조 엔(약 95조 원) 수준일 것이다. 2026~2027년에는 이 비중이 약 30%까지 높아질 것"이라고 전망했다.

– 오시타 준(닛케이 크로스 테크, 닛케이 일렉트로닉스)

023.

마이크로 LED 디스플레이

얇고, 고휘도(밝기), 고해상도,
저전력 소비를 실현하는 디스플레이

:
:
:

기술 성숙 레벨 | 고   2030 기대지수 | 9.2

마이크로 LED 디스플레이는 얇고, 고휘도·고해상도·저전력 소비를 실현한 차세대 디스플레이다. 소니 세미컨덕터 솔루션즈(SSS)는 2025년 5월, 정밀도가 1인치당 5,644픽셀(ppi)에 달하는 0.26형 마이크로 LED 디스플레이를 시제품으로 제작했다고 발표했다.

마이크로 LED 디스플레이는 화소 하나하나에 LED 소자를 사용하고, 이를 개별적으로 제어하는 방식의 디스플레이다. 대형 디스플레이 패널에서도 제조가 쉽지 않지만, AR(증강현실)이나 VR(가상현실)용 헤드셋에 쓰이는 초소형 디스플레이에서는 최근까지 사실상 실현이 불가능하다고 여겨져 왔다.

경쟁 기술인 OLED 기반 초소형 디스플레이의 경우, 2025년 5월에 열린 디스플레이 기술 국제학회 겸 전시회 'SID 디스플레이

소니 세미컨덕터 솔루션즈가
DW25에서 발표 및 시연한
5644ppi 마이크로LED
초소형 디스플레이.
(출처: 닛케이 크로스 테크)

위크 2025(DW25)'에서 5,000~6,000ppi급 초고정밀 제품의 개발 발표와 전시가 잇따랐다. 이 수준의 정밀도에서는 한 화소의 크기가 4~5μm(마이크로미터) 사각으로, 극도로 미세하다.

반면 불과 얼마 전까지만 해도, 마이크로 LED로 제조할 수 있는 화소 크기의 한계는 35μm 사각으로 여겨졌다. 5μm 사각 LED 칩을 수천만 개 단위로 정확하게 기판 위에 배치하는 것은 지극히 어려운 일이었다. 이 난관을 돌파한 것은 대만의 플레이나이트(PlayNitride) 등 극소수의 기업뿐이었다. 이 회사는 현재 5,644ppi급 마이크로 LED 디스플레이를 제조하고 있다.

소니 세미컨덕터 솔루션즈(SSS) 역시 플레이나이트에 필적하는 마이크로 LED 디스플레이 개발에 성공했다. SSS는 먼저, 질화갈륨(GaN) 층을 표면에 형성한 실리콘 웨이퍼 위에 LED 소자를 형성했다. 그다음, 이를 구동 회로 등이 형성된 실리콘 웨이퍼 위에 구리 전극을 사이에 두고 접합했다. 마지막으로 LED가 형성된 쪽의 실리콘 웨이퍼를 제거한 뒤 LED의 형상을 정리하고, 온칩

렌즈(On-Chip Lens)를 탑재하는 방식으로 구현했다. 이 방법을 사용하면, 미세한 LED 소자를 하나하나 별도로 다룰 필요가 없다.

SSS가 시제품으로 제작한 초소형 디스플레이는 한 변이 5mm도 되지 않는 0.26형 크기로, 화소 수는 1,080×960픽셀, 정밀도는 5,644ppi에 달한다. 다만 발색은 청색 한 가지뿐으로, 이미 풀컬러로 5,644ppi를 구현한 플레이나이트에는 한발 뒤처져 있다. 그러나 SSS는 "가까운 시일 내에 RGB(적·녹·청) 풀컬러 버전을 제작할 예정이며, 정밀도는 1만ppi 이상이 될 것"이라고 밝혔다. 이 목표가 실현된다면, 디스플레이 방식과 관계없이 세계 최고 수준의 정밀도를 달성하게 된다.

— 노자와 데쓰오(닛케이 크로스 테크, 닛케이 일렉트로닉스)

024.

극저온 에칭

메모리 셀의 다층 적층에 필요한
깊은 구멍을 수 배 더 빠르게 식각 가공

기술 성숙 레벨 | 고   2030 기대지수 | 5.6

극저온 에칭은 반도체 제조 장비의 신기술이다. 에칭 장비는 반도체 웨이퍼 위에 이온화된 가스 등을 충돌시켜, 물리적 또는 화학적인 방식으로 박막을 깎아내는 장비이다. 웨이퍼를 극저온으로 냉각함으로써 가공 정밀도를 높일 수 있으며, 이에 따라 일본 도쿄일렉트론과 미국 램리서치가 개발을 가속하고 있다.

AI용으로 수요가 확대되고 있는 NAND형 플래시 메모리(이하, NAND)를 둘러싸고, '극저온 에칭'이라 불리는 장비 기술의 개발 경쟁이 과열되고 있다. 웨이퍼를 영하로 냉각함으로써, 메모리 셀의 다층 적층에 필요한 깊은 구멍을 기존보다 수배 빠르게 가공할 수 있어 제조 비용을 낮출 수 있기 때문이다. 2030년대에 예상되는 1000층 이상의 NAND 실현을 앞두고, 에칭 장비 최대

NAND의 3차원화가 진행되면서 극저온 에칭 기술의 수요가 높아지고 있다.
(출처: 램리서치)

기업인 미국 램리서치(Lam Research)의 아성에 일본 도쿄일렉트론(Tokyo Electron)이 도전장을 내밀고 있다.

데이터센터 등에서 AI 처리를 위한 스토리지 디바이스로 쓰이는 3차원 NAND(3D NAND)에는 더욱 대용량화와 저비용화가 요구되고 있다. 현재는 200층 세대가 양산 중이며, 도쿄일렉트론에 따르면 2030년대 초에는 1000층을 초과할 것으로 예상된다.

고적층 3D NAND를 빠르고 높은 수율로 제조하기 위한 해법으로, 키오시아 홀딩스(Kioxia Holdings)를 비롯한 주요 NAND 제조사들이 극저온 에칭 장비의 양산 도입을 검토하고 있다. 이 기술은 다층 메모리 셀을 형성하기 위한 '깊은 구멍(홀)'을 가공하는 핵심 공정에서 중요하다.

기존 3D NAND용 에칭 장비 시장은 램리서치가 사실상 독점

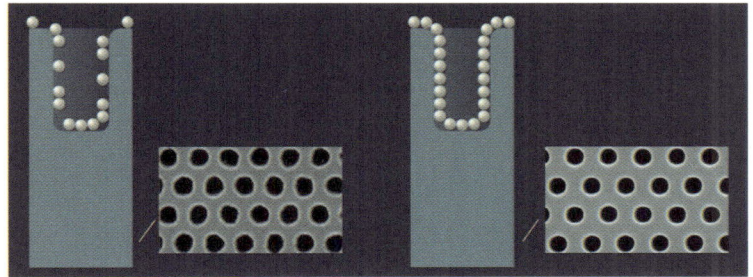

기존 에칭(왼쪽)과 비교해, 극저온 에칭(오른쪽)은 가스를 균등하게 흡착시켜 고정밀로 구멍을 낼 수 있다.
(출처: 램리서치)

해 왔다. 여기에 도쿄일렉트론이 점유율 탈환을 목표로 승부수를 던진 것이다. 램리서치도 이에 맞서 2024년 7월 말, 제3세대 극저온 에칭 기술의 제공을 시작했다고 발표했다.

3D NAND에서는 정보를 저장하는 최소 단위인 메모리 셀을 만들기 위해 '메모리 홀(채널 홀)'이라 불리는 구멍을 뚫는다. 이 과정에서 이온화된 가스를 충돌시켜 물리적 또는 화학적으로 박막을 깎아낸다. 기존 과제는 수백 층에 달하는 수직 구멍을 고속·고정밀하게, 그리고 균일하게 가공하기 어려웠다는 점이다.

"종횡비(아스펙트비)가 50대 1 이상인 구멍을, 각도로 환산하면 1도 미만의 오차로 뚫어야 한다. 구멍의 수는 웨이퍼 한 장당 1조 개를 넘는다"라고 램리서치 일본 법인 니시자와 다카노리 씨는 설명한다.

한 번에 구멍을 뚫을 수 있는 층수가 적으면, 에칭과 증착 공정을 여러 번 반복해야 하므로 수율 저하와 비용 증가로 이어진다. 반면 극저온 에칭은 수백 층에 달하는 구멍을 한 번에 짧은 시간 안에 가공할 수 있어, 3D NAND의 고집적화와 저비용화를 실현한다.

극저온 에칭 장비는 웨이퍼 온도를 영하 100도에서 영하 50도 정도로 냉각한다. 이로써 "가스가 에칭 부위에 균일하게 부착되어 가공 정밀도가 높아진다"(니시자와 씨)고 한다. 램리서치의 기술은 가스 조성에도 독자적 개선을 더해 흡착 효율을 높였다. 불화탄소(CF)계 가스를 사용하지 않아 환경 부담도 줄였다.

도쿄일렉트론의 극저온 에칭 장비는 깊이 10㎛(마이크로미터)의 구멍을 약 33분 만에 가공할 수 있다. 램리서치의 제3세대 기술 또한 10㎛ 깊이의 에칭에 대응하며, 기존 기술 대비 2.5배 빠른 가공 속도를 실현했다고 한다. 또한 가공 치수 편차(CD 편차)는 경쟁사보다 작다고 주장한다.

"미세 패턴을 형성하는 크리티컬 공정에서는 반드시 점유율을 확보할 수 있다." 도쿄일렉트론 가와이 도시키 사장은 이렇게 강조한다. 이에 맞서 램리서치 역시 2019년부터 극저온 에칭 장비를 양산해 왔다. "누적 1000대 이상 판매했고, 양산 안정성 면에서는 뒤지지 않는다"라며 램리서치의 니시자와 씨는 자신감을 보였다.

클라우드뿐 아니라 스마트폰, PC, 자동차 등 엣지(Edge) 단에서도 AI 처리가 이뤄지는 시대가 다가오면서, 저가형 스토리지인 NAND의 중요성은 더욱 커지고 있다. 다층화와 저비용화를 앞당길 극저온 에칭 기술이 메모리 제조사와 장비 제조사의 패권 경쟁을 가르는 핵심 변수로 부상하고 있다.

— 구보타 류노스케(닛케이 크로스텍, 닛케이 일렉트로닉스)

025.

후공정 자동화

반도체 관련 기업들이 업계를 가로질러
기술 개발과 표준화에 나선다

기술 성숙 레벨 | 중   2030 기대지수 | 11.3

후공정 자동화는 반도체 후공정을 자동화하는 기술이다. 반도체 제조는 웨이퍼 위에 회로를 형성하는 전공정과, 봉지 및 조립으로 이루어지는 후공정으로 구성된다. 지금까지 전공정은 자동화가 상당히 진전되었지만, 후공정은 여전히 수작업 비중이 높았다. 이에 따라 일본의 반도체 장비 제조사를 중심으로, 생산성 향상을 목표로 한 반송 및 조립 공정의 자동화가 추진되고 있다.

미국 인텔과 일본의 주요 기업 약 30개사가 손잡고, 반도체 후공정의 자동화를 향한 움직임이 활발해지고 있다. 다양한 종류의 반도체 칩을 하나의 패키지 안에 집적하는 '헤테로지니어스 인테그레이션(이종 칩 집적)' 생산성을 높이는 것이 목표다. 빠르면 2027년에 시험 라인을 가동하고, 2028년 상용화를 목표로 하고 있다.

인텔의 제프리 페티나토는 SATAS에서의 후공정 자동화 노력을 ICEPIAAC 2025에서 소개했다.
(출처: 닛케이 크로스 테크)

    인텔은 일본 기업 등과 함께 '반도체 후공정 자동화·표준화 기술 연구조합(SATAS)'을 2024년 4월에 설립했다. 설립 당시 조합원은 15개 기업·단체였으며, 인텔 외에 오므론, 샤프, 신에츠 폴리머, 신포니아 테크놀로지, SEMI 재팬, 다이후쿠, 히라타 기공, 후지, 미쓰비시 종합연구소, 미라이알, 무라타 기계, 야마하 발동기, 레조낙 홀딩스, 로체 등이 참여했다. 2025년 4월 시점에는 조합원이 28개사로 늘어나는 등, 참여 기업이 꾸준히 확대되고 있다.

    SATAS 설립의 배경에는, 이종 칩 집적 등으로 패키징 공정이 복잡해지는 반면, 후공정이 그 복잡성에 충분히 대응하지 못하고 있다는 문제의식이 있었다. 인텔의 제프리 페티나토는 "전공정에 비해 자동화가 충분히 진전되지 않았다"고 지적했다. 현재 후공정은 여전히 수작업에 의존하는 반자동화 수준으로, 그 결과 공장 내 레이아웃과 공간 활용에 낭비가 발생하고 있다.

또한 일반적인 후공정에서는 공정 중 불량이 발생해 장비 수리가 필요할 경우, 라인 전체를 정지해야 하는 문제가 있다. 이는 곧 생산성 저하로 이어진다. 이러한 과제를 해결하기 위해 SATAS는 자동화와 각 프로세스의 모듈화를 추진 중이다. 자동화를 통해 작업 효율을 높이고, 모듈화를 통해 라인 전체를 멈추지 않고 신형 장비 교체나 고장 장비 수리가 가능하도록 한다. 또한 디지털 트윈(Digital Twin) 기술에도 주력하고 있다. 후공정 내 각 프로세스와 장비를 시뮬레이션해 라인 전체의 스케줄 관리 정밀도를 높여 생산성을 향상시키는 것이다.

SATAS는 크게 여섯 가지 테마 — ①자동 반송·보관 시스템 ②캐리어&트레이 ③로드포트&프런트엔드 모듈 ④반송용 메인프레임 ⑤프로세스 셀 ⑥파일럿 라인 — 를 중심으로 연구개발을 진행하고 있다. 가능한 기존 표준 기술을 활용하면서도 자동화와 모듈화에 도전하는 방식이다. 예를 들어, 전공정에서 자동 반송 장치로 사용되는 OHT(천장주행식 무인반송차)를 후공정에도 적용하는 방안이 검토되고 있다. 무라타 기계나 다이후쿠는 전공정에서 축적한 OHT 기술을 후공정 자동화에도 확장할 수 있을 것으로 기대하고 있다.

이종 칩 집적에서는 여러 반도체 칩을 탑재할 뿐 아니라 GPU 칩 등 개별 칩의 대형화가 진행되면서, 패키지 자체도 커질 것으로 전망된다. 이에 따라 반도체 부품을 보관하는 트레이 역시 대형 제품이 사용되며, 기존 패키지보다 더 많은 부품을 담을 수 있다. 이러한 대형 트레이는 '메가 트레이(Mega Tray)'로 불리며, 이미

	SATAS의 조합원
반도체	인텔과 동일한 일본 법인
후공정 위탁	아오이전자
장비·시스템	알파디자인, 오므론, 오므론 필드 엔지니어링, 클린 테크놀로지, CKD, 심포니어 테크놀로지, 다이후쿠, 히라타기공, 후지, 미나미, 무사시 엔지니어링, 무라타기계, 야마하발동기, 로체
재료	화연테크, 신에츠폴리머, 레조낙홀딩스
용기	미라이얼
연구기관	산업기술종합연구소
기타	샤프, 세미재팬, TDK, 백동, 미쓰비시종합연구소, 릭스

SATAS의 조합원 수는 2025년 4월에 28개 사에 달했다.
(출처: 닛케이 크로스 테크)

표준화가 완료된 상태다.

또한 유리 기판 등 대형 소재를 지지체로 사용하는 패널 레벨 패키지(PLP)의 활용도 계획되어 있다. 우선 300×300mm 크기의 PLP를 상정하고 있으며, 여기에 대응하는 반송용 용기 FOUP(Front Opening Unified Pod)을 사용할 예정이다. 이 FOUP은 PLP뿐 아니라 메가 트레이를 2열로 겹쳐 수납할 수 있도록 설계된다. 샤프는 PLP 분야에 큰 기대를 걸고 있다. 액정 패널 제조에서 축적한 기술과 경험을 살려, 반도체 후공정에도 이를 적용할 수 있을 것으로 보고 있다.

SATAS는 이러한 자동화된 후공정을 2028~2029년경 상용화하는 것을 목표로 하며, 그에 앞서 2027년 일본 내 시험 라인 가동을 추진 중이다.

– 네즈 사다시 (닛케이 크로스 테크, 닛케이 모노즈쿠리),
몬마 츄야 (닛케이 크로스 테크, 닛케이 컨스트럭션)

026.

고NA(개구수) EUV 노광

반도체 미세화에 따른 EUV 노광 기술

| 기술 성숙 레벨 | 고 | 2030 기대지수 | 5.4 |

반도체 제조에 사용되는 EUV(극자외선) 노광은, 파장 13.5nm의 매우 짧은 빛을 이용해 미세 회로를 전사(轉寫, 마스크에 새겨진 회로 패턴을 빛을 이용해 웨이퍼 위에 복제·전달하는 과정)하는 노광 기술이다. 원판(마스크)에 새겨진 회로 패턴을 반도체 웨이퍼 위에 옮기는 공정에 쓰이며, 7nm 세대 이후의 최첨단 반도체 생산에 중요한 기술로 자리 잡았다. 현재 EUV 노광 장비는 네덜란드 ASML이 전 세계에서 유일하게 제조하고 있으며, 장비 한 대 가격은 수천억 원대에 이른다.

일본 종합 화학 메이커들은 2025년, 반도체 시장의 확대를 내다보고 반도체 소재 분야에 경영 자원을 집중하고 있다. 그중에서도 반도체의 미세화에 따라 수요가 급증하는 EUV(극자외선) 노광용 소재의 개발과 시장 투입이 활발하게 진행되고 있다.

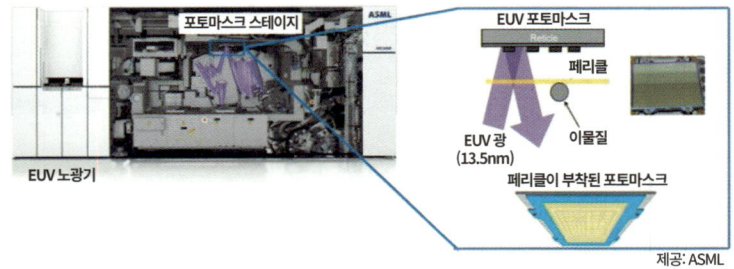

EUV 노광 장비에 필수적인 보호막
미쓰이화학은 회로 원판(포토마스크)에 장착하는 보호막 '페리클' 개발에서 앞서가고 있다.
(출처: 미쓰이화학)

미쓰이화학, EUV 노광 장비용 보호막에 CNT 적용
왼쪽 사진은 기존 제품, 오른쪽은 차세대 EUV용 제품. 포토마스크에 장착하는 보호막에 내구성이 높은 CNT(탄소나노튜브)를 채용. 2025년 12월 야마구치현에 생산 설비를 가동할 예정이다.
(출처: 미쓰이화학)

    미쓰이화학, 스미토모화학, 미쓰비시케미컬그룹(MCG)의 세 회사는 석유화학(석화) 사업의 실적 악화를 계기로, 반도체 소재를 다음 성장의 축으로 삼고 있다. 다만 반도체 칩 제조에 필수적인 감광성 소재인 포토레지스트(Photoresist) 분야에서는 이미 다른 일본 기업들이 높은 점유율을 차지하고 있어, 종합 화학 메이커의 존재감은 아직 미미한 편이다.

    주력 사업이던 석화 부문이 침체된 지금, 이를 보완할 새로운 성장 동력으로서 반도체 소재에 대한 기대가 커지고 있다. 특히 국가 차원에서 반도체 산업을 지원하는 상황 속에서, 종합 화학 3사는 이를 호기로 보고 반도체 소재 분야에서 적극적인 목표를 내걸고 있다.

미쓰이화학은 최첨단 반도체에 사용되는 EUV 노광 장치용 회로 원판(포토마스크)에 장착되는 보호막 'EUV 펠리클' 분야에서 선두를 달리고 있다. 이 회사는 차세대 제품을 조기에 투입해 경쟁사의 추격을 허용하지 않겠다는 전략을 세웠다. 기존에는 실리콘계 소재를 사용했으나, 차세대 제품에서는 탄소나노튜브(CNT)를 이용한 신소재를 개발하고 있다.

미쓰이화학은 2021년, EUV 노광 장비 제조사인 네덜란드의 ASML로부터 라이선스를 취득해 세계 최초로 EUV 펠리클을 생산했으며, ASML과 긴밀한 협력 관계를 유지하고 있다. 즉, 전 세계 반도체 기업들이 ASML의 장비에 의존하는 가운데, 미쓰이화학은 그 장비에 필수적인 보호막을 ASML의 공식 인증을 받아 개발하고 있는 유일한 기업으로서 유리한 위치를 점하고 있다.

펠리클은 반도체 웨이퍼에 빛을 조사해 회로 패턴을 형성하는 포토리소그래피 공정에서 포토마스크를 클린한 상태로 유지하는 방진 커버의 역할을 한다. 반도체가 한층 더 미세화 됨에 따라 EUV는 개구수(NA) 확대와 고출력화가 진행되고 있다. 이에 따라 높은 EUV 투과성과 고출력에 대한 내광성이 요구되고 있으며, 미쓰이화학은 내구성이 뛰어난 CNT 기반 펠리클이 주류가 될 것으로 보고 있다.

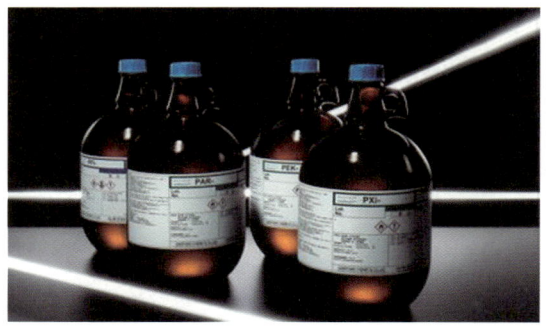

스미토모화학, EUV용 포토레지스트에서 높은 점유율 확보
차세대 EUV용에서는 유기 저분자를 채택해 개발을 진행 중이다.
(출처: 스미토모화학)

    스미토모화학은 차세대 EUV용 반도체 포토레지스트 개발에 주력하고 있다. 2025년부터 2030년에 걸쳐 총 3,000억 엔(약 2조 8천억 원) 규모의 전략 투자를 계획하고 있으며, 그 최우선 분야가 바로 반도체 소재다. 현재 포토레지스트 분야에서는 JSR, 도쿄오카공업 등 일본의 5개사가 세계 시장 점유율의 대부분을 차지하고 있으며, 스미토모화학도 그 일각을 차지하고 있다. 그러나 차세대 제품에서는 소재 자체가 바뀌어 세력 구도가 변할 가능성이 있다는 점에서, 각사는 개발 경쟁을 벌이고 있다. 기존에는 유기 고분자계 소재가 사용되어 왔으나, 스미토모화학은 차세대 제품에서 분자 크기 1나노미터 미만의 유기 저분자를 채택해 개발을 진행하고 있다.

    미쓰비시케미컬그룹은 반도체의 고도화를 뒷받침하는 수지 등 고기능 소재에 주력하며, 주요 제품의 증산과 확대 전략을 추진하고 있다. 그중 하나가 포토레지스트의 주성분인 감광성 폴리머

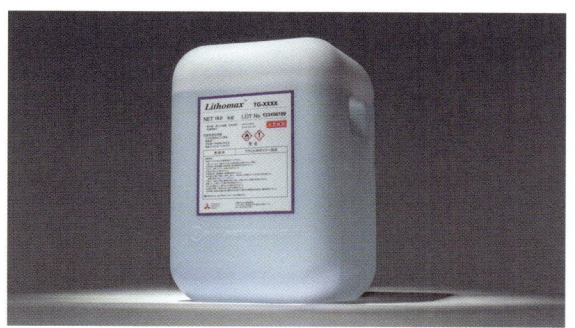

미쓰비시 케미컬 그룹은 EUV 레지스트용 수지를 양산
2025년 9월, 기타큐슈 거점에서 처음으로 양산을 시작한다.
(출처: 미쓰비시케미컬그룹)

다. 현재 포토레지스트 제조업체에 채택되고 있으며, 미세화에 필수적인 EUV 포토레지스트 용도에서도 수요가 확대될 것으로 보고 양산화를 결정했다.

또한 미쓰비시케미컬그룹은 양자 기술을 활용한 차세대 EUV 레지스트 개발에도 착수했다. 미세화에 따라 정밀한 회로 패턴 형성이 어려워지는 과제에 대응하기 위해, 양자 정보를 기반으로 한 고정밀 시뮬레이션 기술을 통해 최적의 소재를 찾아낸다는 구상이다.

— 나가바 케이코(닛케이 크로스 트렌드, 닛케이 오토모티브)

027.

인휠 모터

자동차 바퀴 안에 전동 모터를 배치해,
차량 내부 공간을 효율적으로 이용

| 기술 성숙 레벨 | 중 | 2030 기대지수 | **10.4** |

20년 이상 연구개발이 이어져 온 전기차용 인휠 모터의 양산이 가까워지고 있다. 구동용 모터를 휠 내부에 탑재하는 기술로, 지금까지 양산차에 채택된 사례는 거의 없었다. 이러한 상황을 바꾸려는 것이 프랑스 르노다. 르노는 2027년에 출시할 EV에 인휠 모터를 탑재한다는 방침을 밝혔다.

인휠 모터에 정통한 한 전문가는 "출력이나 소음·진동은 아직 개선의 여지가 있지만, 상품화 단계에 가까워지고 있다"고 말했다.
 인휠 모터의 장점은 크게 세 가지다. ⑴ 실내 공간 확대, ⑵ 다수 모터를 활용한 고도 제어, ⑶ 효율 향상. 이러한 이점은 단독으로 작동할 때보다 다른 기술과 결합할 때 더욱 빛을 발하며, 차세대 EV 개발의 핵심이 될 가능성이 있다. 예컨대 자율주행 기술과 결합하면, 넓어진 차내 공간에서 한층 편안하게 시간을 보낼

아스테모가 개발한 12인치 휠용 인휠 모터 모형
핀 형태의 히트 싱크를 활용해 공랭 방식으로 냉각한다. 기존형에서 일체였던 인버터는 차량 쪽에 탑재하도록 했다. 또한 재활용이 용이한 '용이 해체 집중 권선 코일'을 사용한 점도 특징이다. 〈사람과 자동차의 테크놀로지전 2025 요코하마〉(2025년 5월 21~23일, 파시피코 요코하마)에서 전시했다.
(출처: 닛케이 크로스 테크)

수 있다.

 차세대 EV 개발과의 궁합이 뛰어난 장점을 지니고 있음에도, 인휠 모터는 무게와 비용 증가, 실제 주행 시 열과 진동에 대한 내구성 등 과제로 인해 실용화가 쉽지 않았다. 그러나 최근에는 이러한 난제를 극복하기 위한 노력을 강화하고 있다.

 인휠 모터 개발을 선도하는 것은 21세기에 들어 설립된 비교적 신흥 부품업체들이다. 르노에 공급할 것으로 보이는 영국의 프로테안 일렉트릭(Protean Electric)을 비롯해, 슬로베니아의 엘라페(Elaphe), 독일의 딥드라이브(DeepDrive) 등 세 곳이 존재감을 드러내고 있다. 이들 기업은 기존 부품업체의 일부가 아니라, 인휠 모터 개발을 주력 사업으로 삼고 있다는 공통점을 지닌다.

 자동차 제조사들도 신흥 기업의 기술력에 주목하고 있다. 엘라페는 "일본·미국·유럽 및 기타 아시아 주요 자동차 제조사들과 데모 차량을 보유하고 있으며, 2026년을 목표로 추가 확대를 논의 중"이라고 밝혔고, 딥드라이브도 "세계 10대 자동차 제조사 가운데 8곳과 첫 양산을 위한 긴밀한 협력 중"이라고 전했다.

일본 기업 가운데서는 아스테모(Astemo, 구 히타치 아스테모)가 두각을 나타내고 있다. 히타치 제작소, 다이도특수강 등 5개사 연합으로 개발을 추진 중이며, 2025년 5월에는 12인치 휠 사이즈에 대응하는 신형을 발표했다. 경차 등 소형차 탑재를 염두에 두고, 기존의 대형 차량용 모델과 병행해 연구개발을 진행하고 있다.

— 구케 렌(닛케이 크로스 테크)

028.

브레이크 바이 와이어

차량의 브레이크를 전기 신호로 제어하는 기술

기술 성숙 레벨 | 중   2030 기대지수 | 4.6

양산차에 완전한 브레이크 바이 와이어(Brake-by-Wire, 전자식 브레이크 제어) 기술의 적용이 가까워지고 있다. 브레이크 페달과 브레이크 장치의 기계적 연결을 제거할 수 있는 이 기술은, 휴먼-머신 인터페이스(HMI)의 재검토와 부품 배치 자유도의 향상을 통해 자동차의 구조와 설계를 크게 바꿀 수 있는 잠재력을 지니고 있다.

현재 양산차에 탑재되어 있는 전동 유압 브레이크는 브레이크 페달과 브레이크 장치가 통상 시에는 기계적으로 분리되어 있다. 다만 이상이 발생했을 때는 브레이크 페달과 브레이크 장치를 기계적으로 연결하는 로드가 남아 있으며, 이 전환에는 밸브 등이 사용된다.

독일 보쉬(Bosch)에 따르면, 2025년 2월 시점에서는 완전한 브

바이와이어 액추에이터(BWA)
완전 바이와이어화된 전동 유압 브레이크. 디커플드 파워 브레이크와 달리, 로드가 제거된 구조임을 알 수 있다.
(출처: 보쉬)

레이크 바이 와이어 방식을 적용한 양산차는 아직 존재하지 않는다. 그러나 이러한 차량이 머지않아 등장할 것으로 보인다. 실제로 보쉬는 완전 바이 와이어 방식을 적용한 전동 유압 브레이크 '바이와이어 액추에이터(BWA)'의 양산을 시작한다고 밝혔다.

그 배경에는 전원 시스템의 다중화를 추진하려는 목적이 있다. 자율주행의 고도화(Level 3 이상)나 스티어링의 완전 바이 와이어 방식 적용 등, 전원 다중화가 요구되는 사례가 차세대 차량에서 늘어나고 있기 때문이다. 브레이크만을 위해 전원을 다중화하는 것은 비용적으로 부담이 크지만, 이러한 기능과 함께 고려하면 현실적인 접근이 가능하다.

완전 바이 와이어 방식을 적용한 전동 유압 브레이크는 자동차에 어떤 장점을 가져올까? 가장 큰 이점은 브레이크 페달과 브레이크 장치를 연결하는 로드를 없앨 수 있다는 점이다. 보쉬의

BWA는 차체자세제어장치(ESC)와 결합해, 전동 유압 브레이크에 이상이 발생했을 경우 ESC를 이용해 차량을 제동할 수 있도록 다중화를 구현함으로써 로드가 불필요해졌다.

이로써 브레이크 페달이라는 HMI의 형태를 근본적으로 재검토할 수 있다. 나아가 브레이크를 구성하는 부품의 배치 자유도가 높아지면서, 차량 실내 공간을 넓히거나 혁신적인 인테리어 디자인을 실현하는 것도 가능해진다. 완전 브레이크 바이 와이어 방식은 자동차를 크게 변화시킬 잠재력을 지니고 있다.

— 도미오카 쓰네노리(닛케이 크로스 테크, 닛케이 오토모티브)

029.

자동차 바디의 일체 성형

부품 수를 대폭 줄이고, 공정과 비용을 절감

| 기술 성숙 레벨 | 중 | 2030 기대지수 | 9.2 |

차체 부품의 일체화가 자동차 제조의 새로운 흐름이 되고 있다. 여러 개의 부품으로 구성되어 온 차체 부품을, 더 적은 수의 부품으로 일체 성형하는 것이다. 이를 통해 부품 수를 대폭 줄이고, 공정과 비용 절감을 도모한다.

이 흐름을 만들어낸 것이 바로 '기가캐스팅(Giga Casting)'이라는 점은 제조업계에서 널리 알려져 있다. '기가프레스(Giga Press)'라 불리는 대형 알루미늄 다이캐스트 기계를 사용해, 전기차의 언더바디를 주조로 일체 성형하는 기술이다. 미국 테슬라와 중국 EV 제조사들이 적용 모델을 늘리며, 일본 자동차 메이커들을 앞질러 시장 실적을 쌓아가고 있다.

그러나 차체 부품의 일체화가 기가캐스팅만의 전매특허는 아니다. 최근 들어 강판 프레스 기술에 강점을 지닌 일본 기업들이 반

일본제철이 제안하는 리어 언더바디 로어
7장의 강판을 일체 성형한 구조. 전시물의 바닥이 거울로 되어 있어, 로어(하부 구조물)의 저면이 비쳐 보이도록 했다. (출처: 닛케이 크로스 테크)

격에 나서기 시작했다.

일본제철은 강판 프레스 성형을 기반으로 한 리어 언더바디를 개발했다. 차체 후방에 위치한 사이드 멤버, 플로어 패널, 휠하우스를 하나로 통합한 것이다. 기술의 핵심은 테일러드 블랭크(Tailored Blank)와 핫스탬핑의 조합이다. 강도와 두께가 서로 다른 여러 장의 강판을 레이저 용접으로 이어 평판 형태의 테일러드 블랭크(프레스 성형용 소재)를 만든 뒤, 이를 가열해 프레스 성형하면서 금형 내에서 동시에 냉각·담금질해 강도를 높이는 방식이다.

JFE스틸은 리어 멤버를 대상으로 초고장력강과 냉간 프레스 성형을 이용한 골격 부품 통합 기술을 개발했다. 새롭게 개발한 기술을 적용하면 후방 충돌 성능을 유지하면서도 좌우 사이드 멤버와 크로스 멤버를 합쳐 총 3개 부품으로 줄일 수 있다고 한다. 인

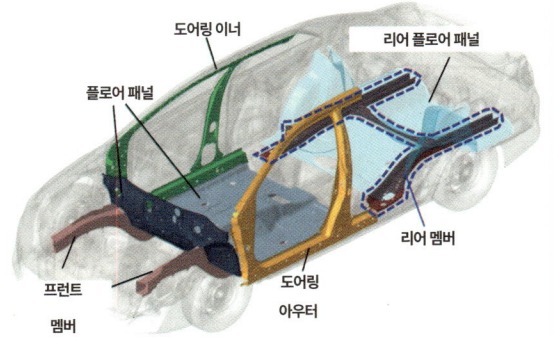

JFE 스틸이 제안하는
냉간 프레스 방식의 부품
통합 대상과 리어 멤버
(출처: JFE 스틸)

장강도 1470MPa(메가파스칼)급 초고장력강을 활용해 대형 부품 성형이 가능해졌으며, 여기에 테일러드 블랭크, 프레스 가공 전 스폿 용접, 여러 장의 강판을 겹쳐 동시에 프레스 성형하는 냉간 패치워크 공법을 활용해 강도가 다른 부품도 일체화했다.

프레스 메이커들도 잇따라 일체화 부품을 자동차 메이커에 제안하고 있다. 프레스 부품을 다루는 유니프레스(Unipres)는 '차체 골격 통합 부품'으로 도어 링을 개발했다. 형상이 복잡한 대형 부품인 도어 링을 일체 성형해, 부품 수를 종전 10점에서 3점으로 줄였다. 또한 용접 여유분이 줄어든 덕분에 약 30%의 경량화를 실현했다. 프레스 성형 공정 수도 줄어 금형 수를 65% 절감할 수 있었다고 한다.

부품 메이커들은 소형 부품 납품에 머물던 기존 방식을 바꾸려는 움직임을 보이고 있다. 보다 큰 부품을 대상으로 기획·구상 단계부터 자동차 메이커에 제안함으로써, 난이도가 높은 대형 부품의 초고장력강 적용이나 성형 공법의 개선, 성형 전 접합 등의

일체형 도어링
유니프레스가 시제품을 제작했다. 테일러드 블랭크와 패치워크 성형 기술, 그리고 핫스탬핑을 조합해 일체 성형했다.
(출처: 닛케이 크로스 테크)

개발을 추진하기 쉬워지게 하려는 것이다.

 기가캐스팅과 강판 프레스 성형은 생산성 향상을 위한 접근 방식이 다르다. 강판 프레스 성형은 성형 시간이 짧고, 단시간에 대량 생산이 가능하다는 장점이 있다. 이 특성을 살리면 굳이 프레스 횟수를 줄이지 않아도 된다. 게다가 두께나 인장강도가 서로 다른 소재를 적절히 배치함으로써, 강도·강성·기능이 다른 부품을 일체 성형할 수 있다는 점은 기가캐스팅에는 없는 특징이다. 예를 들어 강도가 필요한 부분에는 높은 인장강도나 두꺼운 강판을 사용하고, 충격 흡수성이 요구되는 크러셔블 존(Crushable Zone)에는 상대적으로 낮은 인장강도의 강판을 사용하는 식이다.

"모든 차체 부품이 기가캐스팅으로 대체될 것이라고는 생각하지 않는다. 하지만 우리는 (기가캐스팅의 확산을) 위기감으로 받아들이고 개발을 추진하고 있다." 프레스 메이커의 한 개발자는 이렇게 말했다. 앞으로 강판 프레스 성형 기술의 진화가 가속화되면서, 기가캐스팅과의 기술 경쟁은 더욱 치열해질 것으로 보인다.

— 기구레 사키(닛케이 크로스 테크, 닛케이 모노즈쿠리),
치카오카 유(닛케이 크로스 테크),
마쓰다 치호(라이터)

030.

전고체전지

안전하고 수명이 긴 차세대 배터리의 유력 후보

기술 성숙 레벨 | 저   2030 기대지수 | 48.1

전기차의 과제로는 주행거리가 짧고 충전 시간이 길다는 점이 지적되고 있다. 이러한 문제를 크게 개선할 수 있는 해결책 가운데 하나가 전고체전지다. 자동차 제조사와 배터리 제조사들은 차세대 배터리의 유력한 후보로, 전해질이 고체 상태인 전고체전지 개발에 힘을 쏟고 있다.

"전고체전지의 실용화를 향한 큰 걸음이다. 연구 단계에서 장치 산업으로의 전환 시점에 서 있다." 이렇게 강조한 사람은 이데미쓰코산(Idemitsu Kosan) 전무집행임원이자 첨단소재컴퍼니 프레지던트인 나카모토 하지메 씨다.

이데미쓰코산은 2025년 2월, 전고체전지의 고체 전해질에 사용하는 재료의 대형 제조 장치를 건설한다고 발표했다. 황화물계 고체 전해질의 중간 원료인 황화리튬(Li_2S)을 제조하는 장치를 자

이데미쓰코산이 생산하는 황화리튬
황화물계 고체 전해질의 중간 원료로, 이데미쓰코산은 현재 세계 시장 규모를 뛰어넘는 양을 생산할 계획이다. (출처: 이데미쓰코산)

사의 지바 사업소(지바현 이치하라시)에 설치한다.

이 재료는 토요타자동차가 2027~2028년에 실용화를 계획 중인 신형 전기차에 사용될 예정이다. 양사는 2023년에 전고체전지의 양산을 목표로 협력하기로 발표했으며, 이데미쓰코산은 토요타의 EV 출시 일정에 맞춰 황화리튬 생산을 시작할 계획이다. 또한 황화리튬으로부터 고체 전해질을 제조하는 대형 파일럿 플랜트도 건설할 예정이다.

양산 단계로 나아가기 위해서는 분말 재료를 균일하게 혼합하는 공정이 핵심 과제로 꼽힌다. 수백 톤 규모의 대형 스케일에서 재료를 빠르고 균일하게 혼합할 수 있는 기술이 필요하기에 재료 자체뿐 아니라 생산 설비의 기술력 또한 중요하다. 이데미쓰코산은 파일럿 장치의 성능을 강화해 양산 체제를 내다보고 있다.

다만 '실용화'와 '대량 생산'은 별개의 단계라는 점에 유의해야 한다. 예를 들어 중국의 BYD는 2027년에 전고체전지를 시험적으로 차량에 탑재할 예정이라고 밝혔다. 그러나 전고체전지의 품질과 성능이 충분히 안정되어 대량 생산이 가능해지는 시점은 "30년 이후"가 될 것이라는 전망이 우세하다(배터리 업계 전문가).

한때 일본 기업이 주도할 것으로 여겨졌던 전고체전지 개발은 최근 들어 중국을 비롯한 해외 기업들의 추격으로 경쟁이 더욱 치열해지고 있다. 품질과 성능 면에서 일본이 계속 우위를 유지할 수 있을지, 개발 경쟁은 현재 진행 중이다.

— 구메 히데타카(닛케이 테크 포어캐스트, 닛케이 크로스 테크)

031.

날개 달린 재사용형 준궤도 우주비행체

고빈도로 발사 가능한 재사용 로켓

:
:

| 기술 성숙 레벨 | 고 | 2030 기대지수 | 9.8 |

인공위성 등 페이로드(적재물)를 우주 공간으로 운송하는 발사 로켓은, 기체를 지상으로 회수해 여러 차례 발사할 수 있는 '재사용형'이 주류로 자리 잡아가고 있다. 당초에는 비용 절감 효과가 주요 기대 요인이었으나, 현재는 오히려 빈번한 발사가 가능하다는 점이 재사용형 로켓의 가장 큰 강점으로 평가되고 있다.

미국 스페이스X의 발사 로켓 '팰컨 9'은 인공위성 등의 페이로드(적재물)를 분리한 뒤, 1단 로켓을 역추진으로 지상에 착륙시켜 회수한다. 이후 메인 엔진 등을 정비해 다시 활용한다. 스페이스X는 2015년에 1단 로켓의 역추진 착륙 회수에 성공했으며, 2017년부터는 회수한 1단 로켓의 재사용을 시작했다.

로켓 개발의 역사에서, 1969년 아폴로 11호를 달에 보낸 '새턴

착륙장에서 역분사로 착륙하는 스페이스X '팰컨 9'의 1단
(출처: 스페이스X)

V'형 로켓을 비롯해, 1단을 포함한 기체 전체를 버리는 일회용형 로켓이 주류였다. 일회용형 로켓은 발사 후 페이로드를 분리하면 기체를 모두 폐기한다. 스페이스X는 이 기존의 흐름을 근본적으로 바꿔 놓은 것이다.

팰컨 9처럼 역추진 착륙을 하는 재사용형 로켓은 회수를 위해 추진제와 착륙 다리를 탑재해야 하므로 질량이 커진다. 또한 회수 후 정비가 필요하기 때문에 단순히 재사용형이 일회용형보다 저비용이라고 단정할 수는 없다. 그러나 로켓을 신규 제작하는 것보다 회수한 기체를 정비해 다시 사용하는 편이 고빈도 발사에는 유리한 것은 분명하다. 스페이스X가 단기간에 위성 군집망(위

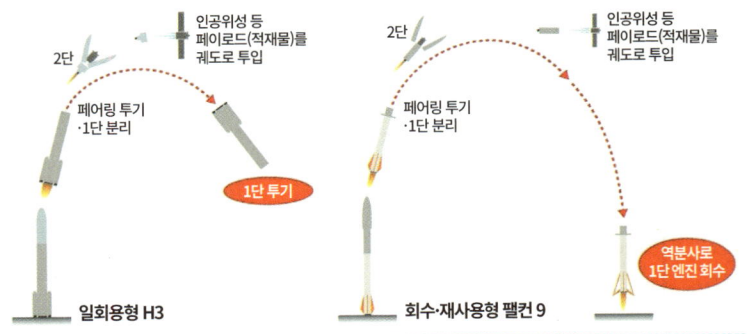

일회용형 'H3'와 재사용형 '팰컨 9'의 비교
일본의 차세대 주력 로켓 'H3'는 일회용형이다. 재사용형 팰컨 9은 9기의 엔진을 활용해 추력을 조절하고, 1단을 역분사로 착륙시켜 회수한다.
(출처: 닛케이 크로스 테크)

성을 일체로 운용하는 '스타링크(Starlink)'를 구축할 수 있었던 배경에는, 재사용형 팰컨 9의 고빈도 발사가 있었다고 해도 과언이 아니다.

당초에는 기발한 아이디어 정도로 여겨졌지만, 스페이스X의 성공을 직접 확인한 다른 로켓 제조사들도 잇달아 재사용형 로켓 개발에 뛰어들고 있다. 미국 블루오리진은 2025년 1월, 재사용형으로 개발한 '뉴 글렌' 1호기 발사에 성공했다. 유럽 각국이 공동 설립한 아리안스페이스도 '아리안 6'의 후속기로 재사용형 로켓 개발을 검토 중이다. 중국 역시 1단 회수·재사용 계획을 다수 진행하고 있다.

일본 역시 뒤처져 있지 않다. 일본 우주항공연구개발기구(JAXA)는 유럽과 공동으로 재사용형 실험기 '칼리스토(CALLISTO)'를 개발 중이다. 회수 및 재사용 기술을 확보하기 위해 1단계로 실험기 'RV-X'를 이용한 연구를 진행하고 있으며, 향후 비행 실험을 목표로 하고 있다.

SPACE WALKER가 구상하는 우주 운송 비즈니스 로드맵
(출처: SPACE WALKER)

    새로운 비즈니스 모델을 모색하며, 비행기처럼 날개를 가진 '날개 달린 재사용형 준궤도 우주비행체' 개발을 추진하고 있는 기업은 스페이스 워커(SPACE WALKER, 도쿄 미나토구)다. 날개 달린 우주비행체는 활강해 지상으로 귀환하기 때문에, 팰컨 9처럼 귀환용 연료를 남겨둘 필요가 없으며 소형화·경량화가 가능하다. 스페이스 워커는 고객이 원하는 시점에 소형 인공위성을 저비용으로 발사할 수 있는 서비스를 목표로 하며, 재사용성을 살려 날개 달린 우주비행체 리스 사업도 구상하고 있다.

    위성을 발사할 때는 인공위성을 탑재한 궤도 단(오비탈 스테이지)을 분리해 궤도에 투입한다. 이 오비탈 단은 일회용이지만, 날개가 달린 1단은 지상으로 귀환해 재사용된다. 2024년 12월 기준 설계에 따르면, LEO(지구 저궤도) 600km에서 질량 최대 310kg의 소형 위성을 발사할 수 있는 사양이다. 연간 50~100회 발사를 목표로 하며, 1회 발사 비용은 5억 엔(약 48억 원) 미만을 지향한다.

스페이스 워커는 2026년까지 날개 달린 우주비행체의 비행 실증을 마치고, 2028년에는 관측 로켓 및 소형 위성 발사를 실현하며, 2030년까지 발사 후 지구로 귀환하는 유인 우주비행의 상용 운행 개시를 목표로 하고 있다. 2040년 이후에는 지상 2지점 간의 초고속 수송과 지구 궤도 우주여행까지도 시야에 두고 있다.

– 다카이치 세이지(닛케이 크로스 테크, 닛케이 모노즈쿠리)

Technology 2026

Technology 2026

4장

환경·에너지

이산화탄소를 배출하지 않는 에너지와 암석이나 콘크리트를 활용해 이산화탄소를 회수하는 기술의 실용화가 가시권에 들어왔다. 또한 유해물질이나 우주 쓰레기를 제거하는 기술도 새롭게 등장하고 있다.

032.

암석 풍화 강화

분쇄한 암석을 농지 등에 살포해
대기 중의 이산화탄소를 제거

기술 성숙 레벨 | 저   2030 기대지수 | **2.1**

대기 중의 이산화탄소를 회수·제거하는 네거티브 에미션(탄소 제거) 기술 가운데 하나가 암석 풍화 강화다. 분쇄한 암석을 농지 등에 살포함으로써 대기 중의 이산화탄소를 흡수하고 고정화한다. 이 기술은 온실가스를 줄이는 동시에, 농작물의 수확량을 높이거나 토양을 개선하는 효과도 기대할 수 있다.

암석 풍화 강화(Enhanced Weathering, EW)는 풍화에 수반되는 화학 반응을 응용한 기술이다. 칼슘이나 마그네슘 등의 성분을 포함한 암석이 용해되면서 대기 중의 이산화탄소와 결합하면, 탄산염이나 탄산이온 형태로 고정된다. 그 결과, 공기 중의 이산화탄소를 제거할 수 있다.

자연환경에서의 암석 풍화는 1,000년에서 1만 년 단위로 진행되는 매우 느린 현상이다. 그러나 암석 풍화 강화에서는 암석을

테라도트의 파일럿 사업 현장
(출처: 테라도트)

잘게 분쇄해 표면적을 넓히고, 인위적으로 탄산염화를 가속시킨다. 이를 통해 수년 안에 이산화탄소를 고정할 수 있다. 사용되는 대표적인 암석은 현무암으로, 칼슘과 마그네슘 성분이 풍부해 이산화탄소 고정에 적합하다. 또한 전 세계적으로 널리 분포해 있어 확보도 용이하다.

이 분야의 주목도를 높인 계기는 2020년 영국 셰필드대학교의 데이비드 베어링 교수가 발표한 논문이었다. 해당 연구는 암석 풍화 강화를 통한 이산화탄소 감축 효과를 시산(試算)한 것으로, 이후 민간 부문에서도 관심이 급격히 높아졌다. 미국 구글과 마이크로소프트 계열 펀드 등은 2024년 12월, 암석 풍화 강화 기술 스타트업인 테라닷(TerraDot)에 5,820만 달러(약 8천억 원)를 투자했다. 테라닷은 2023년에 브라질에서 관련 사업을 시작했다.

암석을 살포하는 대표적인 장소는 농지다. 식물의 뿌리 주변은 이산화탄소 농도가 높고, 동시에 암석을 용해시키는 작용이 일어나기 때문에 이산화탄소 고정 속도도 빨라진다. 또한 암석에 포함된 칼슘과 마그네슘이 토양에 녹아들면 식물 생장을 촉진해 일종의 비료 역할을 할 수 있다. 일본에서는 논이 유력한 후보지로 꼽힌다. "일본 내 논의 10%에서 암석 풍화 강화를 적용할 경우, 연간 300만 톤 이상의 이산화탄소 감축 효과를 기대할 수 있다"라고 와세다대학교의 나카가키 타카오 교수는 말한다.

다만 넘어야 할 과제도 있다. 고정된 이산화탄소가 지하수 등으로 이동할 수 있어, 최종적인 감축량을 정확히 파악하기 어렵다는 점이다. 이 때문에 측정·보고·검증(MRV) 기술의 중요성이 커지고 있다.

– 오카베 가즈시(닛케이 크로스 체크)

033.

SAF(지속가능한 항공연료)

원료는 폐식용유나 바이오매스(biomass),
항공 탈탄소화의 비장의 카드

기술 성숙 레벨 | 고   2030 기대지수 | 16.3

원재료의 생산부터 연소 과정에 이르기까지 이산화탄소 배출량이 적어, 환경적 가치가 높다고 평가되는 제트 연료다. 국제항공운송협회(IATA)와 국제민간항공기구(ICAO)는 국제선 항공기의 이산화탄소 배출량을 2050년까지 실질적으로 제로로 만드는 목표를 내걸고 있으며, SAF를 그 목표 달성을 위한 핵심 수단으로 삼고 있다.

2024년 전 세계 SAF(지속가능한 항공연료) 생산량은 약 130만 킬로리터(kL)로, 2023년의 두 배 규모로 증가했다. 그러나 2050년 이산화탄소 배출량을 실질적으로 제로로 만들기 위해서는, 2022년 기준 세계 제트 연료 공급량의 약 1.5배에 해당하는 4억 5천만 킬로리터가 필요해 앞으로의 증산이 관건이다.

SAF 제조 대기업은 유럽과 미국에 집중되어 있다. 핀란드의 네

코스모석유 사카이 정유소
2025년 4월, 일본 국내 최초의 SAF 양산 설비가 본격 가동을 시작해, 일본항공과 전 일본항공에 공급을 개시했다.
(출처: 코스모 에너지 홀딩스)

스테(Neste)는 자국 내와 네덜란드, 싱가포르에 생산 거점을 두고 있으며, 2026년에는 연간 약 300만 킬로리터 규모의 공급 능력을 갖출 것으로 예상된다. 미국의 월드 에너지(World Energy)는 캘리포니아와 휴스턴의 생산 거점을 확장 중이며, 2025년 중 연간 225만 킬로리터 공급을 목표로 하고 있다.

2023년 11월 열린 ICAO 총회에서는 2030년까지 SAF를 활용해 이산화탄소 5% 감축을 달성한다는 목표가 설정되었다. 이는 SAF의 '양' 확대보다 실질적인 감축 효과, 즉 '질'의 향상에 초점을 맞춘 방향 전환이라 할 수 있다.

이 같은 움직임에 맞춰 일본 경제산업성은 정유사들을 대상으로 2030~2034년 사이에 약 125만 킬로리터의 SAF 공급을 의무화하는 방침을 발표했다. 각 기업이 제시한 목표 공급량의 합계는 경산성이 설정한 의무량을 웃돌지만, 원료 확보와 기술 개발의 진전 등 불확실성이 여전히 크기 때문에 낙관하기는 어렵다.

SAF의 국제 규격인 ASTM D7566에서 상업적 이용이 승인된 SAF는 총 8종류이며, 이 가운데 2030년까지는 폐식용유를 원료로 한 수소화 처리 에스터·지방산(HEFA) 방식의 연료가 전체 공급량의 대부분을 차지할 것으로 예상된다. 2035년 이후에는 옥수수 등 식물에서 만든 바이오에탄올 유래 연료(ATJ, Alcohol to Jet)가, 2040년 이후에는 이산화탄소와 수소로 제조하는 합성연료(e-SAF)가 확대될 전망이다.

SAF 수요가 확대됨에 따라 전 세계적으로 HEFA의 주원료인 폐식용유 확보 경쟁이 치열해지고 있다. 원료인 바이오에탄올의 매장량이 비교적 풍부한 ATJ에 대한 기대가 높지만, 유럽 등에서는 식용 원료 사용을 제한하려는 움직임도 나타나고 있어 과제는 적지 않다. 따라서 원료와 제조 기술의 다변화가 요구되고 있다.

— 다카기 쿠니코(닛케이 ESG)

034.

CCS(이산화탄소 포집·저장)/
DAC(대기 직접 포집)

2050년에 필요할 것으로 예상되는
전 세계 연간 이산화탄소 저장량은 최대 72억 톤

⋮

기술 성숙 레벨 | 중   2030 기대지수 | 21.3

CCS는 공장이나 발전소 등에서 배출되는 이산화탄소를 포집해 이를 활용하거나 지하에 저장하는 기술이다. DAC는 대기 중의 이산화탄소를 직접 포집·흡수해 제거하는 기술을 말한다. 탄소중립을 실현하기 위해 2050년 시점에서 필요하다고 추정되는 전 세계의 연간 이산화탄소 저장량은 40억 톤에서 최대 72억 톤에 이를 것으로 전망된다. 따라서 이러한 기술은 지속가능한 탄소 순환을 위한 핵심 수단으로 여겨지고 있다.

대형 중공업 기업과 에너지 관련 기업들이 기술 개발을 주도하면서, 일본이 장차 세계에서 리더십을 발휘할 것으로 기대되는 분야가 바로 CCS(이산화탄소 포집·저장)이다. 일본 경제산업성은 "일본은 CCS 밸류체인 전반에서 경쟁력 있는 이산화탄소 분리·포집, 수송, 저장, 그리고 토털 엔지니어링 기술을 모두 보유한 극히 소

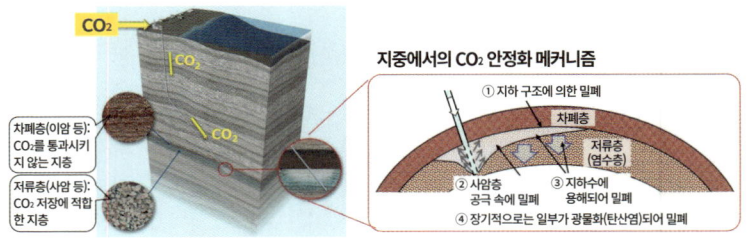

CCS에서는 CO_2를 지하 약 1000~3000미터에 가둔다.
(출처: 일본 경제산업성)

수의 국가 중 하나다. CCS 투자는 해외로의 자산 유출을 막고, 우리나라의 성장을 견인할 것이다"라고 밝히며 적극적인 투자 의지를 드러냈다. 2024년 5월에는 관련 사업 환경을 정비하기 위한 〈CCS 사업법〉이 제정되었다.

CCS 기술 개발은 빠르게 진전되고 있다. 화학 흡수법 기반의 대형 장치 분야에서 일본 내 선두를 달리는 기업은 미쓰비시중공업이다. 미쓰비시중공업은 1990년부터 이산화탄소 포집 기술 개발에 착수했으며, 2024년 9월 발표한 양산형 포집 장치에서는 모듈화 설계를 도입해 설치 공정을 단순화하는 등 꾸준히 기술을 고도화하고 있다.

DAC(대기 직접 포집) 기술의 개발도 활발히 진행되고 있다. 2024년 5월에는 스위스의 클라임웍스(Climeworks)가 세계 최대 규모의 DAC 시설 가동을 시작했다. 주요 글로벌 테크 기업들도 탈탄소 목표 달성을 위해 DAC 크레딧 확보에 나서고 있다. 마이크로소프트는 DAC 사업에 투자해 50만 톤의 크레딧을, 아마존은 25만 톤의 크레딧을 확보했다.

일본에서도 상선업계의 미쓰이 O.S.K.라인, 일본항공 등 대규모 배출 기업과 미쓰비시상사, 미쓰이물산 같은 종합상사들이 미국의 DAC 기업에 대한 투자를 잇따라 발표하고 있다. 특히 미쓰이물산은 미국의 신생기업 에얼룸 카본 테크놀로지스(Heirloom Carbon Technologies)에 출자했으며, 가장 큰 목적은 DAC 기술 확보다. 회사는 영국·미국·말레이시아 등에서 추진 중인 CCS 사업과 DAC 기술을 결합해, 환경적 가치와 수익성을 모두 갖춘 DACCS(직접 포집·저장) 사업을 전개할 구상이다.

– 다카기 쿠니코(닛케이 ESG),
키구레 사키(닛케이 크로스텍, 닛케이 모노즈쿠리)

035.

탈탄소 콘크리트

콘크리트가 이산화탄소를 흡수해
탄산칼슘 등으로 고정

기술 성숙 레벨 | 고   2030 기대지수 | 14.0

탈탄소 콘크리트는 대기나 배기가스 중의 이산화탄소를 흡수해 탄산칼슘 등의 형태로 고정하는 콘크리트다. 일반 콘크리트보다 제조 비용은 더 들지만, 이산화탄소 배출량을 크게 줄일 수 있다. 최근에는 이산화탄소 저감 효과를 금액으로 환산해 경제적 수익성을 높이려는 움직임도 활발히 진행되고 있다.

2025 오사카·간사이 엑스포에서는 이산화탄소 배출량을 줄일 수 있는 탈탄소 콘크리트가 사용되었다. 시공을 맡은 가시마건설은 서쪽 게이트 근처의 'CUCO-SUICOM(쿠코-스이콤) 돔'('서스테나 돔'이라는 애칭으로도 불림) 입구와 엑스포 아레나 주변 포장에 이 콘크리트를 적용했다.

포장 블록에는 일반 시멘트 대신, 그 60~70%를 산업 부산물인 고로 슬래그 미분말로 대체한 저탄소형 시멘트와 레미콘 공장에

포장 블록에 탈탄소 콘크리트를 사용한 엑스포 아레나
(출처: 닛케이 크로스 테크)

서 반송된 콘크리트를 재활용해 만든 재생 시멘트가 사용되었다.

보도 경계용 경계 블록에도 탈탄소 기술이 적용됐다. 일반 콘크리트 제조 시 배출되는 이산화탄소가 1㎥(세제곱미터)당 약 223kg인 반면, 이번에 사용된 콘크리트는 시멘트 사용량 절감과 이산화탄소 고정 효과로 인해 배출량이 −110kg으로 계산되었다. 즉, 일반 콘크리트 대비 약 333kg의 감축 효과를 거둔 셈이다. 행사장 전체에서는 포장 블록과 경계 블록을 합쳐 약 65톤의 이산화탄소를 감축, 이 가운데 약 9.7톤을 콘크리트 내에 고정시켰다.

가시마건설은 신에너지·산업기술종합개발기구(NEDO)의 그린 이노베이션(GI) 기금 사업의 일환으로, 덴카, 다케나카공무점, 기타 기업들과 함께 'CUCO(쿠코)' 컨소시엄을 결성해 제조 과정에서 발생하는 이산화탄소 배출량을 '제로 이하'로 만드는 카본 네

CUCO-SUICOM 돔 입구에 설치된, 탈탄소 콘크리트를 사용한 포장 블록
(출처: 닛케이 크로스 테크)

거티브(CN) 콘크리트 개발을 추진하고 있다.

또한 탈탄소 콘크리트가 이산화탄소를 흡수·고정하는 효과를 가시화하려는 시도도 이루어지고 있다. 이러한 노력은 향후 탈탄소 콘크리트의 활용 확대에도 기여할 것으로 기대된다. "이산화탄소의 흡수원으로서 콘크리트의 가치를 평가하는 첫걸음이 될 것이다." 환경성 지구환경국 탈탄소사회이행추진실의 이토 후미오 실장은 이렇게 말했다.

환경성은 2024년 4월, 유엔기후변화협약(UNFCCC) 사무국에 보고하는 국내 온실가스 배출·흡수량(GHG 인벤토리)에 처음으로 탈탄소 콘크리트의 '마이너스 배출 효과'를 반영했다. 이는 전 세계적으로도 전례 없는 사례다.

GHG 인벤토리는 한 국가가 1년 동안 배출·흡수한 온실가스의 양을 집계한 공식 통계 데이터를 의미한다. 이번에 탈탄소 콘크리트 관련 항목으로 보고된 것은 2022년도 데이터로, 가시마 건설이 개발한 'CO_2-SUICOM'을 비롯해 네 종류의 제품이 포함됐다. 이산화탄소의 흡수·고정량은 각 기업의 실측 데이터를

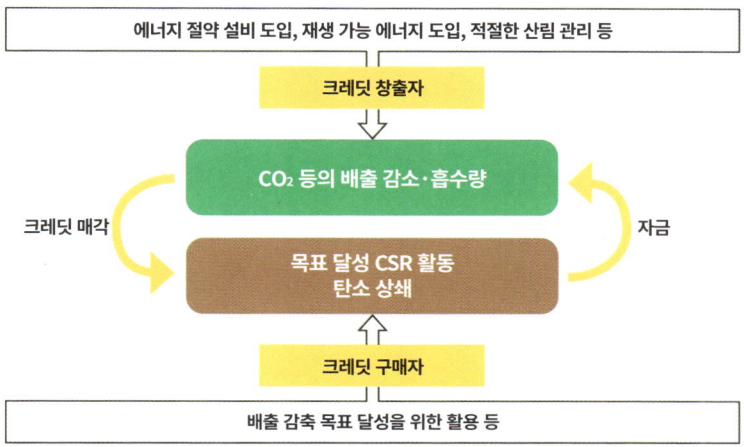

국가가 감축 효과 등을 인증하는 'J-크레딧' 제도의 개요
2023년 10월, 도쿄증권거래소가 개설한 탄소 크레딧 시장에서 취급한다. 2026년도에 배출권 거래의 본격적인 운영을 시작할 예정이다.
(출처: 일본 경제산업성)

바탕으로 산정된다.

  2022년도에 보고된 흡수량은 아직 수 톤 수준에 불과해 미미하다. 그러나 시멘트 제조 시 대량의 이산화탄소를 배출해 '기후 악역(탄소 배출의 주범)'으로 불려 온 콘크리트가, 이산화탄소 흡수·고정량을 국제적으로 공식 인정받는다면 이는 큰 전환점이 될 것이다.

  이 변화는 탈탄소 콘크리트의 보급에 있어 정책적 지원의 강화와 활용에 대한 인센티브 부여라는 두 가지 중요한 이점을 낳기 때문이다. 첫째, 정부의 탄소 감축 정책에 정식 포함되어 공공 공사에서의 활용이 확대될 가능성이 커진다. 둘째, 콘크리트의 흡수·고정 효과를 거래 가능한 가치로 전환할 수 있다는 점이다.

  2023년 10월에는 일본 정부가 이산화탄소의 감축·흡수량을 인증해 발행하는 'J-크레딧' 거래 시장이 도쿄증권거래소에 개설되었으며, 2026년 본격 가동에 맞춰 거래 활성화가 예상된다. 지금까지 탈탄소 콘크리트는 일반 제품보다 제조비가 높다는 점이 과제였으나, 이산화탄소 흡수 효과를 금액으로 환산할 수 있게 되면 채산성이 동시에 높아질 것으로 보인다.

유럽에서도 콘크리트 구조물의 탄산화 과정에 따른 이산화탄소 흡수·고정 효과를 반영하려는 움직임이 나타나고 있다. 탈탄소 사회 실현을 향해 콘크리트의 가치가 재평가되기 시작한 것이다.

— 나쓰메 다카유키, 쓰쓰이 아라토 (닛케이 크로스텍, 닛케이 컨스트럭션)

036.

발열·축전 콘크리트

열화가 거의 일어나지 않아 전지나 배터리보다
장기적인 활용이 가능한 기술

기술 성숙 레벨 | **저**   2030 기대지수 | **20.6**

도로, 주택 등 폭넓게 사용되는 콘크리트에 발열 기능이나 축전 기능을 부여할 수 있는 기술이 개발되고 있다. 미국 매사추세츠공과대학(MIT)이 연구해 온 전도성 탄소 시멘트 소재 '이씨 큐브(ec^3)'의 사회적 실용화를 목표로, 일본 아이자와고압콘크리트(홋카이도 도마코마이시)는 MIT와 함께 'ec^3 컨소시엄'을 설립해 공동 연구를 추진 중이다.

'ec^3'는 MIT의 프란츠 요제프 울름 교수가 연구를 주도하고 있는 시멘트계 소재로, 탄소 미립자인 카본 블랙(Carbon Black)을 콘크리트에 첨가함으로써 콘크리트계 소재에 다양한 성질을 부여할 수 있다는 점이 특징이다. 콘크리트는 경화 과정에서 수화 반응에 기여하지 않는 물이 증발하면서 내부에 수많은 미세한 구멍이 생기는데, 이 구멍 안에 전도성 카본 블랙이 들어가 전선과 같은 미

콘크리트에 첨가하는 카본 블랙
(출처: 아이자와고압콘크리트)

세 구조를 형성한다. 여기에 전해질 용액을 흡수시키면 카본 블랙 위에 전자가 모여 축적된다. 이렇게 개발되는 콘크리트는 대용량 전력을 저장할 수 있는 슈퍼커패시터(Supercapacitor)의 일종으로, 절연체를 사이에 둔 두 전극에 전하를 저장하는 구조다. 이때 시멘트는 절연체, 카본 블랙은 전극 역할을 한다.

  이 기술의 가장 큰 장점은 열화(성능 저하)가 거의 일어나지 않는다는 점이다. 기존 전지와 배터리와 비교했을 때 장기적으로 이용이 가능하다. 일반적인 리튬이온 전지는 화학반응을 통해 전기를 저장하기 때문에 장기 사용 시 성능이 떨어지지만, 슈퍼커패시터형 콘크리트는 화학반응이 아니라 전극 간의 전하 이동만 일어나므로 성능 저하가 거의 없다.

  또한 환경 측면에서도 이점이 크다. 일반적인 전지와 비교해 장기간 사용이 가능해 폐기물이 적게 발생하며, 탈탄소에도 기여한다. 아이자와고압콘크리트의 나카무라 세이지 주임연구원은 "탄

발열성을 가진 콘크리트가 얼음을 녹인다.
(출처: 아이자와고압콘크리트)

소는 지구온난화의 주요 원인인 이산화탄소를 구성하는 물질이다. 콘크리트에 카본 블랙을 첨가해 탄소를 고정화하면, 대기 중 이산화탄소의 양을 줄이는 데 도움이 된다"라고 설명한다.

카본 블랙을 첨가해 만든 콘크리트의 성질은 크게 두 가지, 발열성과 축전성이다. 첨가량을 조절해 각각의 성능을 제어할 수 있으며, 앞으로 이 조절 기술을 고도화해 나갈 계획이다. 발열성은 콘크리트에 전기가 흐를 때 전기 저항이 발생하는 부분에서 열이 생기는 원리를 활용한다. 주요 활용처로는 열로 눈을 녹이는 제설 도로가 꼽히며, 주택의 바닥이나 벽에 적용하면 난방 설비로도 사용할 수 있다. 나카무라 주임연구원은 "발열성을 부여하기 위한 개발은 이미 진전돼 있으며, 실용화까지는 한 걸음 남았다"고 말했다. 다만 발열량을 늘리려면 카본 블랙의 첨가량을 늘려야 하지만, 첨가량이 많아지면 강도가 저하되는 문제가 있어, 적은 첨가량으로 얼마나 효율적으로 발열시킬 수 있는지가

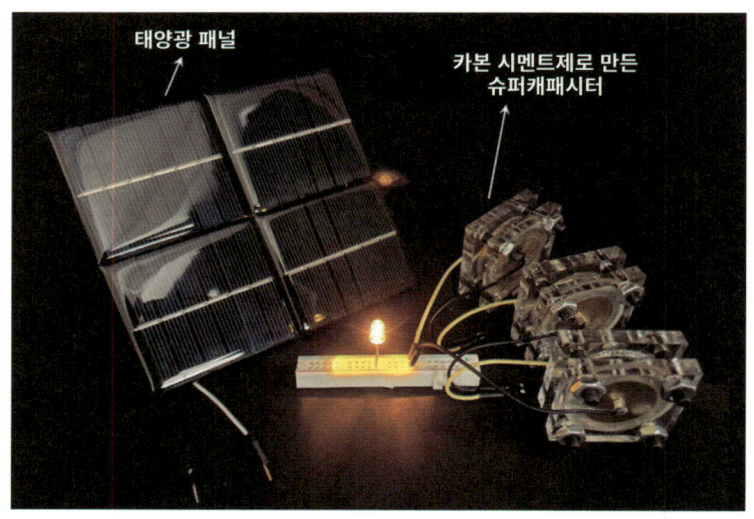

시멘트에 전력을 저장
태양광 패널로 발전한 전기를 시멘트에 저장하고, 그 전기로 LED를 점등하는 모습.
(출처: 미국 매사추세츠 공과대학교 사진에 닛케이 크로스 테크가 편집 추가)

과제다.

축전성의 경우, 카본 블랙을 첨가한 콘크리트 내부에는 슈퍼커패시터가 형성돼 전력을 저장할 수 있다. 이를 통해 도로 위에서 전기차를 충전하거나, 노면이나 건물 외벽에 태양광 등의 재생에너지를 저장하는 용도로 활용할 수 있다. 그러나 축전 콘크리트의 실용화는 아직 요원하다. 가장 큰 과제는 에너지 밀도가 낮다는 점이다. 에너지 밀도란 1kg당 저장 가능한 에너지량을 의미한다. 스마트폰의 배터리 등에 사용되는 리튬이온 전지는 1kg당 약 100~250Wh 수준인 반면, 현재의 축전 콘크리트는 약 0.25~0.3Wh에 불과하다. 같은 양의 에너지를 확보하려면 최소 300배 이상의 부피가 필요하다. 나카무라 주임연구원은 "에너지

밀도에서 리튬이온 전지와 동등한 수준을 목표로 하는 것은 아니지만, 현 성능에서도 개선은 반드시 필요하다"고 말했다. 자기방전율 등 지표도 리튬이온 전지에 비해 열세여서 과제로 남아 있다.

 발열성과 축전성 어느 쪽을 활용하더라도 안전성 검토는 필수적이다. 나카무라 주임연구원은 "자기방전이나 누전, 화재 같은 사고 발생 가능성을 충분히 검토해야 한다"고 강조했다. 특히 주택의 구조 부재로 활용할 경우에는 강도 요건과 건축기준법도 고려해야 한다. 사회적 실용화를 위해서는 여전히 높은 기술적 장벽이 존재한다.

 2024년 4월 설립된 'ec³ 컨소시엄'은 공동 운영위원회를 두고 공동 개발의 마일스톤 설정과 진척 상황을 관리할 예정이다. 향후 전망에 대해 나카무라 주임연구원은 "축전 콘크리트는 넘어야 할 벽이 많지만, 5년 후 실용화를 목표로 하고 있다"고 밝혔다.

— 야마자키 하야타(닛케이 크로스텍, 닛케이 아키텍처)

037.

합성연료

수소와 이산화탄소를 원료로 제조하는 연료

| 기술 성숙 레벨 | 중 | 2030 기대지수 | 29.4 |

2025년 오사카·간사이 엑스포에서는 합성연료(e-fuel)를 사용한 셔틀버스가 운행됐다. 운행은 에네오스(ENEOS), 서일본 JR버스, 히노자동차가 공동으로 맡았다. 수소와 이산화탄소를 원료로 일관 제조한 합성연료를 실제 영업 차량 운행에 사용한 것은 일본 내 최초 사례다. 이는 합성연료 보급을 향한 의미 있는 첫걸음으로 평가된다.

에네오스가 요코하마시에 있는 중앙기술연구소에 설치한 합성연료 제조 실증 플랜트는 원료 단계부터 일관된 제조가 가능하다. 2024년 9월에는 합성연료의 첫 생산분인 '퍼스트 드롭(First Drop)'을 채취했다. 실증 플랜트에서 생산된 합성연료의 품질은 기존 원유 기반 제품과 차이가 없다는 평가다. 에네오스홀딩스의 미야타 치히데 사장은 "당사는 탄소중립 연료로의 전환을 가속화하고

퍼스트 드롭 채취 모습
중앙기술연구소에 설치한 실증 플랜트에서 2024년 9월 3일에 채취함.
(출처: ENEOS)

있다. 이번 실증 플랜트에서 가동한 합성연료는 그 일환이며, 현재의 석유 제품과 동일한 방식으로 사용할 수 있다는 점이 특징이다"라고 강조했다.

합성연료는 수소와 이산화탄소를 원료로 제조한 액체 연료다. 재생에너지(그린 전력)로 생산한 수소와, 공장 등에서 배출되는 이산화탄소나 대기 중의 이산화탄소를 활용해 만들기 때문에 친환경적이다. 에네오스의 실증 플랜트 역시 이 방식으로 합성연료의 기초가 되는 '합성 원유'를 생산하고 있다.

자동차 산업에서는 전동화가 본격화되고 있지만, 내연기관 차량(기존 판매 차량 포함)은 일정 부분 남을 것으로 보인다. 특히 대형 선박이나 항공기는 전동화가 어렵기 때문에, 합성연료의 보급은 운송 부문에서 탄소중립 실현에 기여할 것으로 기대된다.

다만 사회적 활용을 위해서는 가격을 원유 기반 휘발유 수준으로 낮추는 것이 과제다. 에네오스의 기술자는 "생산 기술의 개선과 함께 생산 능력을 확대해 대량 생산 효과로 비용을 줄여 나가겠다. 그러나 제조 비용의 대부분은 물을 전기분해해 수소를 생산하는 과정에서 발생하는 전력 비용이 차지한다. 결국 전력비 절감이 최대 과제"라고 설명했다.

현재의 생산 단가는 공개되지 않았으나, 하루 1만 배럴 규모의 생산 능력을 확보할 경우 리터당 200~300엔(약 2천~3천 원) 수준으로 낮추는 것을 목표로 하고 있다. 그럼에도 여전히 휘발유보다 비싸다. 따라서 사회적 활용을 위해서는 비용을 사회 전체가 분담할 수 있는 제도적 장치 마련이 필요할 것으로 보인다.

— 다카다 다카시(닛케이 크로스 테크, 닛케이 오토모티브)

038.

핵융합

적은 연료로 막대한 에너지를 얻을 수 있어,
원자력 발전의 한계를 극복할 수 있다

기술 성숙 레벨 | 중   2030 기대지수 | 46.5

핵융합은 중수소나 삼중수소 같은 가벼운 원자핵이 융합해 더 무거운 원자핵으로 변하는 반응을 말한다. 이 과정에서 막대한 에너지가 발생하기 때문에 발전 등에 활용할 수 있을 것으로 기대된다. 연료를 비교적 쉽게 확보할 수 있고, 원자력 발전과 달리 방사능 누출을 동반한 심각한 사고의 우려도 없다. 현재 세계 각국에서 실증 연구가 본격적으로 진행되고 있다.

일본에서는 2024년 11월, 2030년대 핵융합 발전 실증을 목표로 한 프로젝트 'FAST'가 시작됐다. 도쿄 오타구에 본사를 둔 핵융합 스타트업 교토퓨지오니어링(Kyoto Fusioneering)을 중심으로, 민간 기업과 연구기관이 보유한 핵심 기술을 결집해 세계 최초의 실증을 노린다. 고온 초전도 코일 등 최신 기술을 적극 활용하며, 미국과 중국 등 경쟁국보다 앞서 핵융합 발전을 실현할 수 있을지

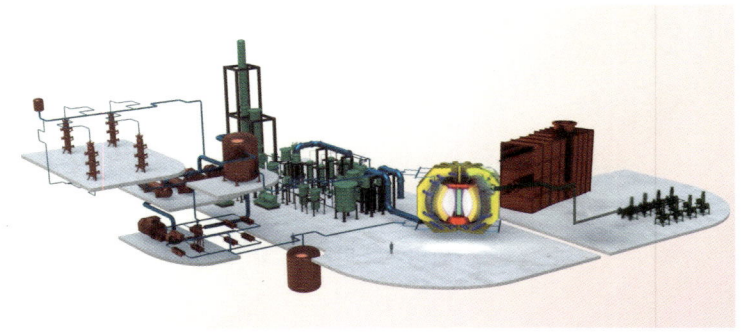

FAST로 구축하는 플랜트 예상도
(출처: FAST 프로젝트 사무국)

주목된다.

 FAST에서는 프로젝트 리더 교토퓨지오니어링을 비롯한 민간 기업뿐 아니라, 도쿄대학교와 도호쿠대학교의 연구자들도 협력해 핵융합 발전 실증을 추진한다. 또한 교토퓨지오니어링의 주주인 종합상사, 파트너 기업인 제조업체·건설사 등과도 협업해 플랜트 설계 및 안전 해석을 진행한다.

 이 프로젝트의 큰 특징은 일본 내에 머물지 않고 해외 연구자들과 폭넓게 협력한다는 점이다. 외국 연구자들과도 연계해 핵융합 발전에 필요한 기술을 적극적으로 도입하고 있다. 예컨대, 핵융합 연료인 삼중수소 연구에 강점을 지닌 캐나다 원자력연구소(CNL), 미국 에너지부(DoE) 산하 핵융합 시설을 운영하는 제너럴 아토믹스(General Atomics), 영국의 핵융합 스타트업 토카막 에너지(Tokamak Energy) 등 세계 주요 연구기관이 참여한다.

 프로젝트에서는 주반경 2~3m급의 소형 핵융합로를 구축한다.

FAST로 구축하는 핵융합로 이미지
(출처: FAST 프로젝트 사무국)

플라즈마의 가둠에는 토카막 방식을 채택하며, 강력한 자기장을 발생시키는 고온 초전도(HTS) 코일과 액체금속 블랭킷 등 최신 기술을 적용한다. 핵융합 방식은 전통적인 D-T 반응(중수소-삼중수소 반응)을 사용하며, 이때 발생하는 고속 중성자로부터 에너지를 회수한다. 발전 출력 목표는 약 5만~10만kW이다.

FAST 프로젝트는 설계 기간 단축도 중요한 목표로 삼고 있다. 개념 설계와 공학 설계를 수년 내에 완료하고, 이후 순차적으로 중공업 제조업체 등에 건설을 발주할 계획이다. 국제 핵융합로 프로젝트 ITER(이터)는 설계만 약 10년이 걸린 전례가 있다. FAST는 AI와 시뮬레이션 기술을 활용해 설계 효율화를 추진한다.

ITER 외에도 미국, 영국, 중국 등은 각자 독자적인 프로젝트를 추진하며 핵융합 발전의 조기 실증을 목표로 하고 있다. 각국은 민간 주도의 자유로운 연구개발과 정부 주도의 대형 프로젝트라는 차별성을 보이며, 2030~2040년대 실증을 내다보고 있다.

	발전 실증	개발 예산	실시 주체
일본	2030년대 (FAST)	462억 엔 (2023년도), 문샷 200억 엔 (5년간)	정부 주도 (QST 등)
미국	2030~2040년	10억 달러 (2024년도)	민간 주도 (정부도 지원)
영국	2040년 (STEP 계획)	650만 파운드 (2027년까지)	정부 주도 (민관 협력도)
중국	2030년대 (BEST, CFETR)	약 15억 달러 (연간)	정부 주도
독일	2040년경	10억 유로 (2028년까지)	정부 주도 (민관 협력도)

주요 각국의 핵융합 발전 실증 추진 상황

주요 각국에서 발전 실증을 향한 노력이 가속되고 있다.
(출처: 각종 자료를 바탕으로 닛케이 크로스 테크 작성)

　미국에서는 민간 주도의 핵융합 연구가 활발하다. 다수의 스타트업이 막대한 자금을 조달해 기술 개발에 나서고 있다. 예를 들어, 미국 커먼웰스 퓨전 시스템즈(Commonwealth Fusion Systems)는 누적 20억 달러(약 2조 8천억 원) 이상을 조달했다. 다만 정부 기관과 민간 기업 간 예산 배분을 둘러싼 조율이 어려워 발걸음을 맞추기 힘들다는 지적도 있다. 이러한 구조는 미국 우주 산업과 유사하다.

　영국은 영국원자력청(UKAEA) 등 공공기관이 중심이 되어 구형 토카막 방식을 채택한 상용 핵융합로 'STEP'을 2040년까지 건설할 계획이다. 영국에는 토카막 실험시설 'JET(유럽 토러스 공동연구시설)'이 있어 장기간 축적된 연구 기반을 보유하고 있다. 기존에는 정부 주도의 연구개발이 중심이었지만, 최근 몇 년 사이 스타트업의 활동도 활발해지고 있다.

　가장 빠르게 존재감을 키우고 있는 나라는 중국이다. 중국은 핵융합의 핵심 기술 확보를 위해 대규모 시험 시설 'CRAFT'와, ITER보다 앞서 D-T 반응을 목표로 한 토카막형 핵융합 실험로 'BEST' 등을 정부 주도로 추진 중이다. 수천억 엔 규모의 예산이 투입되고 있으며, "전략적으로 움직이고 있다"(양자과학기술연구개발기구 관계자)는 평가가 나온다.

일본은 60년 이상에 걸친 핵융합 연구의 역사와 폭넓은 산업 기반을 갖고 있다. 예를 들어, 강력한 자기장으로 플라즈마를 가두는 데 사용되는 고온 초전도 코일, 그리고 플라즈마를 가열해 핵융합 반응을 촉진하는 핵심 부품 자이로트론 분야에서 일본 기업이 강점을 지닌다. 이러한 기술력을 결집해 우위를 발휘할 수 있을지가 관건이다.

— 사토 마사야(닛케이 크로스텍)

039.

혁신 경수로

동적 안전성과 정적 안전성을 결합한
냉각 시스템을 갖춤

:
:
:

기술 성숙 레벨 | 고   2030 기대지수 | 16.3

2025년 2월 각의(일본 내각의 공식 결정 기관)에서 결정된 제7차 에너지 기본계획에서는 원자력 발전을 최대한 활용한다는 방침이 제시됐다. 2011년 동일본대지진 이후 처음으로 원전 신설이 현실적인 논의 대상으로 떠오른 것이다. 그 유력한 선택지로 꼽히는 것이 '혁신 경수로'다. 현재 주류인 대형 경수로를 개량한 형태로, 후쿠시마 제1원전 사고의 교훈을 반영한 안전 대책이 포함돼 있다.

혁신 경수로의 기본 구조는 기존 원자력 발전소와 크게 다르지 않다. 후쿠시마 제1원전 사고 이후 마련된 신규 규제 기준이 요구하는 추가 안전 대책을 처음부터 표준 장비로 설계해, 안전성과 경제성을 동시에 높일 수 있도록 했다.

일본의 원자로 메이커인 미쓰비시중공업, 도시바 에너지시스템

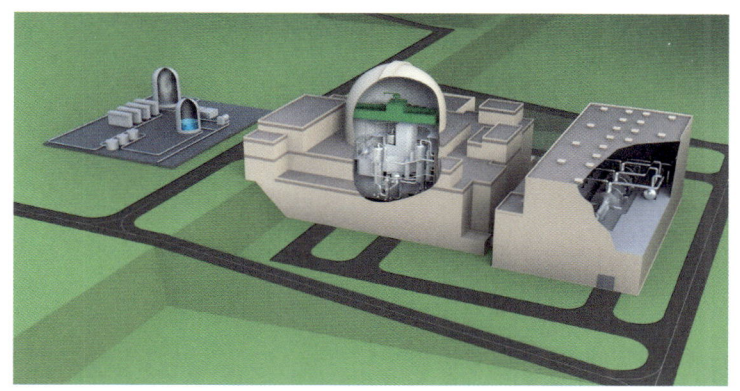

미쓰비시중공업의 혁신 경수로 'SRZ-1200'
가압수형 경수로(PWR)를 기본 기술로 한다.
(출처: 미쓰비시중공업)

즈(가와사키시), 히타치 GE 베르노바 뉴클리어에너지(이바라키현 히타치시) 등 3사는 혁신 경수로의 주요 사양을 공개하고 있다.

후쿠시마 제1원전 사고에서는 쓰나미로 인해 비상용 디젤 발전기가 침수되면서 전원이 상실됐다. 그 결과 원자로의 냉각 기능이 정상적으로 작동하지 않아 수소 폭발과 노심 용융 등의 사고가 발생했고, 주변 주민들이 대피를 강요당했다.

이에 따라 혁신 경수로의 핵심은 동적 안전과 정적 안전의 결합이다. 동적 안전 시스템은 펌프로 냉각수를 순환시키는 등 전원을 필요로 하는 방식이다. 혁신 경수로는 이 동적 안전 시스템을 다중화하는 동시에, 전원이 상실되더라도 작동할 수 있는 정적 안전 시스템을 강화했다.

또한 방사성 물질의 확산을 막는 시스템도 한층 강화됐다. 후쿠시마 사고 당시 1·3호기에서는 격납용기의 손상을 막기 위해 압력을 낮추는 벤트(기체를 외부로 방출하는 조작)가 시행됐지만, 2호기에서는 벤트에 실패해 방사성 물질을 포함한 기체가 격납용기 밖으로 직접 누출된 것으로 알려졌다. 이에 혁신 경수로는 다양한 필터 장치를 도입하고, 만일의 노심 용융에 대비해 용융된 연료 덩어리를 받아 냉각하는 코어 캐처(core catcher)를 도입한다.

세 회사는 각각 다른 방식으로 정적 안전 시스템과 방사성 물질 확산 방지 장치를 강화하고, 다중화된 동적 안전 시스템과 결합해 혁신 경수로 개발을 추진하고 있다.

— 사이토 소지(닛케이 크로스 테크, 닛케이 일렉트로닉스)

040.

고로 수소 환원

제철 과정에 수소를 도입해,
이산화탄소 배출을 대폭 저감한다

기술 성숙 레벨 | 중   2030 기대지수 | 12.1

일본제철은 2024년 12월, 고로(용광로)를 이용한 제철 공정에서 수소를 사용해 이산화탄소 배출을 크게 줄일 수 있는 기술을 확립했다고 발표했다. 고로는 산화철을 포함한 철광석에 열을 가해 산소를 제거하는 '환원 반응'을 통해 철을 추출하는 설비다. 탄소 대신 수소를 환원제로 사용하면, 고로에서 발생하는 이산화탄소 배출량을 대폭 줄일 수 있다. 대형 고로에 수소 환원 기술을 적용하면, 자동차 등 산업용으로 사용되는 고급강을 대량 생산할 수 있을 것으로 기대된다.

고로 제철은 이산화탄소 배출량이 많다는 점이 문제로 지적돼 왔다. 고로에서는 환원제로 석탄에 포함된 탄소를 사용하기 때문에, 철 1톤을 생산할 때 약 2톤의 이산화탄소를 배출한다. 제철업 전체의 배출량은 일본의 이산화탄소 총배출량 가운데 약 13%

동일본제철소 기미쓰 지구의 수소 환원 시험로
신에너지·산업기술 종합개발기구(NEDO)의 그린 이노베이션 기금에 채택되어, 일본제철·JFE 스틸·고베제강·금속계재료연구개발센터 4개사 컨소시엄 하에 개발을 진행하고 있다.
(출처: 닛케이 ESG)

를 차지하며, 탈탄소 실현을 위한 핵심 과제로 꼽혀왔다.

이 문제의 해결책으로 주목받는 것이, 고로의 환원 과정에서 탄소 대신 수소를 사용하는 '고로 수소 환원' 기술이다. 일본제철은 2024년 11월부터 12월에 걸친 시험로 운전에서 이산화탄소 배출량을 43% 저감했다고 밝혔다. 고로 수소 환원 기술로는 세계 최고 수준의 성과다.

현재의 고로 공정에서는 석탄(탄소)을 이용해 산화철 형태의 철광석을 환원·용융한다. 그러나 탄소에 의한 환원이 발열반응인 반면, 수소에 의한 환원은 흡열반응이기 때문에 환원반응이 원활히 진행되지 않는다는 기술적 난제가 있다. 일본제철은 이 문제를 해결하기 위해 오랜 기간 고로 수소 환원 기술을 연구해 왔다. 이번 시험에서는 탄소 대신 수소 환원을 확대하는 과정에서 가열 수소를 활용해 고로 내부의 열 균형을 개선했다. 또한 수소 반응 시뮬레이션의 정밀도를 높여, 과거 대비 최대 규모의 이산화탄소 저감을 실현했다.

향후 일본제철은 실용화를 위해 대용량 실증 설비를 구축하고, 제철 공정의 이산화탄소 배출을 50% 저감하는 기술 개발을 목표로 하고 있다.

또한 일본제철은 2025년 6월, 약 141억 달러(약 20조 원)를 투입해 미국 US스틸을 완전 자회사로 편입했다. 이는 탈탄소 기술을 기반으로 한 글로벌 시장 확대와 지속 가능한 성장 전략의 일환이다. US스틸은 최첨단 전로 설비를 보유한 빅 리버 스틸(Big River Steel)을 산하에 두고 있으며, 일본제철은 이번 고로 수소 환원 기술에 더해 수소 기반 직접환원철(DRI) 제조, 대형 전로에서의 고급강 생산 등 첨단 탈탄소 기술과 선진기술 및 연구개발을 공유하고 상호 탈탄소 기술을 융합해 사업 성장을 도모할 계획이다.

— 우노 마유코(닛케이 ESG)

041.

전 생애 탄소 산정 툴

건물의 '생애' 전 과정에서 발생하는
이산화탄소 배출량을 계산

기술 성숙 레벨 | 중   2030 기대지수 | 4.4

건물의 '생애' 전 과정에서 발생하는 이산화탄소 배출량, 즉 '전 생애 탄소(Whole Life Carbon)'에 대한 대응이 빠르게 진전되고 있다. 2024년 10월에는 전 생애 탄소 산정 툴 'J-CAT(제이캣)'이 새롭게 등장했다. 일본 정부도 산정 기준과 제도화를 위한 논의를 시작했다.

건설 자재를 제조하고 건물을 짓고, 최종적으로 해체하기까지 발생하는 이산화탄소 배출량을 '전 생애 탄소(Whole Life Carbon)'라고 부른다. 이와 비슷한 개념으로 '라이프사이클 탄소(Life Cycle Carbon)'라는 용어도 있지만, 국제적으로는 '전 생애 탄소'라는 표현이 점차 표준으로 자리 잡고 있다.

일본의 건축 설계자들 사이에서도 이 용어가 확산되기 시작했다. 계기가 된 것은 건축물의 전 생애 탄소를 계산할 수 있는 무

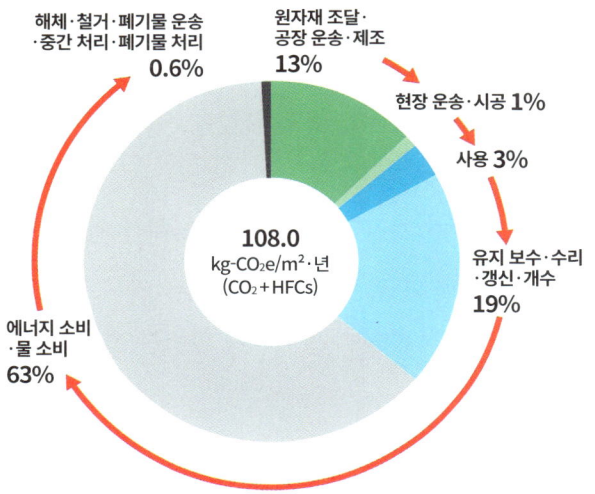

건축물 생애 CO_2 산정 툴 등장
주택·건축 SDGs 추진센터가 공개한 계산 툴 「J-CAT」에서는 건축물의 '생애' 동안 발생하는 CO_2 배출량을 원형 그래프 등과 함께 표시한다. 그림 속 계산 결과는 예시 이미지임.
(출처: 주택·건축 SDGs 추진센터, 일본 지속가능 건축협회의 자료를 바탕으로 닛케이 아키텍처 작성)

료 툴 'J-CAT'의 등장이다. 주택·건축 SDGs 추진센터(IBECs, 도쿄 치요다구)는 2024년 10월부터 정식판을 공개했다. 사용자는 건설 자재의 수량 등을 엑셀 시트에 입력하기만 하면, 건축물의 생애 전 과정에서 발생하는 이산화탄소 배출량이 자동으로 산출된다.

IBECs는 건물의 전 생애 이산화탄소 배출량($LCCO_2$)을 제로로 만들기 위한 연구·협의체 '제로카본 빌딩 추진회의(건축 $LCCO_2$ 넷 제로)'를 2022년 12월에 설립했다. 불과 2년도 채 안 되는 기간에 계산 툴의 실용화를 실현한 셈이다.

"짧은 기간에 큰 성과를 올릴 수 있었다." CSR디자인환경투자 고문(도쿄 치요다구)의 호리에 류이치 사장은 그렇게 회고한다. 호리에 사장은 추진회의에서 해외정보 소위원회 주임으로 참여해, 유럽을 중심으로 한 해외 사례를 바탕으로 일본의 계산 툴이 갖추어야 할 성능 수준과 산정 제도화의 과제를 제시하는 역할을 맡아왔다.

그는 이어 이렇게 지적했다. "일본은 이제야 전 생애 탄소 저감을 위한 출발선에 섰다. 속도감 있게 움직이고 있긴 하지만, 실제로는 유럽과의 격차가 더 벌어지지 않도록 간신히 버티고 있는 상황이다."

계산 툴의 등장을 계기로 일본에서도 전 생애 탄소 산정 및 평가의 제도화 논의가 본격화되고 있다. "이산화탄소 배출량의 실질적 제로를 지향하는 세계적 흐름은 앞으로 더욱 가속화될 것이다. 전 생애 탄소를 계산하고 그 결과를 평가하는 것은 건축 비즈니스의 최우선 과제가 될 것이 분명하다. 단순히 계산할 수 있는 수준이 아니라, 그 본질을 이해하고 설계에 반영하는 능력이 앞으로의 설계자에게 필수적인 조건이 될 것이다."

호리에 사장은 이렇게 단언했다.

— 호시노 다쿠미 (닛케이 크로스텍, 닛케이 컨스트럭션)

042.

페로브스카이트 태양전지

건물 벽에도 설치하기 쉬운
차세대 태양광 발전 기술

기술 성숙 레벨 | 중   2030 기대지수 | **35.4**

일본에서 개발된 페로브스카이트 태양전지는 얇고 가벼우며 휘어지는(플렉시블한) 구조로, 차세대 태양전지의 대표 주자로 꼽힌다. 발전 성능 면에서도 높은 잠재력을 지녀 주목받고 있으며, 이미 소형 셀의 변환 효율은 기존의 결정 실리콘 태양전지와 거의 대등한 수준에 이르렀다. 다만 현재 단계에서는 변환 효율과 내구성을 동시에 확보하는 것이 최대 과제로 남아 있다.

"2040년에는 페로브스카이트 태양전지가 결정질 실리콘 태양전지를 넘어설 가능성이 있다." 세키스이 화학공업의 자회사인 세키스이 솔라필름의 이사 겸 기술·개발부장 모리타 다케하루는 이렇게 전망했다. 그가 말한 '추월'에는 변환 효율뿐 아니라 내구성과 제조 비용까지 포함된다. 이러한 가능성 때문에 페로브스카

(a) 폭 30cm 모듈 3장을 연결한 것   (b) 도쿄 국제 크루즈 터미널에서 내염해성 등을 조사하는 실증 실험

▶ 변환 효율: 10~15%
▶ 내구성: 10년
▶ 양산 예정: 2025년도에 연간 100MW 규모의 공장에서 양산 개시
▶ 모듈 크기: 양산 시 폭 1m (길이는 임의)

세키스이화학은 2025년도 사업화·2027년도 신규 생산 라인으로 연간 100MW 체제 목표
세키스이화학공업은 2024년부터 각지에서 진행되는 페로브스카이트 태양전지 실증 실험에 플렉시블 모듈 (a)을 제공하고 있다. 현재 모듈의 폭은 약 30cm이며, 오사카부 사카이시에 2027년 가동할 공장에서는 이를 1m 폭으로 확대할 예정이다. (b)는 2024년 5월 도쿄도와 시작한 항만 실증 실험 모습이다. 오른쪽 사진은 도쿄도 지사 고이케 유리코 씨와 세키스이화학공업 집행임원 R&D센터 소장 가시와바라 히사히코 씨.
(출처: 닛케이 크로스 테크)

이트 태양전지는 '차세대 태양전지'로 불리고 있다.

셀(cell)이라 불리는 소형 태양전지 소자의 변환 효율만 놓고 보면, 이미 결정질 실리콘 태양전지에 거의 근접했다. 미국 에너지부 산하 국립재생에너지연구소(NREL)의 인증 자료에 따르면, 단일접합형이든 두 종류의 태양전지를 겹쳐 쓰는 탠덤형(tandem)이든, 페로브스카이트 태양전지는 기존 기술의 세계 기록에 근접해 있다. 기세만 놓고 보면 페로브스카이트가 앞서고 있어, 결정질 실리콘 태양전지를 추월하는 것은 시간문제라는 평가도 많다.

실용화를 위해 일본 기업들도 적극적으로 실증 실험을 거듭하고 있다. 그중에서도 세키스이 화학공업을 중심으로 한 세키스이 화학그룹(세키스이 솔라필름, 세키스이 수지 등)이 가장 앞서 있다. 이

들은 오사카·간사이 엑스포에도 페로브스카이트 태양전지를 제공했다.

세키스이 화학공업은 2025 회계연도 중 사업화를 목표로 하고 있다. 현재는 폭 30cm의 플렉시블 모듈을 롤투롤(Roll-to-Roll) 방식으로 생산 중이며, 2027 회계연도에는 오사카부 사카이시의 옛 샤프 공장 부지를 활용해 폭 1m 제품을 연간 100MW 규모로 생산할 체제를 구축할 계획이다. 모듈의 변환 효율은 최대 15% 수준이지만, 2030년까지 20% 달성을 목표로 하고 있다. 또한 플렉시블 모듈 제조사 가운데 거의 유일하게, 내구성에서도 약 10년을 확보할 수 있다는 전망을 내놓고 있다.

도시바 에너지시스템즈(도시바 ESS)도 실증 실험을 강화하고 있다. 이 회사 역시 오사카·간사이 엑스포에 페로브스카이트 모듈을 제공했으며, 2026 회계연도 중 사업화를 예상한다. 변환 효율은 면적 703㎠에서 16.6%로, 이 정도 크기의 플렉시블 모듈로는 세계 최고 수준이다.

에네코트 테크놀로지스(교토부 쿠미야마)는 2030년까지 라이선스 제공이나 위탁생산을 포함해 연간 1.3MW 체제를 구축할 계획이다. 아이신도 2030년대 실용화를 목표로 하고 있다.

한편, 기존 결정질 실리콘 태양전지 시장을 사실상 장악한 중국 기업들의 움직임도 빠르다. 이미 연간 100~200MW 규모의 페로브스카이트 생산을 시작한 곳이 있으며, 2025년 말까지 일부는 기가와트(GW)급 공장을 가동할 예정이다. 그중 원더 솔라(Wonder Solar, 万度光能)는 장래에 연간 30GW 생산을 목표로 하고 있다.

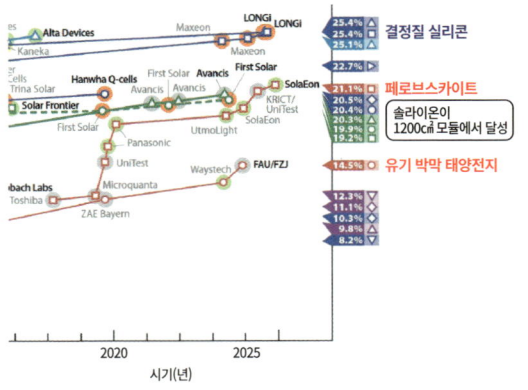

모듈 변환 효율은 21% 돌파
NREL이 인증한 각종 태양전지의 모듈 변환 효율 추이. 결정질 실리콘 태양전지의 변환 효율 최고값은 25.4%이지만, 페로브스카이트 태양전지는 21.1%로 아직 큰 차이가 있다. 다만, 페로브스카이트 태양전지는 최근 2년간의 향상이 두드러진다.
(출처: NREL 자료를 바탕으로 닛케이 크로스 테크가 편집·추가하여 작성)

중국 BYD 역시 페로브스카이트 태양전지 사업에 진출하고 있다. 이미 결정질 실리콘 태양전지 분야에서 중국의 주요 플레이어 중 하나인 BYD는 자본력이 막강해 이 분야에 본격적으로 뛰어들 경우 경쟁이 한층 격화될 것으로 보인다. 연구개발에서도 중국의 기세는 막강하다. 앞서 언급한 셀 변환 효율 세계 기록의 상당수가 중국 기업과 연구기관의 성과다. 또한 실용화 단계에 가까운 일정 면적의 태양전지를 뜻하는 모듈 분야에서도, 최근 수년 사이 중국 제조사들이 변환 효율 면에서 일본 기업을 앞서며, 중국 기업들끼리 세계 기록을 다투는 상황이 이어지고 있다. 예를 들어, 최근에는 1200㎠ 크기의 대형 모듈에서 변환 효율 21.1%를 달성한 중국 솔라이온(SolaEon, 光因科技) 같은 기업도 등장했다.

그럼에도 이러한 중국 기업들의 약진이 일본 기업들에 곧바로 위협이 되는 것은 아니라는 평가도 있다. 그 이유는 (1)페로브스카이트 태양전지 개발 방향성과 상정 용도가 일본 기업과 다르며, (2)중국 기업 제품의 내구성이 충분히 확보되었는지가 아직 불확실하기 때문이다.

— 노자와 테츠오(닛케이 크로스텍, 닛케이 일렉트로닉스)

043.

PFAS(유기 불소화합물) 프리

유해한 유기 불소화합물로부터 사회를 지키다

| 기술 성숙 레벨 | 중 | 2030 기대지수 | 9.4 |

PFAS(유기 불소화합물) 프리란 유기 불소화합물 가운데 반도체 제조 등에서 사용되어 온 퍼플루오로알킬화합물과 폴리플루오로알킬화합물 등, 이른바 PFAS를 제거하는 것을 말한다. 최근에는 이러한 물질이 하천이나 지하수를 오염시켜 건강 피해를 유발하는 사례가 사회 문제로 부상하고 있다. 반도체 제조 분야에서는 오랫동안 소재에 PFAS가 사용되어 온 배경이 있어, 이를 대체할 수 있는 소재의 개발이 시급한 과제로 떠오르고 있다.

PFAS의 일부는 잔류성 유기오염물질을 규제하는 스톡홀름 협약(POPs 협약)에서 대상 물질로 등록되는 등, 유럽연합을 중심으로 전 세계적으로 제조·사용을 제한하려는 움직임이 확산되고 있다. 일본 내에서도 2025년 1월부터 PFOA(퍼플루오로옥탄산) 관련 물

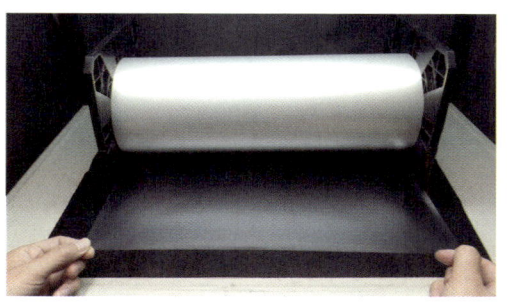

도레이의 PFAS 프리 몰드 이형 필름
(출처: 도레이)

질이 새롭게 규제 대상에 포함되어 원칙적으로 사용이 금지되었다. PFAS는 1만 종 이상 존재하는 것으로 알려져 있으나, 일본에서 규제 대상이 된 것은 아직 일부에 불과하다. 향후 일본에서도 PFAS의 규제 물질이 확대될 가능성이 높으며, 이에 따라 대체 소재 개발이 시급한 과제가 되고 있다.

규제 강화로 가장 큰 타격을 받은 업계는 PFAS를 사용해 온 반도체 산업이다. PFOS(퍼플루오로옥탄설폰산)와 PFOA는 내열성·내약품성·발수성 등의 특성을 지녀, 반도체용 반사방지제나 포토레지스트(감광재), 전자기기 제조 공정 등에서 폭넓게 사용되어 왔다.

이를 새로운 사업 기회로 보고, 반도체 재료를 제공하는 소재 제조업체들은 PFAS를 사용하지 않는 제품이나 대체 소재 개발에 본격적으로 나서고 있다. 도레이는 PFAS를 전혀 사용하지 않은 첨단 반도체용 보호 필름을 개발해 양산을 시작했다. 이 필름은 후공정 패키징 시 금형 오염을 방지하기 위해 몰드 수지와 금형 사이에 끼우는 이형 필름으로 사용되며, 기존 제품에는 PFAS

가 포함되어 있었다.

한편, 대체 소재 개발과 병행해 시급히 대응해야 할 과제는 반도체 공장에서의 폐수 처리 문제다. 2025년 2월, 스미토모 전기공업의 자회사이자 반도체 관련 제품을 제조하는 스미토모 전공 파인폴리머(오사카부 구마토리정)와 오사카부는, 해당 공장 부지 내 우물에서 국가 잠정 기준치(50나노그램/리터)의 1,460배에 달하는 PFAS가 검출되었다고 발표했다.

발표 당시 주변 지역에서 건강 피해 보고는 없었으나, 배출 기업으로서 오염 상황과 원인에 대해 지속적으로 조사할 책임이 있을 것이다.

— 나가바 케이코(닛케이 크로스 테크, 닛케이 오토모티브)

044.

전력 운반선

케이블을 설치할 수 없는
해상 풍력 발전의 전력을 운송

기술 성숙 레벨 | 저   2030 기대지수 | **4.8**

수심이 300미터를 넘는 해역에서는 전력을 송전하기 위한 해저 케이블 부설이 사실상 불가능하다. 이 때문에 배터리를 탑재한 선박을 건조해 해상 풍력 발전소에서 생산한 전력을 육상으로 운반할 수 있다면, 기존보다 훨씬 넓은 해역을 풍력 발전의 입지로 활용할 가능성이 열린다. 현재 일본의 한 스타트업이 세계 최초의 '전력 운반선' 구상을 진행 중이다.

현재 일본의 해상 풍력 발전으로 얻을 수 있는 전력은, 적지(발전소 입지에 적합한 해역)로 꼽히는 해역 전체에 풍차를 설치한다고 해도 최대 약 550GW로 추정된다. 적지가 제한되는 이유 중 하나가 바로 깊은 수심 때문이다. 비교적 깊은 바다에도 설치할 수 있다고 여겨지는 부유식 해상 풍력 발전의 경우에도 수심 300m가 한계로 상정된다. 육지로 송전하려면 해저 케이블이 필요한데, 케이

세계 최초의 전기 운반선 구상
(출처: 파워엑스)

블을 부설할 수 있는 수심에는 한계가 있다.

　이에 대한 대안으로 주목받는 것이 축전지를 탑재한 '전력 운반선'을 이용해 발전 전력을 운반하는 방식이다. 이 방법을 사용하면 송전용 해저 케이블을 부설하지 않아도 된다. 일본의 배타적 경제수역(EEZ)은 수심 300m 이상 구역이 약 90%를 차지한다. 전력 운반선을 활용할 수 있다면 해상 풍력 발전에 적합한 해역이 크게 확대되며, 발전 가능한 전력량이 최대 약 2,000GW까지 늘어날 수 있다는 추산도 있다. 수도권에 가까운 간토 앞바다에서도 250GW 이상의 발전이 가능하다고 한다. 일반적으로 육지에서 멀리 떨어진 바다일수록 평균 풍속이 크기 때문에, 더 깊은 수심에 풍차를 설치할 수 있다면 발전량 증대도 기대된다.

　일본 스타트업 파워엑스(오카야마현 다마노시)는 세계 최초의 전력 운반선 실현을 목표로 하고 있다. 파워엑스가 구상하는 전력 운반선은 전장 약 147m 규모로, 전기 추진 방식을 채택했다. 방전 용량이 총 240MWh에 이르는 대형 축전지를 갑판 상부에 탑재할 예정이며, 출자 기업인 이마바리조선(에히메현 이마바리시)이 초호선을 건조해 2027년 완성을 목표로 하고 있다.

최근에는 재생에너지 발전량이 수요를 초과해 출력이 제한되는 사례가 늘고 있다. 이에 따라, 예를 들어 규슈 지역에서 발생한 잉여 전력을 파워엑스의 전력 운반선에 저장해 도서 지역으로 운반하는 프로젝트가 검토되고 있다.

파워엑스는 창업 이후 약 4년간 누적 290억 엔의 자금을 조달했다. 이토추상사, 미쓰이물산, NYK라인(일본우선), 전원개발(J-POWER) 등 주요 대기업이 출자에 참여하고 있다.

— 우노 마유코(닛케이 ESG)

045.

우주 잔해 제거

위성을 이용해 우주 쓰레기를 제거, 지속 가능한 우주 활용의 열쇠

| 기술 성숙 레벨 | 저 | 2030 기대지수 | 20.4 |

인류의 우주 개발이 진전됨에 따라, 우주 공간을 떠도는 이른바 '우주 쓰레기(space debris)'의 수가 빠르게 늘고 있다. 이 문제의 해결책으로 검토되고 있는 것이 바로 인공위성을 활용해 우주 잔해를 제거하는 기술과 서비스다. 현재 전 세계에서 다양한 실증 실험이 진행 중이며, 일본 기업들도 이 분야에서 확실한 존재감을 보이고 있다. 실용화 시점은 2020년대 후반으로 전망된다.

최근 들어 우주 공간의 혼잡도가 높아지고 있다. 위성 콘스텔레이션(위성 군집망) 구축을 위한 로켓 발사 횟수가 급증하고 있는 것이 그 배경이다. 대표적인 사례가 미국 스페이스X의 위성 브로드밴드 서비스 '스타링크'다. 이처럼 우주 개발이 진전되면서, 우주 쓰레기가 초래하는 위험 또한 커지고 있다.

우주 쓰레기의 사례
일본이 2009년에 발사한 로켓 'H-IIA'의 상단부. 대형 버스 정도의 크기다.
(출처: 아스트로스케일 홀딩스)

　우주 쓰레기의 정체는 운용이 종료된 위성, 사용이 끝난 로켓 상단, 그리고 발사 과정에서 발생한 분리물 등이다. 고도 2000킬로미터 이하의 지구 저궤도(LEO)에서는 이들 우주 쓰레기가 초속 약 7~8킬로미터라는 초고속으로 이동하며, 여러 방향으로 흩어져 있다. 운용 중인 위성과 충돌할 경우 파괴나 고장을 일으킬 위험이 크다.
　유럽우주국(ESA)에 따르면, 현재 우주에는 약 3만 5천 개의 물체가 지상에서 추적되고 있다. 그 가운데 9,100개는 가동 중인 위성, 2만 6천 개는 크기 10센티미터 이상의 데브리(debris, 우주 잔해)다. 감시 대상에서 벗어난 더 작은 데브리까지 포함하면, 1~10

센티미터 크기는 100만 개 이상, 1밀리미터~1센티미터 크기는 1억 7천만 개 이상에 이를 것으로 추정된다. ESA는 1센티미터 이상만 되어도 충돌 시 치명적인 피해를 초래할 수 있다고 지적한다.

우주 쓰레기 제거 분야에서 세계 선두를 달리고 있는 기업은 일본의 아스트로스케일 홀딩스(Astroscale Holdings)다. 그 산하 기업인 아스트로스케일(도쿄 스미다구)은 2024년 8월, 우주항공연구개발기구(JAXA)와 상업용 우주 쓰레기 제거를 목표로 한 실증 계약을 체결했다.

이번 실증에서는 고도 약 600킬로미터 궤도를 도는 대형 우주 쓰레기(일본 로켓 상단)를 전용 위성에 탑재된 로봇 팔로 포획해 제거하는 것을 목표로 한다. 2027년도 이후 발사를 계획하고 있으며, 성공할 경우 민간 기업으로서는 세계 최초의 대형 우주 쓰레기 제거 사례가 된다.

― 우치다 야스시(닛케이 크로스 테크, 닛케이 일렉트로닉스)

Technology 2026

Technology 2026

5장
IT·통신

정보통신의 진보를 악용하려는 시도에서 생활을 지켜주는 기술, 방대한 시스템의 운영을 뒷받침하는 기술 등 안전하고 풍요로운 삶을 유지하는 데 빼놓을 수 없는 다양한 기술이 등장하고 있다.

046.

PQC(양자내성 암호)

양자컴퓨터의 연산 능력에도 견딜 수 있는 암호

기술 성숙 레벨 | 중   2030 기대지수 | **24.6**

양자내성 암호(PQC, Post-Quantum Cryptography)는 '양자계산기내성 암호'라고도 불리며, 양자컴퓨터로도 해독하기 어려운 암호 기술의 총칭이다. 대표적으로 '격자기반 암호', '부호기반 암호', '다변수다항식기반 암호' 등이 있다. 현재 널리 사용되고 있는 암호 기술인 'RSA-2048'의 차세대 이행 대상으로 유력하게 거론되고 있으나, 실용화까지는 아직 여러 과제가 남아 있다.

인터넷 접속에 필수적인 암호 기술은, 전문가의 안전성 평가에 따라 일정 기간마다 더 고도화된 기술로 이행한다. 현재 사용 중인 암호 기술인 RSA-2048과 ECC-256의 이용 기한이 2030년에 다가옴에 따라, 차세대 기술로 주목받고 있는 것이 2024년 8월에 표준화된 '양자내성 암호(PQC, Post-Quantum Cryptography)'이다.

RSA와 ECC는 여전히 사용 중이며, 예를 들어 웹 서버와의 통신

NIST와 경제산업성 등이 제시한 각 암호 방식의 안전하게 이용할 수 있는 시기	~2010년	2011~2030년	2031년~		
암호 강도의 지표	80비트	112비트	128비트	192비트	256비트
공통키 암호	80비트	112비트	128비트	192비트	256비트
해시(Hash)	160비트	224비트	256비트	384비트	512비트
공개키 암호	1024비트	2048비트	3072비트	7680비트	15,360비트
	160비트	224비트	256비트	384비트	512비트

공적 가이드라인에서 제시한 암호의 안전성 지표
현행 암호의 안전성이 2030년 이후에는 부족해진다.
(출처: 닛케이 크로스 테크)

에 필수적인 프로토콜인 TLS(Transport Layer Security)의 서버 인증서에서 채택되고 있다. 인터넷에서 사용하는 암호의 이용 기한은 본래 각국이나 지역이 독자적으로 정할 수 있지만, 많은 경우 미국 국립표준기술연구소(NIST)가 정한 기준에 맞추고 있다. 국경을 넘어 데이터가 오가는 인터넷의 특성상 혼란을 피하기 위한 조치로 보인다.

일본에서는 정부 프로젝트인 'CRYPTREC(크립트렉)'이 암호의 안전성을 평가한다. 이를 바탕으로 경제산업성, 총무성, 디지털청이 '암호 강도 요건(알고리즘 및 키 길이 선택) 관련 설정 기준'을 책정하고 있으며, 내용은 NIST 기준과 거의 일치한다.

RSA와 ECC의 차세대 이행 대상으로 PQC가 유력한 후보로 꼽히는 이유는 '양자컴퓨터로 해독하기 어려운' 특성을 지닌 암호이기 때문이다. PQC가 부상한 배경에는 양자컴퓨터 기술의 진전에 따라 RSA와 ECC 등 기존 공개키 암호의 안전성이 크게 저

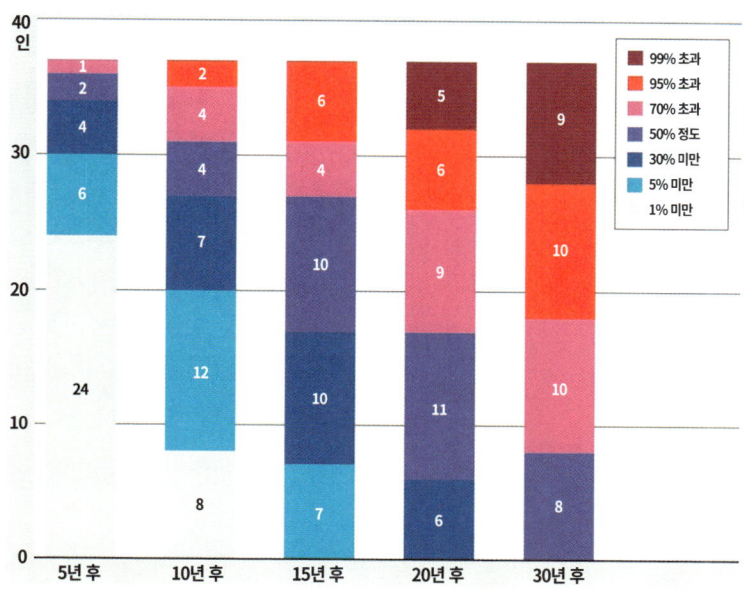

양자컴퓨터 전문가 37명이 응답한, 10년 후(2033년)에 양자컴퓨터가 RSA-2048을 24시간 이내에 해독할 수 있을 확률별 비율
(출처: 캐나다 글로벌 리스크 인스티튜트)

하될 수 있다는 우려가 있다. RSA와 ECC의 안전성을 보장하는 것은 수학적 문제인데, RSA의 '소인수분해 문제'와 ECC의 '이산대수 문제'는 1994년 미국 수학자 피터 쇼어가 양자컴퓨터 상에서 단시간에 풀 수 있는 알고리즘을 발견하면서 위협받기 시작했다. 이 알고리즘은 발견자의 이름을 따 '쇼어의 알고리즘(Shor's Algorithm)'이라 불린다.

양자컴퓨터의 실용화가 진전되어 이 알고리즘을 고속으로 실행할 수 있게 되면, 이론적으로 RSA와 ECC는 단시간에 해독될 수 있다. 그렇다 하더라도, RSA나 ECC를 실제로 해독할 수 있는

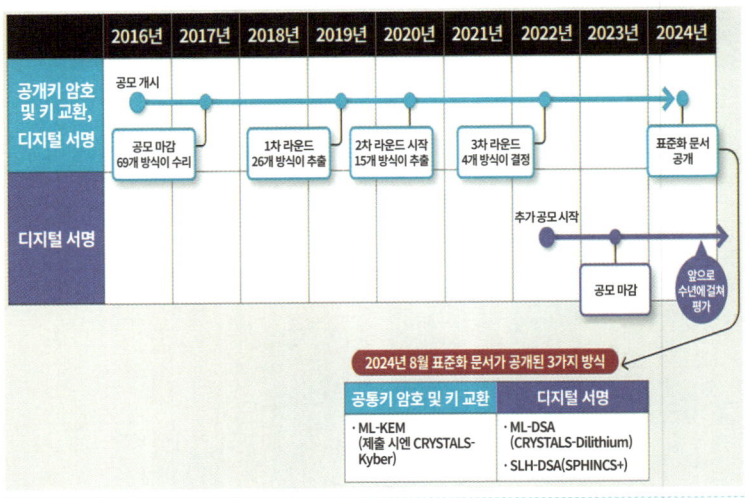

PQC 표준화의 흐름
(출처: 닛케이 크로스텍)

성능을 갖춘 양자컴퓨터는 현재 존재하지 않는다.

후지쯔는 2023년 1월, 양자 시뮬레이터를 활용해 RSA 암호의 안전성을 평가하는 조사 보고서를 발표했다. RSA-2048을 해독하기 위해서는 약 1만 양자비트와 약 2조 2,300억 개의 양자 게이트 수, 깊이 약 1조 8,000억에 달하는 양자 회로를 갖춘 양자컴퓨터가 필요하다고 한다. 현재 개발된 양자컴퓨터의 양자비트 수는 많아야 1,000비트 수준으로, 이 정도 규모의 양자컴퓨터를 개발하는 데 앞으로 몇 년이 걸릴지는 불명확하다. 게다가 계산을 수행하려면 양자비트의 오류가 없는 상태가 약 104일간 지속되어야 한다. 적어도 2030년까지 완성될 가능성은 매우 낮다고 볼 수 있다.

캐나다의 글로벌 리스크 인스티튜트(Global Risk Institute)가 2023년 12월에 발표한 리포트 〈Quantum Threat Timeline Report 2023〉

에 따르면, 양자컴퓨터 전문가 37명 중 10년 후(2033년)에 양자컴퓨터가 RSA-2048을 24시간 이내에 해독할 수 있을 확률을 50% 이상이라고 답한 사람은 10명뿐이었다. 15년 후(2038년)가 되어서야 50% 이상을 예측한 전문가가 과반인 20명으로 늘었다. 즉, RSA-2048이 향후 몇 년 내에 양자컴퓨터에 의해 손쉽게 해독될 가능성은 낮다고 여겨진다.

PQC 역시 RSA나 ECC와 마찬가지로 풀기 어려운 수학적 문제가 해독 저항성을 뒷받침한다. '격자기반 암호', '부호기반 암호', '다변수다항식기반 암호'가 양자내성 암호로 분류된다. 격자기반 암호는 '최단 벡터 문제', 부호기반 암호는 '신드롬 복호 문제', 다변수다항식기반 암호는 '다변수 2차 연립방정식의 해법 문제'라는 수학적 난제를 기반으로 한다.

NIST는 이러한 암호를 실용화하기 위해 2016년에 표준화 작업을 시작했다. 먼저 후보 암호를 공모했으며, 2017년 마감까지 69개 방식이 접수되었다. 2019년 제1라운드 평가 결과 26개 방식으로 좁혀졌고, 이어진 제2라운드에서 15개 방식, 2022년 제3라운드에서 최종적으로 4개 방식이 선정되었다.

PQC는 표준화 단계까지 진전했지만, 실용화까지는 여전히 과제가 있다. PQC의 암호 키나 이를 활용한 디지털 서명이 RSA 암호나 ECC에 비해 크게 길어진다는 점, 그리고 안전성 검증에 투입된 시간이 지나치게 짧다는 점 등이 문제로 지적되고 있다.

― 미즈 다쓰야(닛케이 크로스 테크, 닛케이 컴퓨터)

047.

RDMA
(원격 직접 기억 장치 접근)

서버 간 메모리를 직접 연결해
데이터를 주고받는 기술

:
:

기술 성숙 레벨 | 중   2030 기대지수 | 6.9

RDMA(원격 직접 기억 장치 접근, Remote Direct Memory Access)는 서버의 메모리 사이에서 데이터를 직접 주고받는 기술이다. 애플리케이션이 데이터를 송수신할 때 운영체제를 거치지 않기 때문에, 처리 속도가 빠르고 지연이 적다.

IP(인터넷 프로토콜)로 데이터를 송수신할 때는 일반적으로 애플리케이션의 프로세스가 OS 커널을 호출하고, OS 커널이 소켓을 생성하거나 메모리에 데이터를 복사하는 등의 처리를 수행한다. 데이터 전송 과정에서 매번 OS를 거치기 때문에 처리 성능을 높이기 어렵다. 여기에 RDMA를 적용하면 이러한 과제를 해결할 수 있다.

RDMA는 서버 간을 연결하는 네트워크 프로토콜로 구현된다. HPC(고성능 컴퓨팅) 환경에서 널리 사용되는 인피니밴드(InfiniBand)

나, TCP/IP를 기반으로 관리가 용이한 로시(RoCE, RDMA over Converged Ethernet) v2가 대표적이다.

GPU(그래픽 처리 장치) 최대 업체인 미국 엔비디아는 GPU와 NIC(네트워크 인터페이스 카드, Network Interface Card)의 RDMA 지원을 확대하고 있다. 자사 기술인 'GPUDirect RDMA'는 GPU 메모리 간 데이터를 직접 주고받을 수 있어, 기존 대비 성능을 약 10배 향상시킬 수 있다고 한다.

클라우드 서비스 제공업체 대부분은 엔비디아 GPU를 서비스로 제공하며, RDMA도 이 환경에서 활용되고 있다. 미국 오라클은 자사 클라우드 서비스인 OCI(Oracle Cloud Infrastructure) 상에서 GPU를 제공하는 서비스 'OCI 슈퍼클러스터(Supercluster)'에 RoCE v2를 채택했다. 엔비디아 GPU H100을 최대 1만 6,384개까지 연결해, 노드 간 연결 지연을 수 마이크로초(μs) 수준으로 억제할 수 있다고 한다.

주요 활용처로는 대규모 AI 워크로드와 HPC가 꼽힌다. 엔비디아 일본 법인 테크니컬 마케팅 매니저 사와이 리키 씨는 "대규모 AI 트레이닝 환경에서 RDMA는 일반적으로 사용된다"고 말한다.

다만 보급에는 과제도 있다. 온프레미스(on-premises) 환경에서 직접 구축하려 하면 초기 투자 비용이 커지기 쉽다. 특히 인피니밴드 대응 장비는 고가로 알려져 있다. 반면 RoCE는 기존 이더넷(Ethernet) 장비를 활용할 수 있어 비용 절감이 가능하지만, 설계 난이도가 높다. RoCE는 패킷 손실에 취약해, 단 한 개의 패킷만 누락돼도 통신이 중단될 위험이 있다고 한다.

　RDMA를 도입할 때 초기 투자와 설계 비용을 줄이려면 클라우드 서비스를 이용하는 방법이 있다. 고성능 요구나 보안상의 제한이 있는 경우에만 자체 환경을 구축하는 식으로 구분하는 것이 바람직하다.

- 쿠니시 리사코(닛케이 크로스 테크)

048.

월드 아이디

'인간임'을 증명하기 위한 인프라

기술 성숙 레벨 | 중   2030 기대지수 | 18.5

월드 아이디(World ID)는 전 세계적으로 전개되고 있는 생체인증 기반 디지털 ID 서비스이다. 인터넷상에서 존재하는 AI와 인간을 식별하는 역할을 한다.

미국 툴즈 포 휴머니티(Tools for Humanity)는 디지털 ID 서비스 등을 추진하는 '월드 프로젝트(World Project)'의 주체로 활동하고 있다. 2025년 5월, 이 프로젝트의 개요가 일본에서 처음으로 공개되었다. 월드 프로젝트는 미국 오픈AI의 샘 올트먼 CEO가 발기인 중 한 명이다.

 월드 프로젝트는 일본 내 월드 아이디 보급에도 힘을 쏟고 있다. 또한 월드 아이디는 인터넷상에서 AI와 인간을 구별하고, '인간임'을 증명하기 위한 인프라로 자리매김하고 있다.

 월드 아이디 인증에는 전용 장치인 오브(Orb)와 스마트폰 애플

툴즈 포 휴머니티 일본 대표 마키노 토모에이 씨와 인증 장치 'Orb'
(출처: 툴즈 포 휴머니티)

리케이션 월드 앱(World App)이 필요하다. 고정밀 카메라와 AI를 탑재한 오브를 통해 홍채 등 생체 정보를 인증해 1인당 1개의 ID를 발급한다. 이 ID가 곧 '인간임'을 증명하는 역할을 한다. 개인 정보 등록은 필요 없으며, 익명 상태로 이용할 수 있다.

월드 프로젝트 추진의 배경에는 AI의 급속한 확산이 있다. 로봇 접근을 차단하기 위한 기존 인증 시스템조차 AI가 우회할 수 있게 되면서, 인터넷상에서 상대가 인간인지 AI인지 구별하기 어려워지고 있다. 툴즈 포 휴머니티 일본 대표 마키노 토모에이는 이러한 상황을 "인터넷의 근간인 신뢰를 흔드는 문제"라고 지적하며, 월드 아이디를 통해 인간끼리 안심하고 교류할 수 있는 네트워크 구축을 목표로 한다고 밝혔다.

일본에서는 크게 두 가지 사업을 전개한다. 첫째는 오브 인증 거점 확대, 둘째는 인증 활용 파트너 확대이다. 2025년 5월 현재, 일본 내에는 전국 약 60곳의 상업시설과 카페에 오브가 설치되어 있다. 미국에서 향후 1년간 7,500대 설치를 목표로 한 것에 비추어, 일본에서는 "1,000대 규모를 목표로 한다"라고 밝혔다.

아울러 오브 보급에 맞춰 월드 아이디 인증 파트너 확대에도 힘을 기울인다. 게임, 매칭 앱, 소셜 미디어를 중심으로 보급을 추진할 계획이다. 마키노는 "월드 아이디를 통해 AI 자체의 신뢰를 해치지 않으면서, AI 사회의 실현을 구축하고 싶다"고 강조했다.

– 히사토미 사오리(닛케이 크로스 테크)

049.

인메모리 컴퓨팅

폰 노이만 구조와는 다른 연산 방식을 통해
딥러닝을 고속화·저전력화

기술 성숙 레벨 | 저   2030 기대지수 | 15.6

인메모리 컴퓨팅은 데이터를 저장하는 메모리 내부에서 직접 연산을 수행하는 기술이다. 기존의 폰 노이만 구조에서는 CPU(중앙처리장치) 등 로직부와 메모리 간에 대량의 데이터 이동이 발생해, 전력 소비가 커지는 원인이 되고 있었다. 이러한 구조를 재검토해 메모리 소자에 연산 기능을 부여함으로써, 컴퓨터의 전력 효율을 대폭 개선할 수 있다.

인메모리 컴퓨팅의 연구개발은 한국의 삼성전자, SK하이닉스, 미국의 마이크론 테크놀로지 등 반도체 메모리 대기업을 중심으로 진행되고 있다. MRAM(자기저항 메모리), ReRAM(저항변화형 메모리), NOR형 플래시 메모리 등 다양한 메모리 기술을 활용하는 방식이 제안되고 있다.

보다 빠른 단계에서 실용화가 기대되는 것은, 메모리 인근에 로

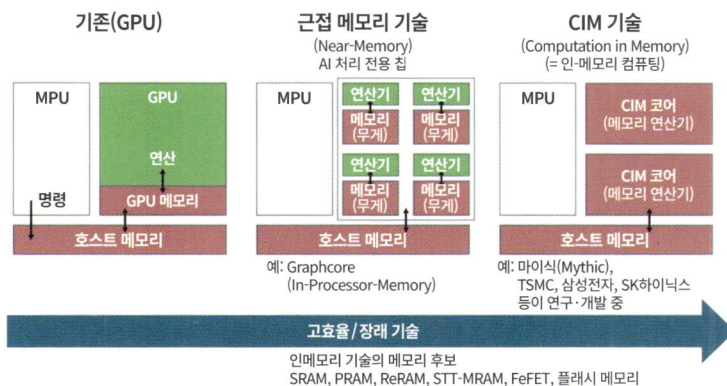

메모리 내부나 메모리 근처에서 연산 처리를 수행하는 저전력 프로세서 기술의 개발이 진행되고 있다.
(출처: 닛케이 크로스 테크)

직 반도체를 배치해 데이터를 처리하는 니어메모리 컴퓨팅(NMC)이다. 데이터센터 등에서 AI 처리에 사용되는 HBM을 활용한 접근이 주로 검토되고 있다.

인메모리 컴퓨팅 분야 전문가인 후지키 다이치 도쿄과학대학교 종합연구원 AI 컴퓨팅 연구유닛 준교수는 "한국과 중국의 스타트업도 존재감을 키우고 있다"고 말한다. 아시아 기업과 연구기관이 인메모리 컴퓨팅과 니어메모리 컴퓨팅 연구에 힘을 쏟고 있으며, GPU 중심의 유럽·미국 로직 반도체 업계 판도에 변화가 일어날 가능성도 있다.

인메모리 컴퓨팅은 기존 CMOS(상보성 금속산화막 반도체) 트랜지스터의 연장선이 아닌, 신원리 소자, 즉 비욘드 CMOS를 모색하는 흐름 속에서 주목받고 있다. 응용물리학회 시스템디바이스 로드맵 산학연계위원회(SDRJ)가 참여한 2024년판 국제 반도체 기술 로드맵(ITRS)에서는 인메모리 컴퓨팅용 신원리 메모리 디바이스

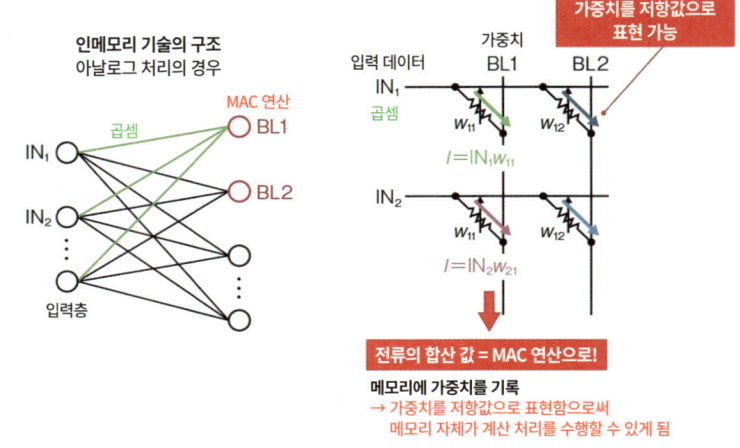

메모리의 저항값으로 가중치를 표현하여, MAC 연산을 효율적으로 처리할 수 있는 아날로그 방식의 구조.
(출처: 도쿄대학교 다케우치 켄 교수 자료를 바탕으로 닛케이 크로스 테크 제작)

가 중점 항목 중 하나로 언급되었다.

SDRJ의 비욘드 CMOS 워킹그룹 리더인 우에다 아키코 산업기술종합연구소 연구원은 "반도체 기술 로드맵 논의에서 인메모리 컴퓨팅이 키워드로 언급되는 경우가 늘고 있다. CMOS의 장기적 대체를 목표로 하는 신원리 소자 연구와 병행해 중요한 분야가 될 것"이라고 말한다. 그 배경에는 2050년을 내다본 지속 가능한 저전력 소자 개발의 필요성이 있다.

인메모리 컴퓨팅의 특징은 딥러닝에서 자주 사용되는 MAC 연산(적·가산 연산, Multiply–Accumulate operation)을 아날로그 계산 방식으로 효율적으로 처리할 수 있다는 점이다. MAC 연산이란 여러 입력값에 곱셈을 수행한 뒤, 그 결과를 더하는 연산을 말한다.

아날로그 계산에서는 먼저 메모리 소자(메모리스터)의 저항값을

TDK는 독자적으로 개발한 스핀 메모리스터 (왼쪽 아래)를 세라믹 패키지(위)에 탑재해 AI 회로를 구축했다.
(출처: TDK)

이용해 가중치를 저장한다. 저항값은 딥러닝 연산에서의 '가중치'에 해당한다. 메모리 소자의 저항에 따라 회로에 흐르는 전류량이 달라지므로, 출력 전류의 총합을 측정하면 간단히 MAC 연산의 결과를 얻을 수 있다.

TDK는 데이터의 연산과 저장에 전자의 스핀을 활용하는 스핀트로닉스(Spintronics) 기술을 응용한 인메모리 컴퓨팅 소자를 개발하고 있다. 이 소자는 뇌처럼 아날로그적으로 동작하기 때문에 '뉴로모픽 디바이스(Neuromorphic Device)'라고 불린다. 여기서 사용되는 스핀 메모리스터(Spin Memristor)는 전류에 의해 자기적 성질을 제어해, 아날로그적이고 연속적으로 변화하는 저항 상태를 구현할 수 있다는 특징을 지닌다.

TDK는 프랑스 원자력·대체에너지청(CEA)과 공동으로 스핀 메모리스터를 활용한 AI 회로를 개발했다. 이 회로는 실시간 학습 기능을 갖추고 있으며, 신경망 연산을 통한 음성 분리 기능이 확인되었다. 2024년 10월 발표된 데모에서는 세 가지 음성이 뒤섞인 신호를 각각의 특징과 비율에 따라 식별·분리하는 데 성공했다.

TDK 기술·지재본부 응용제품개발센터의 사사키 토모오 씨는 "뉴로모픽 디바이스는 센서 사업과의 시너지가 크다. 센서로 취득한 데이터를 의미 있는 정보로 변환함으로써 부가가치를 높일 수 있다"고 말했다. TDK는 앞으로 도호쿠대학교 국제 집적 일렉트로닉스 연구개발센터와 협력해 스핀 메모리스터 소자와 반도체 회로를 결합한 칩을 개발하고, 2027년까지 성능 실증에 나설 계획이다. 또한 2030년대 양산을 목표로 12인치 웨이퍼 개발 체제를 구축할 예정이다. 자사 제품에 적용하는 한편, 장래에는 타사에 대한 기술 라이선스 제공도 검토하고 있다.

― 사토 마사야, 오시타 준(닛케이 크로스 테크)

050.

로컬 LLM

개인용 PC나 스마트폰 단말기 내부에서
실행할 수 있는 대규모 언어 모델

기술 성숙 레벨 | 중   2030 기대지수 | 17.3

로컬 LLM은 개인용 PC나 스마트폰 등 로컬 환경에서 실행할 수 있는 대규모 언어 모델(LLM)이다. 로컬 환경에서 구동되기 때문에 종량제 과금이 발생하지 않으며, 정보 유출 위험도 낮다. 2025년 4월부터 일본어를 지원하기 시작한 애플의 아이폰과 맥에 탑재된 애플 인텔리전스(Apple Intelligence) 역시 그 한 예다.

대규모 언어 모델(LLM)을 PC 등 로컬 환경에서 구동하는 로컬 LLM이 급속히 확산되고 있다. 로컬 환경에서 실행되므로 종량제 과금이 발생하지 않으며, 클라우드형 챗봇 AI에서 우려되는 정보 유출이나 프라이버시 문제도 없다.

로컬 LLM은 LLM을 PC나 스마트폰의 저장 장치에 저장해 두고, 그 LLM을 이용해 챗GPT와 같은 챗봇 AI를 단말기 자체에

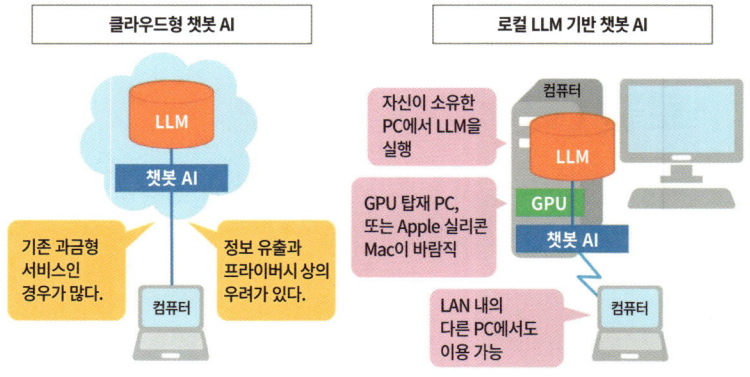

클라우드형 챗봇 AI와 로컬 LLM 기반 챗봇 AI의 차이
(출처: 닛케이 크로스 테크)

서 구동하는 방식이다. 텍스트뿐만 아니라 이미지를 해석할 수 있는 로컬 LLM도 존재한다.

성능은 챗GPT-4o와 같은 최첨단 챗봇 AI에는 미치지 못하지만, 일반 사용자 수준에서 충분히 활용 가능한 단계에 도달했다. 2025년 4월부터 일본어를 지원하기 시작한 애플 인텔리전스 역시 로컬 LLM의 한 형태이다.

로컬 LLM은 전용 소프트웨어를 통해 손쉽게 도입할 수 있다. 단순히 사용하는 것이라면 LLM의 원리에 대한 지식은 물론, 프로그래밍 지식도 필요하지 않다. 일반적인 IT 리터러시가 있다면 누구나 PC에 로컬 LLM을 설치해 활용할 수 있을 정도로 사용 장벽이 낮아졌다.

다만 한 가지, 현시점에서의 제약은 PC의 사양이다. 10만 엔 이하의 저가형 PC로는 성능이 부족하며, 로컬 LLM을 쾌적하게 구동하려면 미국 엔비디아의 GPU를 탑재한 PC가 필요하다. GPU의 VRAM(비디오 메모리)이 많을수록, 즉 고성능 GPU일수록 더 높은 수준의 LLM을 구동할 수 있다. 또는 애플 실리콘을 탑재한 맥에서도 일정 수준의 쾌적한 구동이 가능하다. 다만 이러한 PC가 아니더라도, 일정 수준 이상의 성능이 있다면 실행 자체는 가능하다.

로컬 LLM은 프로그래밍을 통해 더욱 다양하게 활용할 수 있다. 이미 로컬 LLM을 지원하는 여러 라이브러리가 존재하기 때문이다. 예를 들어 파이썬(Python) 기반의 웹 UI 라이브러리인 체인릿(Chainlit)이나 스트림릿(Streamlit)과 로컬 LLM을 조합하면, 챗GPT와 유사한 형태의 챗봇 웹사이트를 손쉽게 만들 수 있다.

또한 LLM에 대한 전문 지식이 있다면, 파이썬 라이브러리인 트랜스포머나 랭체인(LangChain)을 활용하여 로컬 LLM 기반의 고도화된 챗봇 시스템을 구축할 수도 있다. 나아가 RAG(검색 확장 생성)이나 파인튜닝(Fine-tuning) 같은 기법을 이용하면, 로컬 LLM 자체를 용도에 맞게 커스터마이즈하는 것도 가능하다.

로컬 LLM을 PC에 도입하려면 두 가지 소프트웨어, ①LLM 파일과 ②LLM 플랫폼 프로그램이 필요하다. 먼저 LLM 파일은 인터넷에서 방대한 데이터를 학습한 모델 파일을 의미한다. 챗GPT와 같은 클라우드형 챗봇은 '클로즈드형(비공개형)'이기 때문에 일반적으로 LLM 파일을 공개하지 않는다. 그러나 인터넷에는 누구나 다운로드해 사용할 수 있는 '오픈형(open-source)' LLM 파일이 다수 존재한다. 이들 대부분은 허깅페이스(Hugging Face)의 '모델스(Models)' 웹페이지에서 다운로드할 수 있다.

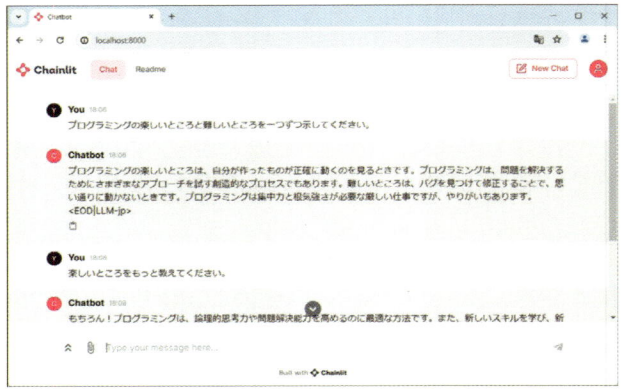

챗봇 AI 웹사이트를 간단히 제작할 수 있도록 되어 있다.
(출처: 닛케이 크로스 테크)

  한편, LLM 플랫폼 프로그램은 LLM과의 대화 등 다양한 기능을 제공하는 소프트웨어로, 이미 LM스튜디오나 올라마(Ollama) 등 여러 종류가 공개되어 있다. 이러한 프로그램을 이용하면 다운로드한 다양한 LLM을 로컬 환경에서 구동할 수 있다.

  LLM은 파라미터 수가 많을수록 성능이 향상하는 '스케일링 법칙'이 존재한다. 이 법칙이 입증되면서, 기존 딥러닝 모델보다 파라미터 수가 급격히 증가해 모델 크기도 방대해졌다. 하지만 모델이 커질수록 대용량 VRAM을 갖춘 고성능 컴퓨터나 클라우드 환경에서만 운용 가능하다는 제약이 발생한다. 이 한계를 해결하기 위한 핵심 기술이 바로 '양자화(quantization)' 등 모델 경량화 기술이다. 이를 통해 PC나 스마트폰에서도 LLM을 구동할 수 있게 된다.

– 다케베 겐이치(닛케이 소프트웨어)

051.

NPU(신경망처리장치)

PC에 탑재되기 시작한 AI 처리 전용 프로세서

기술 성숙 레벨 | 고   2030 기대지수 | 20.8

지금까지는 고성능 CPU(중앙처리장치)를 탑재하는 것이 고성능 PC의 필수 조건이었다. 그러나 앞으로는 충분한 성능을 갖춘 NPU(신경망처리장치, Neural Processing Unit)를 함께 탑재하는 것이 새로운 기준이 될 가능성이 높다. NPU는 AI가 수행하는 추론 및 학습 연산에 특화된 전용 프로세서이다. PC의 AI 기능을 온전히 활용하기 위해 반드시 필요한 핵심 구성 요소가 되고 있다.

미국 마이크로소프트는 2024년 5월, AI 기능을 강화한 신세대 PC 카테고리로 '코파일럿 플러스 PC(Copilot+ PC)'를 발표했다. 이 명칭을 사용할 수 있는 조건 가운데 하나가 바로 "40TOPS 이상의 연산 성능을 가진 NPU"를 탑재하는 것이다. 여기서 'TOPS'란 1초 동안 몇 조번의 연산을 수행할 수 있는지를 나타내는 성

'코파일럿 플러스 PC' 소개 페이지
마이크로소프트는 AI 대응 PC의 카테고리로 '코파일럿 플러스 PC'를 제안했다. 40TOPS 이상의 성능을 가진 NPU 탑재가 그 조건 중 하나다.
(출처: 마이크로소프트 웹사이트)

서피스 프로(11세대)
마이크로소프트가 출시한 코파일럿 플러스 PC '서피스 프로(11세대)'. 45TOPS NPU를 내장한 퀄컴 프로세서 「Snapdragon X Elite」를 탑재한다.
(출처: 닛케이 PC21)

능 지표다. 이 조건을 충족하지 못한 NPU를 탑재한 PC는 코파일럿 플러스 PC라 부를 수 없으며, 윈도가 제공하는 최신 AI 기능을 온전히 활용할 수도 없다.

예를 들어, 음성이나 손으로 그린 러프 스케치를 기반으로 이미지를 생성하는 '코크리에이터(Cocreator)', 영상이나 화상회의 음성을 실시간으로 번역해 자막으로 표시하는 '라이브 캡션', 그리고 일정 간격으로 스크린샷을 저장해 과거에 열었던 웹페이지나 문

제조사	CPU 시리즈	CPU 코어수	NPU 성능	아키텍처
제조사	Core Ultra 9 200V 시리즈	8코어	48TOPS	
	Core Ultra 7 200V 시리즈	8코어	최대 48TOPS	
	Core Ultra 5 200V 시리즈	8코어	40TOPS	
제조사	Ryzen AI Max 시리즈	최대 16코어	50TOPS	x86/x64
	Ryzen AI 9 300 시리즈	최대 12코어	최대 55TOPS	
	Ryzen AI 7 300 시리즈	8코어	50TOPS	
	Ryzen AI 5 300 시리즈	6코어	50TOPS	
제조사	Snapdragon X Elite 시리즈	12코어	45TOPS	
	Snapdragon X Plus 시리즈	최대 10코어	45TOPS	Arm64
	Snapdragon X 시리즈	8코어	45TOPS	

고성능 NPU를 내장한 주요 프로세서
코파일럿 플러스 PC의 요건을 충족하는 40TOPS 이상의 NPU를 내장한 프로세서의 예이다. NPU는 CPU나 GPU 등과 통합된 SoC(System on Chip)에 포함되어 있다.
(출처: 인텔, AMD, 퀄컴)

서를 빠르게 찾을 수 있는 '리콜'과 같은 기능들은 모두 AI를 활용한다. 이러한 기능들은 40TOPS 이상의 NPU를 탑재한 코파일럿 플러스 PC에서만 사용할 수 있다. 앞으로는 이처럼 고성능 NPU를 탑재한 PC에서만 진가를 발휘하는 기능과 애플리케이션이 점점 더 늘어날 것으로 예상된다.

코파일럿 플러스 PC 요건을 처음 충족한 프로세서는 미국 퀄컴의 '스냅드래곤 X' 시리즈뿐이었다. 하지만 2024년 하반기 들어 AMD와 인텔도 40TOPS 이상의 NPU를 내장한 프로세서를 발표했다. 2025년에는 상위 모델을 중심으로, 코파일럿 플러스 PC

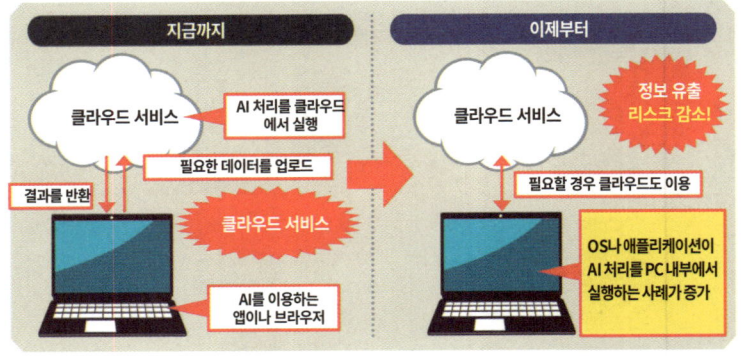

로컬에서 처리해 프라이버시를 지킨다
지금까지의 AI 애플리케이션·서비스는 클라우드 상에서 처리를 수행하는 경우가 많았다. 이 경우 필요한 데이터를 서버에 업로드해야 했고, 프라이버시 등 정보 유출에 대한 불안의 목소리도 있었다. 반면, NPU를 탑재한 PC라면 로컬에서 처리할 수 있기 때문에 그러한 걱정을 덜 수 있다.
(출처: 닛케이PC21)

요건을 충족하는 제품들이 잇따라 출시되고 있다.

다만, 'AI 처리=NPU의 역할'이라고 단순하게 생각하는 것은 오해다. 실제로는 CPU나 GPU에서도 AI 처리가 가능하며, 특히 GPU는 연산 부하가 큰 AI 작업을 고속으로 처리하는 데 더 적합하다. 코파일럿 플러스 PC의 기준으로 제시된 NPU 성능은 40TOPS 이상이지만, AI 연산에 특화된 GPU의 성능은 수백 TOPS에서 많게는 1,000TOPS 이상에 이르는 제품도 존재한다. 따라서 본격적인 AI 처리에는 GPU가 더 이상적이라고 할 수 있다.

그러나 이러한 GPU를 탑재한 그래픽 보드는 가격이 비싸고, 크기가 크며, 소비 전력도 높다. 반면 NPU는 전력 소비가 적고, CPU나 GPU에 부담을 주지 않으면서도 효율적으로 AI 처리를 수행할 수 있다. 이 때문에 NPU는 일반 사용자용 노트북을 중심으로 보급이 확대되고 있으며, 스마트폰과 태블릿 기기에도 NPU를 탑재한 제품이 빠르게 늘고 있다.

여기서 한 가지 의문이 생길 수 있다. 챗GPT를 비롯한 대부분의 생성형 AI 서비스는 인터넷을 통해 클라우드 상에서 제공된다. 클라우드에 있는 고성능 서버가 연산을 담당하기 때문에, 복잡한 작업도 빠르게 처리할 수 있는 것이 장점이다. 그렇다면 굳이 PC상(로컬)의 NPU에서 AI 처리를 할 필요가 있을까?

가장 큰 이유는 프라이버시와 기밀 정보 보호다. 데이터를 서버로 전송하지 않고 기기 내부에서 처리하기 때문에, 개인 정보나 민감한 데이터를 보다 안전하게 관리할 수 있다. 이 밖에도 네트워크 품질의 영향을 받지 않고 실시간으로 처리할 수 있으며, 서비스 사용 시 발생하는 제한이나 비용을 신경 쓰지 않아도 되는 장점이 있다. 이러한 이유로 앞으로는 로컬 환경에서 실행되는 AI 기능이 더욱 늘어날 것으로 예상되며, NPU의 중요성 또한 계속 커질 전망이다.

— 다무라 노리오(크로스미디어 편집부)

052.

위성 콘스텔레이션

여러 인공위성을 연계해 운용하는 위성군 시스템

| 기술 성숙 레벨 | 고 | 2030 기대지수 | 19.2 |

미국 스페이스X의 위성 브로드밴드 서비스 '스타링크'는 약 8,000기 이상의 인공위성을 활용해 지구 전역에서 인터넷 접속을 가능하게 하고 있다. 이처럼 다수의 위성을 협조적으로 운용하는 시스템을 위성 콘스텔레이션(Satellite Constellation)이라 부른다. 단일 위성으로는 커버할 수 없는 넓은 범위에서 서비스를 제공할 수 있다는 점이 특징이다.

콘스텔레이션(Constellation)은 영어로 '별자리'를 뜻한다. 위성 콘스텔레이션은 말하자면 '인공위성의 별자리', 즉 다수의 위성이 협력해 운용되는 시스템을 가리킨다. 이는 위성전화 시스템 등에서 예전부터 활용되어 온 기술이지만, 스타링크를 비롯한 위성 브로드밴드 서비스의 보급으로 점차 더 가까운 기술이 되고 있다.

활용처는 인터넷 접속이나 위성전화 같은 통신 분야에 국한되

악셀스페이스가 발사하는 인공위성 실기
(출처: 마쓰우라 신야)

지 않는다. 예를 들어, 우주 벤처 기업 액셀스페이스는 2026년 중으로 지구 관측위성 7기를 발사해, 자사가 운영하는 위성 콘스텔레이션 '액셀 글로브'를 확충할 계획이다. 재해 발생 시의 촬영이나 농지의 지속 관측 등 폭넓은 활용을 상정하고 있다.

최근 위성 콘스텔레이션이 우리 생활과 가까운 존재가 되고, 민간 기업에서도 활용이 확산하는 배경에는 재사용 로켓의 등장이 있다. 다수의 인공위성을 이용한 서비스를 구축하고 지속적으로 운용하려면 로켓 발사 빈도를 늘릴 필요가 있다. 우주 개발 초기부터 전통적인 로켓은 일회용 방식이 주류였다. 그러나 최근에는 발사한 기체를 회수해 재사용하는 방식이 잦은 발사에 적합하다고 여겨지고, 실제로 활용되고 있다.

재사용형 로켓의 대표적인 사례가 미국 스페이스X의 '팰컨 9'이다. 이 로켓은 인공위성 등을 분리한 뒤, 1단을 역분사로 지상에 착륙시켜 회수한다. 이후 정비를 거쳐 다시 사용하는 방식이다. 스페이스X가 스타링크를 구축할 수 있었던 배경에는 바로 이 재사용형 팰컨 9의 실현이 있었다.

　일본의 액셀스페이스 역시 액셀 글로브 위성 확충을 위해 팰컨 9을 발사에 활용할 예정이다. 2026년 발사 이후에는 12기의 관측위성으로 지구상의 동일 지점을 거의 하루에 한 번 이상 촬영할 수 있는 체제를 확립한다.

― 마쓰우라 신야(논픽션 라이터, 과학기술 저널리스트),
다카이치 세이지(닛케이 크로스 테크, 닛케이 모노즈쿠리)

053.

제로 지식 증명

기밀 정보를 전송하지 않고도,
정보의 정확성을 증명하는 기술

기술 성숙 레벨 | 중   2030 기대지수 | 14.4

제로 지식 증명(Zero-Knowledge Proof, ZKP)은 증거가 되는 정보를 직접 전달하지 않고도, 그 사실을 알고 있음을 증명할 수 있는 기술이다. 비밀 계산의 결과 검증 등에 활용된다. 예를 들어, 비밀번호의 내용을 노출하지 않고도 올바른 비밀번호를 알고 있음을 증명할 수 있는 방식이다. 프라이버시를 보호하면서도 신뢰성을 확보할 수 있다.

제로 지식 증명에는 '대화형 증명'과 '비대화형 증명'의 두 가지 방식이 있다. 대화형 증명은 검증자가 증명자에게, 해당 정보를 알고 있지 않으면 답할 수 없는 질문을 반복하고, 오답할 확률이 낮다는 점을 근거로 그 정보를 알고 있음을 입증하는 방식이다. 이에 비해 비대화형 증명은 한 번의 상호작용만으로 증명이 완료된다는 특징이 있으며, 최근 활용 사례가 늘어나고 있다.

구체적으로는 'zk-SNARK'와 'zk-STARK' 등이 널리 알려져 있다. 두 방식 모두 해시 함수의 충돌 난이성을 기반으로, 올바른 정보와 올바른 알고리즘을 사용해 계산했다는 사실을 증명할 수 있는 구조로 되어 있다. 블록체인이나 IoT 보안 분야에서 활용되고 있다.

제로 지식 증명을 비롯해 개인 정보를 보호하는 기술을 PETs(Privacy Enhancing Technologies, 프라이버시 강화 기술)이라 부른다. PETs 관련 논문은 미국의 빅테크 기업들을 중심으로 다수 공개되어 있다. 에이컴퍼니(Acompany)의 다케노우치 타카오 집행임원 퍼블릭 어페어즈 부사장은 "기술적으로는 수개월이면 따라잡을 수 있다"고 말한다. 그러나 일본에서 곧바로 서비스를 제공하기는 어렵다. 새로운 기술이 일본의 법 제도 속에서 어떻게 해석될지 논의가 필요하기 때문이다.

다케노우치 씨의 경험에 따르면, 단말기 상에서 개인 정보를 처리하는 행위가 개인정보보호법상 '취득'에 해당하는지 여부를 두고 사내외에서 논의할 필요가 있었고, 그 조율에만 1년 이상이 걸렸다고 한다. 기술이 성숙해도 즉시 실용화로 이어질지는 불투명하다. 그는 "업계 차원에서 새로운 법률과 기술을 어떻게 해석할지 가이드라인 등을 통해 제시하면, 혁신이 더 빨리 일어날 수 있을 것"이라고 지적한다.

다만 해외의 상황은 다르다. EU는 2024년 8월 AI 규제법을 발효했다. 2030년까지 전면 시행될 예정이며, 2026년경부터 단계적으로 적용되어 벌금형이 부과되는 경우도 생길 수 있다. 글로벌 기업과 그 산하 기업들은 이러한 동향을 주의 깊게 지켜볼 필요가 있다.

― 쿠니시 리사코(닛케이 크로스 테크),
노노무라 야스카(AI·데이터랩)

054.

데이터 클린룸

기밀을 유지한 채 데이터를 분석하고
예측할 수 있는 시스템 환경

기술 성숙 레벨 | 고   2030 기대지수 | 14.6

데이터 클린룸이란, 여러 기업이 보유한 데이터를 기밀을 유지한 상태에서 통합적으로 분석하고 예측할 수 있는 시스템 환경을 말한다. 자사가 가진 데이터와 타사가 보유한 서로 다른 특성의 데이터를 결합해 더욱 효과적인 분석이 가능하다. 기업은 개인정보를 직접 특정하지 않는 방식으로 개별 고객의 니즈 등을 파악할 수 있다.

데이터 클린룸의 시스템은 주로 데이터를 저장하는 데이터 웨어하우스(Data Warehouse) 등의 데이터 인프라와 조직 간 데이터를 공유·분석하는 서비스 플랫폼으로 구성된다.

　데이터 클린룸이 주목받는 이유는 크게 두 가지다. 첫째, 고도화된 데이터 분석 수요가 커지고 있다는 점이다. 기존의 데이터 분석은 자사 사업을 통해 확보한 데이터만을 활용하는 경우가 대부분이었다. 그러나 경쟁사와 차별화된 서비스를 제공하려면, 자사가 보유하지 않은 데이터를 결합해 부가가치를 높일 필요가 있다.

둘째, 개인정보 규제나 법 제도에 대응할 수 있다는 점이다. 여러 기업이 서로의 데이터를 연계하려면 개인정보보호법 등 법적 규제를 준수해야 하는데, 이는 큰 장벽으로 작용한다. 개인정보 유출은 곧 사업 리스크로 직결된다. 데이터 클린룸은 보안성이 높은 상태에서 분석을 진행할 수 있어, 규제와 관련된 사업 리스크를 최소화할 수 있다.

데이터 클린룸을 통해 산출되는 데이터는 가공 처리나 집계가 이뤄진 결과물이다. 일반적으로 특정 개인을 식별할 수 없는 통계 데이터는 개인정보에 해당하지 않으므로, 타사에 제공하는 것도 가능하다. 즉, 규제와 고객 프라이버시를 모두 고려하면서 데이터를 활용할 수 있는 환경이다.

데이터 클린룸의 활용 사례로는 광고 효과 극대화나 고객 경험의 개인화가 대표적이다. 또한 기업 내부에서는 부서 간 직원 데이터 등을 공유하거나, 머신러닝 모델 학습에 활용하는 등 다양한 응용이 가능하다. 다만 고객 동의를 확보해야 한다는 점은 여전히 과제로 남아 있다. 모바일 앱이나 웹사이트 등 고객 접점이 다양하기 때문에 각 채널에 맞는 동의 획득 절차를 설계·운영해야 하며, 고객에게 데이터 활용의 이점을 명확히 제시할 필요가 있다.

실제로 일본 내에서는 대형 통신사업자 등이 데이터 클린룸을 구축했으며, 2024년에는 NTT도코모와 KDDI가 상용화를 시작했다. 또한 암호 기술 기업 에이컴퍼니도 2023년 8월부터 서비스를 제공하고 있다. 앞으로 여러 기업이 보유한 고객 데이터를 분석해 사회적 가치로 환원하는 체계가 다양한 분야에서 확산될 것으로 기대된다.

— 미즈 타츠야(닛케이 크로스 테크, 닛케이 컴퓨터)

055.

광자 양자컴퓨터

광자를 양자비트로 사용하여
상온에서 동작하는 컴퓨터

기술 성숙 레벨 | 저   2030 기대지수 | 48.3

광자 양자컴퓨터는 양자컴퓨터의 한 종류로, 기존 컴퓨터가 어려워하는 최적화 문제 등의 계산을 보다 고속으로 처리할 수 있을 것으로 기대된다. 다른 양자컴퓨터가 초저온 환경에서만 작동하는 것과 달리, 상온에서 동작한다.

양자컴퓨터 개발을 둘러싸고 스타트업과 IT 대기업 간의 경쟁이 한층 치열해지고 있다.

 양자컴퓨터에는 '초전도', '중성 원자', '이온트랩', '광자', '실리콘' 등 다양한 하드웨어 방식이 존재한다. 그중 특히 존재감을 보이는 것이, 양자비트에 빛을 활용해 상온에서 동작하는 광자 양자컴퓨터다.

 딜로이트 토마츠 그룹(도쿄 치요다구)이 조사한 2025년 1월 시점의 양자컴퓨팅 스타트업 자금 조달액 순위에서 1위를 차지한 미국

순위	기업명	설립국	조달액(억달러)
1	사이크온탐	미국	12.8
2	샌드박스AQ	미국	5.00
3	아이온Q	미국	4.32
4	퀀티뉴엄	미국	3.25
5	D웨이브 퀀텀	캐나다	2.99
6	리게티 컴퓨팅	미국	2.98
7	재너두(XANADU)	캐나다	2.66
8	IQM 퀀텀 컴퓨터스	핀란드	2.49
9	큐에라 컴퓨팅	미국	2.30
10	인플렉션	미국	1.86
11	퀀텀머신즈	이스라엘	1.53
12	오리진 퀀텀	중국	1.53
13	파스칼	프랑스	1.42
14	실리콘 퀀텀 컴퓨팅	호주	1.33
15	포토닉	캐나다	0.99
38	큐네시스	일본	0.52

양자 스타트업의 자금 조달액은 북미 기업이 상위를 독점
데이터는 2025년 1월 시점 기준.
(출처: 딜로이트 토마츠 그룹 조사 결과를 바탕으로 닛케이 크로스 테크가 작성)

사이콴텀(PsiQuantum)이 바로 광자 양자컴퓨터를 개발하고 있다. 사이콴텀의 광자 양자컴퓨터는 양자비트에 빛의 입자인 '단일 광자'를 사용하기 때문에 실온에서 가동할 수 있는 것이 특징이다. 현재 호주 브리즈번과 미국 시카고 두 거점에 데이터센터 규모의 대형 양자컴퓨터 센터를 건설 중이며, 실용적 양자컴퓨터 개발의 세계 최초 달성을 목표로 하고 있다.

2위에 오른 미국 샌드박스AQ(Sandbox AQ)는 구글 모기업 알파벳(Alphabet)에서 분사한 스타트업으로, 양자 관련 소프트웨어와 보안 기술을 개발한다. 3위는 미국 아이온큐(IonQ)로, 이온트랩형 양자 컴퓨터를 다룬다. 4위 이후 역시 북미의 양자 하드웨어 개발 스타트업들이 상위를 차지하며, 상위 10개 기업 중 9개사가 북미 기업이다.

양자 기술 개발에서는 유럽과 미국을 중심으로 양자 스타트업들이 중요한 역할을 맡고 있다. 각 스타트업은 독자 기술을 활용하면서 대학 및 다른 기업과 연계하여 양자컴퓨터 개발을 빠르게 진행 중이다. 이들은 높은 기술력과 유연한 경영 전략을 무기로 대규모 자금을 조달하며 경쟁을 유리하게 이끌고 있다. 시장 기대 역시 높아, 막대한 개발 자금이 투입되고 있다.

— 사토 마사야(닛케이 크로스 테크)

056.

차세대형 교통 혼잡 완화 대책

ETC 시스템과 다이내믹 프라이싱 연동

기술 성숙 레벨 | 중   2030 기대지수 | 10.6

다이내믹 프라이싱(Dynamic Pricing)이란 혼잡한 시기나 시간대에는 추가 요금을, 한산한 시기에는 할인 요금을 각각 적용하여 교통량의 적정화를 유도하는 제도를 말한다. 고속도로 이용 요금 정산에 사용되어 온 ETC(전자 요금 징수 시스템) 정보를 기반으로, 우회로 이용 등에 할인 요금을 적용하면 교통량을 조절할 수 있다.

오사카·간사이 엑스포의 회장은 인공섬인 유메시마에 있으며, 자동차로 방문할 경우 유메마이 대교를 건너야 한다. 따라서 교통 체증은 불가피하다. 이를 해결하기 위해 혼잡도에 따라 요금을 변동시키는 다이내믹 프라이싱(Dynamic Pricing)과 ETC(전자 요금 징수 시스템)를 연계한 일본 최초의 교통 혼잡 완화 대책이 도입되었다. 2025년 일본국제박람회협회는 원칙적으로 전철이나 셔틀

기존의 정체 길이와 엑스포 개최로 발생이 예상된 정체 길이
정체 시간은 2020년 10월 한신 고속도로 트래픽 카운터 데이터에 근거해 산출.
(출처: 2025년 일본국제박람회협회 자료를 바탕으로 닛케이 크로스 테크가 작성)

버스 등 대중교통 이용을 권장했다. 개인 차량의 회장 진입은 금지하고, 유메시마 인근의 마이시마, 아마가사키, 사카이 3곳에 마련된 P&R(파크 앤드 라이드) 주차장에 차량을 두고 셔틀버스로 환승하도록 했다.

그러나 오사카 시내를 아우르는 한신 고속도로는 평소부터 정체가 잦은 것으로 유명하다. 엑스포 개최 시 교통량이 증가하면 더 큰 혼잡이 예상되었다. 한신 고속도로의 교통 카운터 데이터를 기반으로 한 예측에 따르면, 여러 곳에서 지금까지 이상으로 정체가 발생할 것을 예상하고 있다. 예를 들어, 대책을 세우지 않을 경우 13호 히가시오사카선 히가시센바~센바 구간의 정체 길이가 약 3km 늘어나고, 완간마이시마 출구에서는 약 1km 정체가 발생할 것으로 전망되었다.

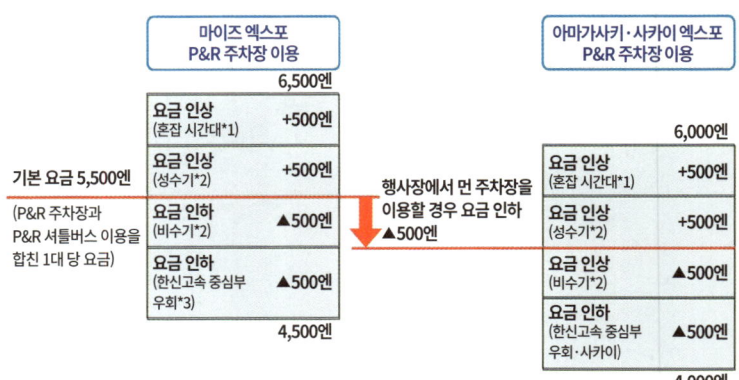

- *1: 오전 8시~10시대에 P&R 주차장·셔틀버스를 예약한 차량에 적용
- *2: 성수기: 토·일·공휴일(2025년 6~10월, 골든위크, 오봉), 2025년 10월 평일 / 비수기: 2025년 4~5월 및 7월~9월 평일
- *3: 한신 고속 야마토가와선을 이용(미야케니시본선 요금소의 체크포인트를 통과)한 경우
- *4: 한신 고속의 지정 출구를 이용하지 않고 일반도로로 올 경우 1,000엔 추가

다이내믹 프라이싱을 도입한 P&R 주차장 요금
(출처: 2025년 일본국제박람회협회 자료를 바탕으로 닛케이 크로스 테크가 작성)

    이에 협회가 도입한 방안 중 하나가 P&R 주차장 요금에 다이내믹 프라이싱을 적용하는 것이다. 마이시마 엑스포 P&R 주차장의 기본 요금은 5,500엔(왕복 셔틀버스 요금 포함)이며, 혼잡이 예상되는 행사 후반부나 아침 출근 시간대에 방문할 경우 요금이 500엔씩 인상된다. 또한, 고속도로를 이용하지 않을 경우 일반도로 교통 집중을 피하기 위해 1,000엔을 추가 부과한다. 반대로, 행사 전반부나 회장에서 먼 주차장을 이용하거나 우회로(한신 고속 6호 야마토가와선)를 이용하면 500엔씩 할인된다. 주차 요금은 차량 1대 기준이며, 동승자가 많을수록 셔틀버스 요금이 포함된 만큼 더 저렴해진다. 협회는 4인 이상 가족이나 그룹 단위 동승을 장려해 도로 수송 효율을 높이고자 했다.

    한신 고속도로의 평상시 이용자는 하루 70만~80만 대 수준이

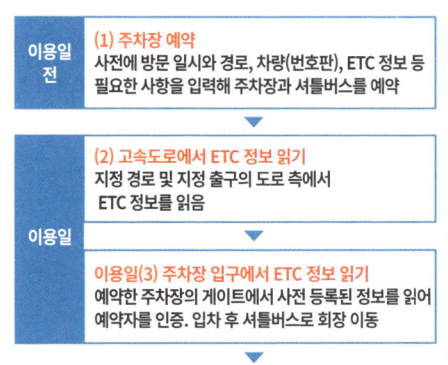

엑스포 P&R 주차장 예약 시스템의 구조
(출처: 2025년 일본국제박람회협회 자료 및 취재를 바탕으로 닛케이 크로스 테크가 작성)

한신 고속도로의 지정 출구와 우회로 체크포인트
P&R 주차장 게이트에서 ETC 정보를 읽어 들인다. 빨간 원 표시 부분이 ETC 안테나 설치 위치.
(출처: 한신 고속도로 주식회사)

다. 반면, 엑스포 이용자는 하루 약 7,500~11,000대로 예상되었다. 협회 교통국의 아나카 타이유 교통부장은 "한신 고속도로는 평소에도 정체가 심하기 때문에, 수천 대라도 추가되면 도로 흐름이 막힌다. 한신 고속도로의 전체 이용자가 아니라 엑스포 방문객을 제어하는 편이 효과적"이라고 기대를 표했다.

주차 요금은 한신 고속도로 ETC 시스템과 엑스포 P&R 주차장 예약 시스템을 연동해 확정된다. 주차장 예약 시스템에서 주차일, 차량 번호, 신용카드 정보 등을 입력하고 주차장과 셔틀버스를 예약하며, 요금은 사전 결제된다. 이용 당일은 고속도로에 설치된 노측 장치에서 차량의 통과 기록을 확인하고, 번호판 정보와 대조한다. 추가적인 확인을 위해 P&R 주차장 게이트에 설치된 ETC 판독 장치에서도 정보를 읽어 더욱 정확히 판정한다. 이렇게 차량 번호와 ETC 이용 이력을 대조함으로써, 우회로를 이용했을 경우 할인 요금이 적용되고, 차액은 사후 환불된다. 고속도로의 노측 장치는 오버행식(Overhang Type, 차로 위를 가로지르는 형태)으로 설치되어 있어, 차량이 정차하지 않고도 통과 기록을 자동으로 읽어낼 수 있다.

"지금까지 ETC 정보는 고속도로 통행료 정산에만 쓰였습니다. 그런데 이를 교통 수요 관리(TDM)의 일환인 다이내믹 프라이싱과 연동해 활용하는 것은 일본에서 처음 시도되는 일입니다. 게다가 고속도로 통행료가 아니라 주차 요금과 연계하는 것도 전례 없는 실험이라 할 수 있습니다. 반년 동안 이어지는 대규모 이벤트에 적용되는 것도, 엑스포이기에 가능한 특별한 조치입니다." 아나카 타이유 교통부장은 이렇게 설명했다.

— 타테노이 카즈에(라이터)

057.

도시형 데이터센터

'교외·신축'에서 '도심·전용'으로

| 기술 성숙 레벨 | 중 | 2030 기대지수 | 16.9 |

교외에서 대규모 데이터센터(DC) 건설 계획이 잇따라 추진되는 가운데, 도심을 무대로 한 새로운 DC 개발 사업이 시작됐다. 이를 주도하는 것은 오바야시구미의 신설 회사다. 이들은 역에서 떨어진 중소형 빌딩에 주목했다. 기존 빌딩을 전환해 여러 개의 소규모 DC를 연계함으로써, 대규모 DC에 필적하는 규모를 확보하려는 것이다.

생성형 AI의 진화 등으로 인해 데이터센터(DC) 시장은 꾸준히 확대되고 있다. 과열된 시장을 상징하듯, 교외에서는 '하이퍼스케일'이라 불리는 초대형 DC 건설 계획이 잇달아 나오고 있다. 이러한 흐름과는 다른 새로운 콘셉트 '도시형 DC'를 내세우며, 도심을 무대로 개발·운영 사업에 뛰어든 기업이 등장했다. 2024년 11월 29일 설립된 미타산(MiTASUN, 도쿄 미나토구)이다.

소규모 DC 클러스터 구축
도시 지역에 여러 개의 소규모 데이터센터(DC)를 개설하고, 이를 전용 광회선으로 연결함으로써 대규모 DC에 상응하는 규모를 확보한다.
(출처: 미타산)

　미타산은 오바야시구미의 100% 자회사로, 자본금은 4억 9,500만 엔(약 47억 원)이다. 설립 시점에는 건축 설계자, 설비 설계자, IT 기술자 등 8명이 소속되어 있으며, 사장으로는 오바야시구미에서 비즈니스 이노베이션 추진실 담당 부장을 맡았던 쓰나와키 아키노리가 취임했다.

　미타산은 도시의 오피스 빌딩을 소규모 DC로 개조하거나 신축해, 반경 8km 이내의 여러 거점을 전용 광회선으로 연결해 하나의 DC 클러스터를 구성한다. 이렇게 함으로써 교외의 초대형 DC에 필적하는 규모를 클러스터 전체로 확보한다는 전략이다.

　개발의 주요 타깃은 역에서 떨어진 중소형 빌딩이다. "대형 재개발로 대규모 오피스는 늘어난 반면, 접근성이 떨어지는 중소 빌딩에는 공실이 눈에 띄게 늘고 있다"라고 쓰나와키 사장은 설명한다. 도시 중심부에 DC 클러스터를 구축하면, 수요가 집중된 지역에서도 저지연 데이터 전송을 실현할 수 있다는 장점이 있다. 대규모 DC를 도심에 건설하는 것은 부지나 전력 확보 문제로 어렵지만, 소규모로 나누어 설치하면 큰 부지도 필요 없고, 시설별 전력 소비량도 초대형 DC에 비해 상대적으로 적게 유지할 수 있다.

미타산은 2034 회계연도까지 도심 DC 개발에 약 1,000억 엔(약 9,400억 원)을 투입할 계획이다. 2028 회계연도에는 제1호 프로젝트로, 수전 용량(전력 인입 용량) 5.5MW 규모의 소규모 DC를 도쿄 미타에 신축한다. 약 6km 떨어진 곳에 제2호 부지를 확보해 제1호와 동일 규모의 DC를 세울 예정이다. 이 외에도 타사가 보유한 빌딩을 DC로 전환하는 사업도 병행한다. 2031 회계연도까지는 총 40MW급 클러스터를 구축하는 목표를 내걸었다. 또한 기존 빌딩을 DC로 전용하는 노하우를 제시함으로써, 오바야시구미 외의 건설사 등에도 DC 설계와 시공을 발주해 사업을 확장한다는 방침이다.

— 호시노 다쿠미(닛케이 크로스 테크, 닛케이 컨스트럭션)

058.

ISAC (통신·센싱 융합)

통신에 사용되는 무선 신호를
센싱에도 활용하는 기술

기술 성숙 레벨 | 중   2030 기대지수 | 5.8

ISAC(Integrated Sensing and Communication)은 통신과 계측을 동일한 무선 인프라에서 수행하는 기술이다. 이동통신 시스템의 국제 표준화 단체인 3GPP에 의해 규격 제정이 추진되고 있다. 2030년경 실용화를 목표로 하는 6세대 이동통신 시스템(6G)의 핵심 기술 중 하나다.

통신용 전파를 사용해 사람이나 사물의 위치를 검출하거나 움직임을 포착하는 용도로 기대되는 기술이 바로 ISAC이다. 예를 들어, 건강 모니터링, 드론 탐지, 교통 관리, 자율주행차, 스마트 팩토리 등에의 적용이 거론된다. 전파를 이용해 통신과 계측을 동시에 수행하려면 현장에서는 무선 인프라를 각각 마련해야 한다. 그러나 ISAC이 실용화되면 동일한 주파수 대역을 양쪽에서 공유할 수 있어 제한된 전파 자원을 효율적으로 활용할 수 있다.

미국 인터디지털에 의한 가상 공간에서의 무선 센싱 데모스트레이션
(출처: 미국 인터디지털의 데모 화면을 닛케이 크로스 테크가 촬영)

또한, 동일한 하드웨어로 통신과 계측을 구현할 수 있어 장비 조달과 운영 비용 절감 효과도 기대된다.

ISAC을 실현하는 기술은 크게 두 가지 방식으로 나뉜다. 첫째는 레이다(RADAR) 방식으로, 전파를 발사한 뒤 반사파가 돌아오는 시간차를 측정해 대상과의 거리를 계산한다. 둘째는 채널 상태 정보(CSI) 방식이다. 이는 전파의 파형이 송신 시점과 수신 시점에서 어떻게 변하는지를 관찰해, 전파가 전파되는 공간(채널)의 상태를 추정하는 방식이다. 예컨대 채널 내에서 사람이 움직이면 전파 파형도 변형되므로, 그 행동 내용을 유추할 수 있다.

2025년 3월 3일부터 6일까지 스페인 바르셀로나에서 열린 모바일 전시회 MWC 바르셀로나 2025에서도 ISAC 관련 기술이 소개되었다. 통신기술을 연구하는 미국의 인터디지털(InterDigital)은 사무실 내부의 무선 환경을 컴퓨터상에서 가상 재현하고, 기존 통신 장비로 사람의 행동을 계측하는 데모를 전시했다. 이는 앞서 언급한 CSI 방식에 속하는 기술로, 전파의 송수신 파형 변화를 사람의 행동과 연결 지어 AI로 학습시키는 것이다.

 이 회사의 AI 모델은 약 12밀리초의 추론 시간으로 걷기나 정지 등 사람의 활동을 검출할 수 있다. 학습을 더 진행하면 앉은 자세나 넘어짐 같은 동작도 인식할 수 있으며, 사람의 위치와 행동의 예측까지 가능하다고 한다.

― 미야타케 토모아키 (닛케이 크로스 테크)

Technology 2026

Technology 2026

6장
건축·토목

만성적인 인력 부족, 고도화하는 클라이언트의 요구, 그리고 예기치 못한 사고 등으로 건축·토목 분야의 환경은 크게 변하고 있다. 이러한 과제들을 기술로 해결하려는 시도가 지금도 계속되고 있다.

059.

건설 로봇

주야 연속 작업이 가능할 뿐만 아니라,
숙련 기술자와 동등하거나
그 이상 수준의 품질을 확보 가능

| 기술 성숙 레벨 | 고 | 2030 기대지수 | 44.6 |

'2024년 문제'(일본 정부의 근로시간 규제 강화로 인해 건설·운송 분야에 인력난이 가중되는 현상)에 이어 단카이 세대(1947~1949년에 태어난 일본의 베이비붐 세대)가 75세 이상이 되는 '2025년 문제'가 다가오고 있다. 건설 숙련공의 고령화가 두드러진 건설업계에서는 인력 부족이 한층 더 심각해지고 있다. 이에 따라 현장 작업의 자동화를 목표로 한 건설 로봇 개발이 잇따르고 있다.

가시마건설은 초고층 빌딩 등에 사용되는 대형 철골 기둥을 완전 자동으로 용접할 수 있는 다관절(매니퓰레이터)형 로봇을 개발했다. 2020년에 개발된 현장 용접 로봇을 개량해, 숙련 기능자가 직접 조작하지 않아도 연속 용접이 가능하도록 한 것이다. 이미 자사가 시공 중인 빌딩에 도입했으며, 숙련 기능자에 버금가는 품질을 확보했다고 한다.

철골 기둥 자동 용접
개발된 로봇으로 철골 기둥을 용접하는 모습. 한 변이 700밀리미터이고, 두께 36밀리미터의 각형 단면을 가진 철골 기둥이라면, 전체 둘레를 약 9시간 만에 용접할 수 있다. 기존 로봇은 이보다 약 2배의 시간이 걸렸다. (출처: 가시마건설)

로봇 본체에는 6축 로봇 팔이 채택되었으며, 기둥을 따라 설치된 레일 위를 로봇 팔이 주행한다. 스타트 버튼을 누르면 기둥 전체를 8개의 블록으로 나누어 자동으로 용접을 수행한다.

우선 용접할 이음부(개선부)를 계측하고, 그 형상에 맞춰 여러 차례에 걸쳐 층층이 용접한다. 한 층의 용접이 끝나면 표면에 생긴 불순물(슬래그)을 제거하고 다음 층 용접으로 넘어간다. 이 과정을 반복하여 다층 용접을 완성한다.

용접 절차 자체는 2020년에 개발된 기존 로봇과 동일하다. 그러나 신형 로봇에는 두 가지 기능이 새로 추가되었다. 첫째는 개선부 센싱 기능으로, 레이저 센서를 이용해 이음부 형상을 계측한다. 계측된 형상 데이터를 바탕으로 최적의 층수, 각 층별 용접 횟수, 용접 속도 등 조건을 숙련자의 노하우를 반영한 알고리즘으로 자동 산출한다. 둘째는 슬래그 제거 기능이다. 발생한 슬래그를 제거하지 않은 채 다음 층을 용접하면 결함이 발생하기 쉬워, 기존 로봇에서는 숙련자가 매번 수작업으로 제거해야 했다. 신형 로봇은 용접 부위를 자동으로 두드려 슬래그를 제거하는 장치를 탑재했다.

이로써 신형 로봇은 용접의 모든 공정을 자동화할 수 있게 되었다. "기존 로봇은 용접 도중 기능자의 개입이 필요했지만, 신형은 그렇지 않다"라고 가시마건설 기계부의 미즈타니 료 전임 부장은 설명한다. 용접 중 기능자의 개입이 필요하지 않기 때문에, 주야 연속 작업이 가능하며 한 명의 기능자가 여러 대의 로봇을 동시에 운용할 수도 있다.

— 오쿠야마 고헤이(닛케이 크로스 테크, 닛케이 아키텍처)

060.

건설 3D 프린터

3D 프린터를 활용해 구조물을 건설

| 기술 성숙 레벨 | 고 | 2030 기대지수 | 24.4 |

건설용 3D 프린터에는 여러 방식이 있지만, 대표적인 방법은 콘크리트 구조물을 한 층씩 쌓아 올려 형태를 만들어 가는 것이다. 프린터의 노즐을 수평으로 이동시키며 특수한 시멘트계 재료를 토출하는 방식으로, 곡면 디자인 구현, 시공 기간 단축, 인력 절감 등 다양한 장점을 지닌다.

'니요도 블루'라 불리는 맑은 청류, 니요도가와. 고치현 토사시를 흐르는 일부 구간의 호안 블록은 자연석처럼 모양이 모두 다르고, 불규칙한 요철이 있다. 이는 2023년도에 후쿠도메개발(고치시)이 건설용 3D 프린터로 시공한 결과다.

후쿠도메개발은 기존 호안과 새로 설치되는 호안이 만나는 구간에, 3D 프린터로 출력한 의석(擬石) 형태의 잔존 거푸집을 사용했다. 생산성을 높이면서도 자연 경관에 어울리는 디자인을 실현

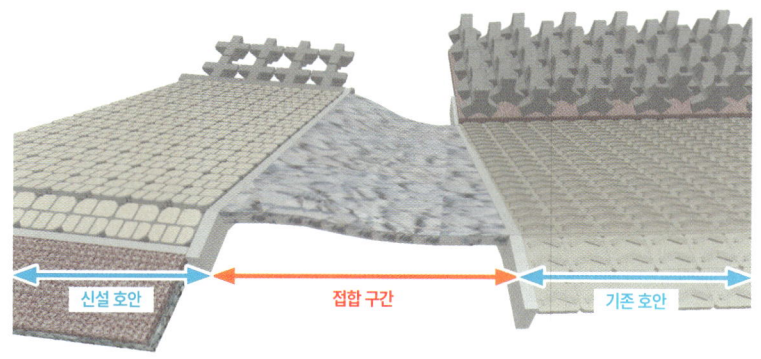

신·구 호안의 접합 구간 3차원 모델
접합 구간에서는 비틀림이 발생한다.
(출처: 후쿠도메 개발 자료에 닛케이 크로스 테크가 편집 추가)

3D 프린터로 제작한 의석(擬石)형 거푸집을 사용한 시공 구간
(출처: 닛케이 크로스 테크)

할 수 있다는 점이 특징이다.

하천 호안 공사에서는 기존 호안과 신규 호안 사이를 메우는 접합 구간이 발생한다. 일반적으로 각 호안의 경사면이 달라 접합 구간은 비틀린 형태가 된다. 종래에는 인력을 투입해 돌쌓기나 콘크리트 덧대기 방식으로 시공해야 했고, 숙련 기술자가 반드시 필요했다. 공사의 품질도 기술자의 숙련도에 좌우되곤 했다.

이번 3D 프린터 공사에서는 먼저 자연석의 점군 데이터(물체의 표면을 수많은 점으로 스캔해 얻은 3차원 공간 정보)를 레이저 스캐너로 취득했다. 이어 이 데이터를 기반으로 거푸집에 요철을 만들어 자연석과 유사한 형태를 재현했다. 또한 하천의 유속을 고려해 하류 방향이 곡선을 이루도록 S자 형태로 설계했다.

시공 시에는 출력된 거푸집을 설치한 뒤, 그 뒤편에 콘크리트를 타설하기만 하면 된다. 인쇄된 거푸집은 두께 60mm의 기단부를 갖추고 있어, 타설되는 생콘크리트의 측압을 견딜 수 있도록 설계되었다. 기존 공법과 달리 숙련 기술자가 필요 없으며, 품질도 안정적으로 유지된다.

후쿠도메개발에 따르면 이번 공사에서 3D 프린터를 도입할 경우, 공사비는 기존 대비 약 2배가 들지만, 공사 기간은 약 40% 단축된다. 특히 하천 공사는 가을부터 봄까지 건천기에만 진행할 수 있기 때문에, 공기 단축이 큰 장점이 된다.

후쿠도메개발 토목부의 아다치 다이스케 과장은 "호안 공사의 접합 구간에서는 비틀림이나 굴곡이 반드시 발생하기 때문에, 3D 프린터 도입의 이점이 크다. 앞으로 호안 공사의 새로운 표준 공법이 될 것이라 본다"라고 말했다.

— 몬마 츄야(닛케이 크로스텍, 닛케이 컨스트럭션)

061.

인스턴트 하우스

임시 주택을 대체할 수 있는,
간편하게 설치할 수 있는 주거 공간

기술 성숙 레벨 | 고　2030 기대지수 | 11.9

2024년 1월 발생한 노토반도 지진 당시 피난자는 한때 5만 명을 넘어섰다. 피해 지역에서는 나고야공업대학교의 기타가와 게이스케 교수가 개발한 '인스턴트 하우스'가 집을 잃은 이재민들의 생활을 지켜냈다. 이 주택은 편의성과 기능성이 높아, 혼자서도 짧은 시간 안에 쾌적한 거주 공간을 마련할 수 있다.

"피난소에서 몇 달간 생활하는 것은 혹독하다. 임시 주택에 입주하기 전까지 피해자의 생활을 지켜줄 필요가 있다." 나고야공업대학교의 기타가와 게이스케 교수는 이러한 문제의식을 바탕으로 2016년에 '인스턴트 하우스'를 개발했다.

　인스턴트 하우스는 몽골의 이동식 가옥 '게르'와 비슷한 외형을 지녔다. 최고 높이 4.3m의 원뿔형 지붕은 햇빛을 투과시켜 내부

게르와 같은 외관의 인스턴트 하우스
이시카와현 와지마시의 한 중학교에 '인스턴트 하우스'를 설치하는 모습. 노토 반도 지진 피해 지역에 설치된 인스턴트 하우스는 2024년 12월까지 240동에 달한다.
(출처: 나고야공업대학 키타가와 케이스케 연구실)

에 따뜻한 공간을 만든다. 가장 큰 특징은 어디서든 짧은 시간 안에 쾌적한 환경을 구축할 수 있다는 점이다. 설치할 때는 송풍기로 난연 시트를 부풀린 뒤, 내부에 단열재인 발포 우레탄을 뿌리기만 하면 된다. 1인 시공도 가능하며, 빠르면 약 1시간 만에 완성된다. 말 그대로 '초간이 주택'이다.

또, 페그 등으로 땅에 고정하면 순간 최대 풍속이 초속 80m에 이르는 강풍에도 견딜 수 있다. 발포 우레탄은 복사열을 억제해 쾌적한 실내 환경을 유지한다. 건축물로 분류되지 않기 때문에 기본적으로 어디에나 설치할 수 있다.

이러한 편리성과 기능성 덕분에, 노토반도 지진 피해지에서는 이재민의 임시 거처나 지역 집회소로 활용되었다. 기타가와 교수가 지진 발생 직후인 2024년 1월 11일, 이시카와현 와지마시의 한 중학교에 기증한 것을 시작으로, 이후 마을회, 지자체, 유휴지 소유자들로부터 설치 요청이 잇따랐다.

　기타가와 교수는 "일본의 피난소 환경은 국제 기준에 크게 못 미친다"고 경고한다. 국제적십자사 등은 피해자가 존엄 있는 생활을 하기 위해 필요한 화장실 수와 1인당 점유 면적 등을 규정한 '스피어 기준'을 제시하고 있다. 그러나 일본의 피난소는 특히 재해 직후 이 기준을 충족하지 못하는 경우가 많은 것이 현실이다.

　노토반도 지진에서는 2024년 11월 26일까지 직접 사망자 227명을 넘어서는 235명이 재해 관련 사망으로 인정되었다. 주요 원인은 피난소나 차량 내 숙박 생활에서 비롯된 스트레스 등이었다. 이재민의 삶의 질을 어떻게 높일 것인가? 기타가와 교수는 "인스턴트 하우스를 문제 해결을 위한 '응급약'으로 널리 보급해 나가고 싶다"고 강조했다.

— 기노시타 준페이 (닛케이 크로스 테크, 닛케이 아키텍처)

062.

순환형 건축

건축 자재와 건물을 가능한 오래 사용해
환경 부담을 줄이는 건축 방식

:
:
:

| 기술 성숙 레벨 | 고   2030 기대지수 | 17.5

건축 자재를 재사용해 새로운 건물에 순환적으로 적용하는 '순환형 건축(Circular Architecture)'이 주목받고 있다. 오바야시구미는 철골이나 콘크리트 구조 부재를 신축 건물의 구조체로 재활용함으로써, 제조 단계에서의 이산화탄소 배출량을 절반으로 줄일 수 있을 것으로 기대하고 있다.

오바야시구미는 2024년 6월부터 자사 기술연구소 내에서 구조 부재 재사용에 도전하고 있다. 이번 프로젝트는 기존의 '전자기 환경 실험동'을 해체하고, 새롭게 '오픈랩 3(OL3)'을 건설하는 공사다.

  오바야시구미에 따르면 "하나의 건물에서 기둥·보 등 철골 부재와, 기초·바닥 등 콘크리트 부재를 포함한 모든 구조 부재를 추출해 신축 건물의 구조체로 재사용하는 것은 일본에서 처음 시

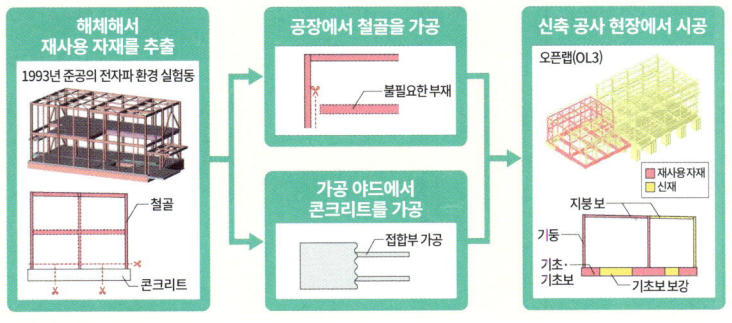

재사용 자재 활용은 사전 조사부터
(출처: 오바야시구미 자료를 바탕으로 닛케이 아키텍처가 작성)

도되는 사례"라고 한다.

공사는 두 단계로 나뉘며, 재사용 자재가 사용된 것은 철공 작업장을 만드는 1기 공사다. 2025년 6월에 완성되었으며, 구조는 철골조의 지상 1층 건물이다.

재사용 자재를 활용하려면 우선 기존 건물의 부재 상태를 사전에 조사해 건전성을 확인해야 한다. 해체 시에는 내장재와 외장재를 제거해 골조만 남기고, 부재를 손상시키지 않도록 절단한다. 이후 절단된 부재를 가공해 현장으로 운반하고, 재사용 자재끼리 또는 새로 생산된 자재(신재, 新材)와 조합하여 건물을 세운다.

철골 부재는 불필요한 부품을 제거하거나 보강재를 더해 가공한다. 콘크리트 부재는 블록 형태로 분할해 내부 철근을 노출시킨 뒤 용접으로 연결하고, 틈새를 새 콘크리트로 메운다.

1기 공사에서 사용된 구조 부재 가운데 재사용 자재의 비율은 철골이 57%, 콘크리트가 33%였다. 오바야시구미가 일본건축학회의 〈건물 LCA 지침〉(2013년 개정판)을 기준으로 구조 부재 제조 시 이산화탄소 배출량을 평가한 결과, 신재만으로 신축했을 때와 비교해 약 49% 감소한 69.3t-CO_2('1t-CO_2'는 이산화탄소 1톤 배출량에 해당)를 기록했다.

— 야마자키 소타(닛케이 크로스 테크, 닛케이 아키텍처)

063.

보급형 스마트빌딩

관리에도 AI를 활용해 개인화된 요구에
세밀하게 대응

기술 성숙 레벨 | 중   2030 기대지수 | **14.6**

2025년 이후, 스마트빌딩의 사회적 구현이 급속히 진전될 것으로 보인다. 보급 단계에 들어선 AI와 IoT는 스마트빌딩 구축에 큰 영향을 미치고 있다. 인력 부족이 심각해지는 빌딩 관리 현장에서는 스마트빌딩의 구현이 강하게 요구되고 있다.

2010년 전후, '스마트시티'나 '스마트빌딩'이라는 단어가 미디어를 크게 달군 적이 있었다. 그로부터 약 15년이 지난 지금, 드디어 스마트빌딩은 사회적 구현 단계로 접어들고 있다. 그 이유는 크게 두 가지다.

첫째, AI나 IoT와 같은 기술이 조사회사 가트너 재팬(Gartner Japan)의 '하이프 사이클'에서 말하는 '환멸기(혁신에 대한 과도한 기대가 가라앉고 환멸감이 퍼지는 시기)'를 넘어, '계몽기(일부 기업이 과제를 극복하고 혁신의 이점을 찾기 시작하는 시기)'에 들어섰다고 보기 때문이다. 이러한

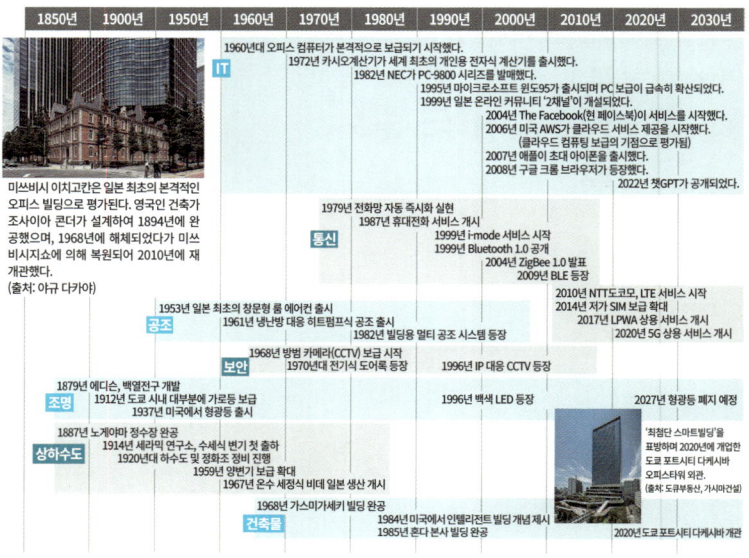

테크놀로지의 진화가 건축에 영향을 주어왔다.
공조 등 설비, 컴퓨터와 통신 기술의 발전은 건축을 진화시켜왔다. 예를 들어 보안 측면에서는 1970년대 고층 빌딩 건설과 연계해 전기식 도어록이 등장하면서 원격 집중 관리가 가능해졌다. 현재 열쇠는 카드키, 생체인증(지문·얼굴), 스마트폰 원격 조작으로 진화했다. 이러한 진화의 연장선상에 스마트빌딩이 있다.
(출처: 하야카와 요시로)

기술들이 스마트빌딩 구축에 본격적인 영향을 미치는 시대가 열린 것이다.

둘째, 빌딩 관리 현장에서 인력 부족이 심각해지고 있는 점이다. 인플레이션의 진행이나 에너지 비용 상승 등을 배경으로, 기존 방식만으로는 빌딩 관리가 점점 한계에 부딪히고 있다. 개념적인 논의가 아니라 구체적인 스마트빌딩의 구현이 요구되는 시대가 도래한 것이다.

과거에는 현지에서 구할 수 있는 자재와 기술로 건축물이 지어졌지만, 근대 이후 기술 발전으로 건축 방식과 사용 방식이 크게 변했다. 대표적인 예가 공조 기술이다. 1982년에 빌딩용 멀티 에어컨이 출시되면서 오피스 빌딩의 주류가 되었다. 스마트빌딩에서는 공조 제어에 정교한 센싱과 유동 인구 데이터를 반영하려는 시도가 시작되고 있다.

또한 컴퓨터의 진화가 오피스 설계에 끼친 영향도 크다. 오늘날에는 노트북이나 태블릿으로 클라우드 서비스를 활용하는 것이 업무 수행에 필수적이며, 언제 어디서나 통신이 가능한 환경이 대단히 중요해졌다.

스마트빌딩을 기획할 때는 건축을 진화시켜온 설비 기기(공조, 조명, 엘리베이터 등), 전자식 도어록, 그리고 새로운 디지털 도구인 서비스 로봇 등을 입주자가 직접 조작하거나, 다양한 센서에서 수집된 정보를 바탕으로 클라우드상의 AI가 제어하는 모습을 부동산 기획자나 건축 설계자가 스스로 그려볼 필요가 있다.

— 하야카와 요시오(안데코(Andeco) 대표이사)

064.

보급형 목조 빌딩

단열성과 통기성이 뛰어나고,
환경에도 친화적인 빌딩

| 기술 성숙 레벨 | 고   2030 기대지수 | 8.3

주택 주문 건축을 주력으로 하는 AQ그룹(사이타마시)은 목조 빌딩 사업에 속도를 내고 있다. 2024년 3월, 순수 목조 구조의 8층 규모 신사옥을 완공했으며, 이 기술을 지역 공무점(건축 시공사) 등에 제공해 전국 전개를 추진 중이다. 보급을 위한 체제는 착실히 갖춰지고 있다.

신오미야 바이패스 변에 세워진 이 순수 목조 8층 건물은 AQ그룹의 신사옥이다. 목수로 경력을 시작한 미야자와 토시야 사장(취재 당시, 현재는 회장)은 "목수가 생업으로 삼는 2층 목조 주택과 같은 방식으로 시공할 수 있는 빌딩을 목표로 했다"고 말한다. 주택용 일반 유통 목재와 프리컷 가공 기술을 적극적으로 활용했다는 점이, 제네콘(종합건설사)이 독자 공법으로 건설하는 목조 빌딩과의 큰 차별점이다. AQ그룹은 이 신사옥을 "보급형 순수 목조 빌딩

순수 목조 8층 AQ 그룹 신사옥 빌딩
높이 약 31미터. 조립 격자 내력벽은 사선 부재가 45×90밀리미터, 수평 부재가 90×90밀리미터 단면의 히노키 목재로 구성됐다. 건설 비용은 약 27억 엔이다.
(출처: AQ Group)

의 프로토타입"으로 소개하고 있다.

신사옥 완공 이후에도 목조 빌딩 개발은 꾸준히 진전되고 있다. 미야자와 사장은 "구조 평가를 받아 건축 확인 절차를 신속화하고 싶다. 2025년 이후에는 목조 빌딩 개발을 한층 더 가속화하겠다"고 밝혔다.

AQ그룹은 자사 개발 물량을 늘리는 데 그치지 않고, 다른 건축사가 함께 목조 빌딩 시장에 참여할 수 있는 구조 만들기에도 나섰다. 2024년 5월, 목조 빌딩 사업에 새로 진출하려는 기업을 결집한 조직 '포레스트 빌더스'를 발족했다. 전국의 공무점과 중소 제네콘을 대상으로 회원사를 모집하고, 가입 기업에는 목조 빌딩 기술 지원과 건축 자재 공동 구매 등을 제공한다.

포레스트 빌더스의 첫 세미나에는 전국에서 31개사가 참가했으며, 이후 100개가 넘는 기업이 가입 의사를 밝혔다. 2026년에는 회원사가 시공한 첫 순수 목조 빌딩을 완공할 계획이다.

미야자와 사장은 "목조 빌딩 시장은 10조 엔(약 90조 원)을 웃도는 규모가 예상되는 블루오션"이라고 전망한다. 일본 임야청이 2024년 6월 발표한 〈산림·임업 백서〉에 따르면, 5층 이하 비목조 건축물의 연간 착공 연면적은 약 3,500만㎡에 달한다. 미야자와 사장은 자사 신사옥의 건설비(㎡당 약 40만 엔(약 360만 원), 평당 약 145만 엔(약 1,300만 원) 수준)를 기준으로 이 시장 규모를 계산해봤다.

"이 시장이 본격화되면 우리는 5~10%의 점유율, 즉 1조 엔(약 9조 원) 규모를 확보할 것이다. 평당 100만 엔(약 900만 원) 미만의 저비용을 실현해 경쟁력을 높이겠다"라고 미야자와 사장은 말했다.

— 아베 미치히로(라이터)

065.

바살트 섬유

고강도이면서도 경량, 녹슬지 않는 철근 대체 소재

기술 성숙 레벨 | 중   2030 기대지수 | **14.2**

바살트 섬유는 천연 소재인 현무암을 녹여 방사한 섬유다. 이 바살트 섬유에 폴리프로필렌 수지를 혼합해 만든 복합 소재는 철근보다 약 5분의 1 정도 가볍고, 자성이 낮으며 부식에도 강하면서 강도가 높다. 이러한 특성 덕분에 콘크리트 속 철근을 대체할 차세대 재료로 주목받고 있다.

일본 내각부의 전략적 이노베이션 창조 프로그램(SIP) 제3기에서는 '선진적 인프라 유지관리 사이클 구축'을 주요 과제로 삼고 있다. 그중 하나인 '신소재·신공법(인력 절감·노동 절감)' 분야에서는 보수·보강과 신규 건설에 신소재를 도입함으로써 생산성과 내구성을 높이고, 인프라 유지관리 비용을 절감하는 것을 목표로 한다.

이 과제의 연구개발을 이끄는 도쿄대학교 대학원 공학계 연구과의 이시다 데쓰야 교수는 천연 소재인 현무암을 녹여 만든 '바

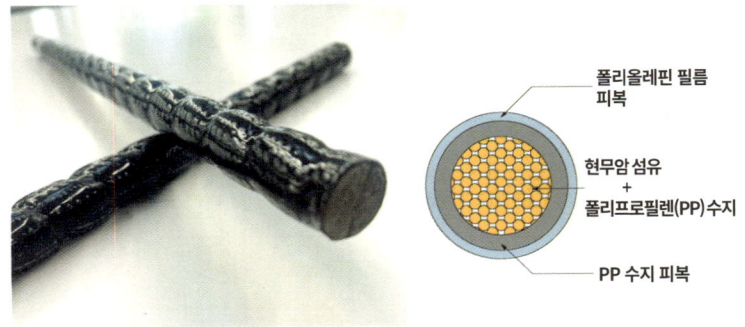

왼쪽은 제조사와 이시다 교수의 공동 개발로 직경 확대에 성공한 BFRTP 철근, 오른쪽은 BFRTP의 단면이다. PP 수지 등을 활용한 다중 보호로 내알칼리성을 향상시켰다.
(출처: 이시다 테쓰야)

살트 섬유'에 주목했다. 그의 연구팀은 바살트 섬유를 활용한 섬유강화 열가소성 플라스틱, 즉 BFRTP 로드를 교량이나 난간 등에 실용화하는 것을 목표로 하고 있다. BFRTP 로드는 철근 무게의 약 5분의 1에 불과하지만, 파단 강도(재료가 완전히 끊어질 때 견딜 수 있는 최대 강도)는 철근 항복강도(재료가 버티다 형태가 영구적으로 변하기 시작하는 시점의 강도)의 약 3배에 이른다. 또한 '저자성', '열가소성', '내식성', '저비용' 등의 특성을 지녀 특히 녹이 잘 슬지 않는다.

연구팀은 이미 BFRTP 로드의 대구경화에도 성공했다. 이시다 교수는 "열경화수지를 이용한 선행 연구는 일본과 해외에서 많았지만, 열가소성 수지를 사용해 대구경화를 실현한 것은 세계 최초"라고 설명한다. 제조 과정에서 이형철근처럼 표면에 돌기를 형성하면 콘크리트와의 부착 강도도 철근 수준으로 확보할 수 있다.

이시다 교수는 "내식성이 높기 때문에 이산화탄소를 흡수·고정하는 저탄소형 콘크리트와 궁합이 좋다"고 덧붙였다. 시험적으로 BFRTP를 적용한 현장에서는 중성화를 인위적으로 진행시키 대기 중의 이산화탄소를 고정하는 고유동형 '이산화탄소 적극 고정 콘크리트'를 사용했다. 그 결과, 이산화탄소를 고정하면서도 균열이 발생하지 않는다는 사실을 확인했다.

그는 또 "기존에는 7~8명이 들어 옮기던 대형 와이어메시를 BFRTP로 제작하면 3명으로 줄일 수 있을 만큼 시공성이 뛰어나다. 고유동 자기 충전 콘크리트를 함께 사용하면 콘크리트 작업자 수도 줄일 수 있다"고 말했다.

강도 측면에서도 고가교 교각 기둥 시험체를 이용한 검증이 이루어졌다. 시험 결과, BFRTP 단독으로도 취성 파괴는 발생하지 않았으며, 철근과 함께 사용할 경우 변위 성능이 크게 향상되었다. 이시다 교수는 "철근과 병용할 때 최대 내력이 대폭 높아졌다. 앞으로는 더 높은 성능을 끌어낼 수 있는 배근 방식과 단면 구조를 검증해 나가겠다"고 밝혔다.

최근 대형 건설사들을 중심으로 3D 프린터를 활용한 시공 기술 개발이 활발히 진행되고 있다. 조립된 철근을 피하면서 매설형 거푸집을 출력하는 기술이 등장했고, 이를 활용해 기존 기둥을 보강하는 기술 개발이 진전되고 있다.

다이세이건설은 자사 독자 기술인 3D 프린팅 시스템을 이용해 기존 기둥을 감싸는 방식의 내진 보강 공법을 개발했으며, 교번 재하 실험(구조물에 하중을 반복 가해 내진 성능을 평가하는 시험)을 통해 내진

**단섬유 보강 모르타르로
외피를 구축하는 모습**
(사진: 다이세이건설)

2025년 1월 30일에 실시한 공개 실험 모습.
(사진: 다이세이건설)

성능 향상 효과를 검증했다. 그 결과, 일반 철근 콘크리트 기둥에 비해 내진 성능이 크게 향상된 것이 확인되었다. 이 연구 역시 SIP 제3기의 일환으로 추진되고 있다.

내진 보강에는 다이세이건설이 2018년부터 개발해온 3D 프린팅 기술 'T-3DP'가 활용되었다. 기존 기둥 주위에 보강근을 설치한 뒤, 그 외측에 3D 프린터로 외피를 출력하고, 그 안에 고유동 콘크리트를 타설해 감싸기 구조를 형성하는 방식이다.

3D 프린터 출력 과정에서는 외피가 기존 보강근과 접촉하지 않고 일정 거리를 유지해야 한다. T-3DP는 다관절 로봇 팔 끝에 노즐을 장착해 복잡한 동작을 수행함으로써 적정 피복 두께를 확보한 상태에서 부재를 제작할 수 있다.

이 공법에는 내진 보강 전용 단섬유 보강 모르타르가 프린트 재료로 사용된다. 이 재료는 단섬유가 출력 방향으로 정렬되는 특성을 지녀, 기둥 외주면을 따라 섬유가 배열된다. 이로써 지진 시 철근의 좌굴이나 기둥의 팽창을 억제해 변형 성능을 높인다.

또한 단섬유 보강으로 인장 강도가 향상된 외피는 콘크리트를 타설할 때 발생하는 측압에도 견딜 수 있다. 따라서 출력 부위 자체가 거푸집 역할을 하므로 별도의 지보공(콘크리트 타설 시 구조물을 임시로 지지하는 가설 지지대)이 필요 없고, 생산성이 향상된다.

감싸기 부위의 보강근에는 BFRTP 로드가 사용되었다. 다이세이건설 홍보실은 "현재는 3D 프린터의 회전 반경에 따라 출력 가능한 기둥 크기에 한계가 있지만, 기술적으로는 어떤 기둥도 보강할 수 있다"고 설명했다.

— 사카모토 요헤이(닛케이 크로스 테크),
우지이에 가나코(라이터)

066.

유지보수 사이클의 초고속화

건축물의 수명을 신속하게 예측해,
파손되기 전에 보수하다

기술 성숙 레벨 | 중   2030 기대지수 | 18.8

'유지보수 사이클의 초고속화' 기술은 슈퍼컴퓨터를 활용한 열화(劣化) 예측의 고속화와, 레이더 등을 이용한 정밀한 현황 파악을 결합해 교량 등 인프라의 열화 상태를 신속히 예측하는 기술이다. 구조물이 파손되기 전에 계획적으로 수리하는 예방 보전을 실현함으로써, 향후 유지·보수 비용을 크게 줄일 수 있다.

아이치현 한다시에 본사를 둔 아이치도로컨세션(ARC)은 마에다건설공업 등 주요 건설사가 출자한 유료도로 운영 회사로, 이들이 관리하는 사나게 그린로드에서는 교량 바닥판의 열화(재료나 구조물이 시간·환경의 영향으로 성능이 저하되는 현상) 예측과 현황 파악의 정밀도를 높이는 것을 축으로 유지관리 사이클을 고속화하는 실증 실험이 진행되고 있다. 이 프로젝트는 2023년도에 시작된 일본 내

실증 현장이 된 유료 도로 사나게 그린로드
(출처: 닛케이 크로스 테크)

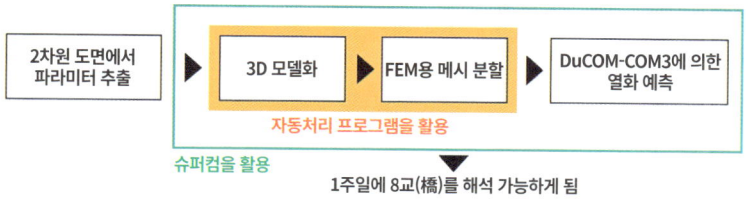

듀콤콤스리(Ducomcom3)에 의한 해석 플로우
다양한 자동화 처리와 슈퍼컴퓨터를 결합했다.
(출처: 마에다건설공업 자료를 바탕으로 닛케이 크로스 테크가 작성)

각부의 전략적 이노베이션 창조 프로그램(SIP) 제3기의 일환으로, 산업계·관계 기관·학계가 협력해 예방 보전형 유지관리 체제로의 전환을 목표로 하고 있다.

유지관리 속도를 높이기 위해, 현재 바닥판 열화 예측을 위한 해석 프로세스의 자동화가 추진 중이다. 대상은 총연장 13.1km 구간에 놓인 35개 교량이다.

열화 예측에는 도쿄대 콘크리트연구실을 중심으로 개발된 시뮬레이션 기술 'DuCOM-COM3(듀콤-콤3)'가 활용된다. 이 기술은 멀티스케일 해석을 통해 콘크리트의 경화 같은 미시적 현상에서

사나게 그린로드 중에서도 토사화가 특히 심각했던 스즈가타키 교량
부분 보수만으로는 보수 효과가 작아 열화를 반복하고 있었다.
(출처: 아이치 도로 컨세션)

지중 레이더 등을 탑재한 차량
2023년 11월에 사나게 그린로드를 주행했다.
(출처: 아이치 도로 컨세션)

부터, 변형 등 구조물 전체의 거시적 거동까지를 분석한다. 환경 조건이나 하중 조건에 따라 시간 축상에서 피로 내구성을 평가할 수 있는 것이 특징이다.

예측 과정은 다음과 같다. 먼저 도면에서 치수 값 등 주요 파라미터를 추출한 뒤, 파라메트릭 모델(입력 값만 바꾸면 형상을 쉽게 변경할 수 있는 3차원 모델)을 생성한다. 이후 FEM(유한요소법) 해석을 위한 메시 분할, 차량 하중 등의 조건 설정, 해석 데이터 작성 과정을 거쳐 분석을 수행한다. 이 중 3차원 모델링부터 해석 데이터 작성, 결과 시각화에 이르는 일련의 작업을 자동화했다.

듀콤-콤3를 활용한 현장 실증은 2023년 말에 본격 착수했다. 2024년 5월에는 자동화 시스템이 성과를 내어, 교량 1개 바닥판의 열화 예측을 1주일 만에 산출할 수 있게 되었다.

또한 마에다건설공업 ICI 종합센터의 슈퍼컴퓨터를 활용해 대량 데이터를 빠르게 계산하고 결과를 시각화하는 속도를 높였다. 슈퍼컴퓨터를 이용하면 1주일에 교량 8개분의 예측이 가능하며, 하루로 환산하면 교량 1개를 처리할 수 있는 셈이다. 이를 통해 노선 전체 교량의 바닥판 열화를 전례 없는 속도로 예측할 수 있게 되었고, 5년마다 진행되는 정기 점검 결과를 기다리지 않고도 보수 우선순위를 고려한 계획 수립이 가능해졌다.

기존의 열화 예측 시뮬레이션은 여러 단계에서 수작업이 필요했기 때문에 교량 1개를 분석하는 데 약 반년이 걸렸다. 그 결과 주요 구조물 일부에만 적용할 수 있었고, 교량 전체의 보수 우선도를 판단하는 데는 한계가 있었다.

예방 보전형으로 전환하기 위해서는 속도뿐 아니라 정밀도 향상도 필수적이다. 바닥판 내부의 열화 상태를 정확히 파악하지 못하면 예측의 신뢰도를 높이기 어렵기 때문이다. 사나게 그린로드에서는 콘크리트가 골재와 모르타르로 분리되어 토사처럼 되는 '토사화' 현상이 특히 문제가 되어 왔다. 이 현상은 바닥판 하부에서 이상이 감지될 무렵에는 이미 내부 열화가 진행된 경우가 많아, 5년에 한 번 실시되는 정기 점검만으로는 내부 손상을 놓치는 일이 많았다.

ARC 공사관리그룹의 야마모토 가즈노리 그룹장은 "바닥판 유지관리는 결국 사후 보전형이 되고 말았다. 간단한 보수를 반복하다가 결국 대규모 보수로 이어지는 교량이 많아 공사비가 늘어났다"고 회고했다.

이에 따라 SIP 제3기에서는 고정밀 계측 데이터 기반의 현황 파악도 병행하고 있다. 도쿄대 생산기술연구소 미즈타니 쓰카사 준교수팀이 개발한 차량 탑재형 지중 레이더 조사 기술이 그것이다. 이 기술은 시속 80km로 주행하는 계측 차량을 이용해, 바닥판 열화를 앞당기는 내부 수분 상태를 파악할 수 있다. 2023년 11월에는 사나게 그린로드에서 첫 시험 주행이 이루어졌다.

이를 통해 교량별 세부 열화 상태를 반영할 수 있어, 보다 정밀한 예측이 가능해졌다. 기존에는 포장을 벗기지 않으면 바닥판 내부 열화를 확인하기 어려웠지만, 이 방식은 비파괴적으로 내부 상태를 파악할 수 있다. 또한 장거리 주행으로 얻은 대량의 계측 데이터를 자동 분석하는 새로운 프로그램 개발도 병행 중이다. 향후에는 이러한 조사 결과를 듀콤-콤3의 해석 데이터에 자동 반영하는 시스템도 검토할 예정이다.

계측의 장점은 단순히 열화 상황을 파악하는 데 그치지 않는다. 마에다건설공업 ICI 테크놀로지센터의 요네다 다이키 토목구조그룹장은 "열화 예측 후에 계측을 실시함으로써, 예측 결과의 정밀도를 검증할 수 있다"고 설명했다.

– 사토 토무(닛케이 비즈니스)

067.

위성 누수 탐사

현재 발생 중인 누수나 가까운 장래에 발생
가능성이 있는 누수 위험을 한눈에 파악할 수 있음

기술 성숙 레벨 | 고   2030 기대지수 | 16.7

상수도관 노후화가 사회 문제로 떠오르면서, 최근 상수도 사업자들이 잇따라 도입하고 있는 기술이 있다. 바로 위성 데이터를 활용해 누수 위험을 평가하는 서비스다. 위성이 관측한 데이터와 상수도 사업자가 보유한 관로 정보를 결합하고, 이를 AI가 분석함으로써 누수 가능성을 예측한다.

일본의 우주 벤처기업 텐치진(도쿄 주오구)은 2025년 1월 27일, 자사 개발 위성을 통해 지표면 온도 관측을 강화하는 'Thermo Earth of Love 프로젝트(지표면 온도 관측 위성 계획)'를 발표했다. 첫 발사는 2027년으로 예정되어 있다.

텐치진은 현재 발생 중인 누수나 가까운 장래에 발생할 가능성이 있는 누수 리스크를 한눈에 파악할 수 있는 클라우드형 서비스 '텐치진 콤파스 우주 수도국'을 제공하고 있다. 이는 위성이 관

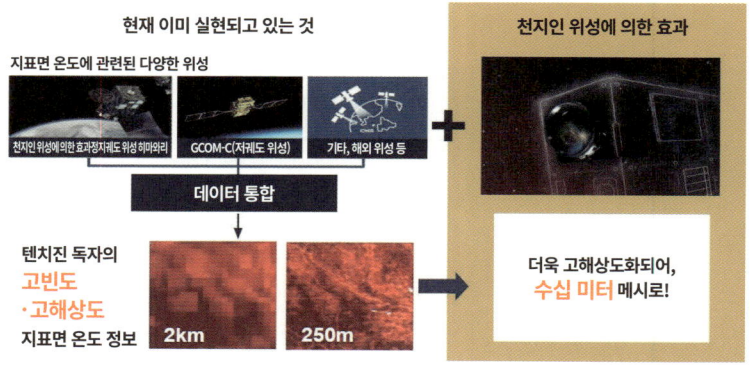

지표면 온도 관측 위성 계획 개요
(출처: 텐치진)

측한 데이터와 상수도 사업자가 보유한 상수도관 정보 등을 결합해 AI로 분석함으로써, 약 100m 사각 구역 단위로 누수 리스크를 평가하고 점검·보수 기록을 관리할 수 있게 한다.

이 시스템 구축을 위해 (1)지구관측위성의 지표면 온도 데이터 및 SAR(합성개구레이더) 위성을 통한 지각 변동 데이터, (2)누수 이력·관로 정보·관 재질·매설 시기 등 상수도 사업자의 정보, (3)지형·지질 등 지상 데이터 세 종류를 머신러닝에 활용하고 있다.

특히 이 기업이 가장 가치 있게 여기는 위성 데이터는 건물·아스팔트 등의 온도를 파악할 수 있는 지표면 온도 데이터다. 이는 지구온난화나 기후변동의 영향을 포착하고 재해 리스크를 평가하는 데 필수적이다.

현재 지표면 온도 데이터는 일본의 기상위성 '히마와리', JAXA(일본우주항공연구개발기구)의 기후변동관측위성 '시키사이(GCOM-C)', 그리고 해외 위성 등이 제공하고 있다. 텐치진은 이러한 데이터를 통합하고 독자 기술을 활용해, 히마와리의 2km 메쉬 데이터를 250m 해상도로 고빈도 참조할 수 있게 했다. 이번 지표면 온도 관측 위성 계획을 통해서는 수십 미터 단위 메쉬로 고해상도를 달성하는 것을 목표로 한다.

"이는 세계 최첨단 수준의 해상도다. 고객 입장에서는 예를 들어 누수 리스크 평가가 더욱 정밀해지는 등 분석 결과가 크게 개선되는 장점이 있다."라고 텐치진 부사장 겸 CSTO(Chief Satellite Technology Officer, 위성기술총괄책임자) 햐쿠소쿠 야스토시는 말한다.

자사 위성 개발에 나선 이유는 다음과 같다. '히마와리'는 정지궤도상에 있어 상시 관측이 가능하지만, 지구에서 거리가 멀어 해상도가 낮다는 단점이 있다. 시키사이는 높은 해상도의 관측이 가능하나 이미 설계 수명을 초과해 운용되고 있으며, 현시점에서 후속기 계획은 존재하지 않는다.

향후 안전보장 분야를 포함해 지표면 온도 데이터 수요는 더욱 높아질 것으로 예상된다. 그러나 현재 이를 안정적으로 제공하는 위성 사업자는 거의 없는 실정이다. 그래서 텐치진은 자사 위성을 보유하는 것이 기존 솔루션을 안정적으로 제공하기 위한 핵심이라고 판단했다.

햐쿠소쿠 야스토시 부사장 겸 CSTO는 JAXA에서 15년간 지구 관측위성 개발을 담당한 경력을 가지고 있다. 현재 개발 중인 위성의 세부 사양은 미정이지만, 수백 킬로그램 이하의 소형 위성이 될 전망이다. 첫 번째 위성은 2027년에 발사할 예정이며, 우주 수도국 서비스 고객이 있는 지역을 커버하기 위해 복수기의

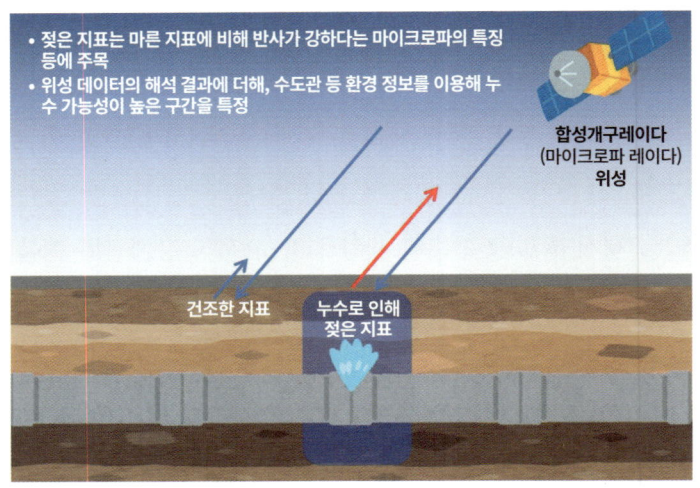

마이크로파로 누수를 검지하는 원리
누수로 인해 젖은 토양은 마른 토양에 비해 마이크로파 반사가 강하다는 특성을 가진다. 이 특성을 활용하고 여기에 환경 정보를 반영해 누수 추정 지점을 좁혀 나간다.
(출처: RESTEC)

위성을 발사하는 방안도 검토하고 있다.

우주 수도국처럼 리스크를 예측하는 서비스뿐만 아니라, 위성 데이터를 활용해 누수를 직접 탐지하는 서비스도 있다. 일반재단법인 원격센싱기술센터(RESTEC)는 2025년 7월 14일, 인공위성 데이터와 AI, GIS(지리정보시스템) 기술을 활용해 상수도관 누수 가능성이 있는 지역을 매핑하는 서비스 '미즈이로'를 시작했다. RESTEC은 정기적으로 광역을 관측하는 위성의 특성을 살린 이 서비스를 통해 계획적이고 효과적인 누수 조사 체계를 구축할 수 있다고 설명한다.

미즈이로는 JAXA의 합성개구레이더(SAR) 위성 '다이치 2호(ALOS-2)'의 영상 데이터를 활용한다. 이 위성이 발사하는 L밴드

(1GHz대) 마이크로파는 수목이나 아스팔트 도로 표면을 투과해 지중 수분에 반사된다. 누수로 인해 습해진 토양은 건조한 토양에 비해 마이크로파 반사가 강하다는 특성을 지닌다.

여기에 더해, 위성 영상 분석뿐만 아니라 급수관 데이터와 배수관 매설 정보 등 환경 정보를 종합해 누수 추정 포인트를 좁혀내고, 그 집적 정도와 확률을 바탕으로 히트맵을 작성하여 조사 대상 구역을 정의한다.

미즈이로는 상수도관 상부 표층 인근의 습윤 구역을 10m × 10m 메쉬 해상도로 매핑할 수 있는데, 이는 이 기업의 서비스 중 최고 수준이다. 분석 결과의 위치 정밀도 역시 약 6m에 달해 높은 정확도를 자랑한다.

— 우치다 야스시 (닛케이 크로스 테크, 닛케이 일렉트로닉스)

068.

고정밀 스마트폰 측위

소형 디바이스로 센티미터 단위의 측위가 가능

기술 성숙 레벨 | 고   2030 기대지수 | 10.8

고정밀 스마트폰 측위는 스마트폰과 비슷한 크기의 디바이스를 사용해 수 센티미터 단위의 정밀도로 위치를 파악할 수 있는 기술이다. 정밀하게 위치가 확정된 기준점으로부터의 상대적 위치 관계를 계산하여 자기 위치를 산출한다. 또한 점군 데이터나 사진 등 위치 정보를 결합해, 측량이나 현장 관리의 효율화를 위한 서비스에 활용되고 있다.

스마트폰에 간단히 장착할 수 있는 고정밀 위치정보 취득 장치 'LRTK Phone'이 건설업계에서 주목받고 있다. 이를 개발한 곳은 도쿄공업대학(현, 도쿄과학대학)에서 탄생한 스타트업 레픽시아(Refixia, 도쿄 미나토구)다. 이 장치는 스마트폰과 비슷한 크기에 무게는 125그램으로, 휴대성이 뛰어나고 센티미터 단위의 정밀도를 자랑한다. 덕분에 사진 촬영, 3D 점군 데이터 취득, 토량 계산

스마트폰에 장착한 'LRTK Phone'
본체는 폭 7cm, 길이 16cm, 두께 1.3cm
(출처: 레픽시아)

등 다양한 현장에서 활용되고 있다.

레픽시아의 다카야스 모토히로 대표이사는 "위치정보가 단순히 '알아보는 장난감' 수준이 아니라 실무에 쓸 수 있도록 사용자 관점에서 제작하고 있다. 장치를 작고 가볍게 만드는 데 집중했다"고 설명한다.

위치정보 취득에는 상대측위 기법 중 하나인 RTK(Real-Time Kinematic)-GNSS(전지구 위성항법시스템)를 채택했다. 일반 스마트폰에 탑재된 GPS를 이용한 위치정보 서비스의 오차가 수 미터인 데 비해, RTK-GNSS는 수 센티미터 수준에 그친다.

LRTK Phone을 활용한 서비스 가운데 하나는 점군 스캔 기능이다. 라이다 기능을 갖춘 스마트폰으로 점군 데이터를 취득하고, 위치정보를 포함한 3D 모델을 구축할 수 있다. 위치정보가 결합된 데이터를 사용하면, 걸어 다니며 스캔할 때 흔히 발생하는 모델 왜곡을 억제할 수 있으며, 모델 내에서 두 지점 간의 거리 계산도 가능하다.

이 밖에도 측위 사진 기능이 있다. LRTK 전용 앱을 실행해 스마트폰으로 촬영한 사진은 위치정보와 연동되어 LRTK 클라우드 지도의 웹 화면에 표시된다. 촬영 지점을 선택하면 사진과 함께 날짜, 메모, 좌표 정보 등을 확인할 수 있다. 또한 구글 스트리트 뷰 상에 촬영 지점을 표시할 수 있는 기능도 추가됐다.

― 츠츠이 사와토(닛케이 크로스 테크, 닛케이 컨스트럭션)

069.

산악 터널 굴착 자동화·원격화

굴착 작업의 6공정을 자동화·원격화

기술 성숙 레벨 | 중   2030 기대지수 | 10.0

화약을 발파해 단단한 암반을 뚫고 나아가는 산악 터널 공사에서는 숙련공 감소와 고령화로 인한 인력 부족이 심각해지고 있다. 이에 따라 적은 인원으로도, 경험이 부족한 작업자라 하더라도 기존 이상으로 생산성과 품질을 확보할 수 있는 자동화·원격화 기술에 대한 기대가 높아지고 있다.

가시마건설은 2024년 7월, 산악 터널 자동화 시공 기술 'A4CSEL for Tunnel(쿼드 악셀 포 터널)'의 완성을 발표했다. 기후현 히다시에 있는 가미오카광업의 협력을 받아, 같은 지역의 가미오카 시험 갱도 실제 현장에서 굴착 작업의 자동화·원격화에 성공했다.

가미오카 시험 갱도에서 검증한 자동화 기술은 록볼트 설치 외에도 천공, 장약, 버력 반출(발파 후 생긴 암석을 외부로 옮기는 작업), 아타리 작업(굴착면 정리 작업), 콘크리트 숏크리트 등 6가지 공종이다. 산

붐에 장착된 타설 장치는 천공, 모르타르 주입, 록볼트 삽입 기능을 갖추고 있다.
(출처: 오무라 다쿠야)

악 터널 굴착이라고 해도 각각의 작업은 성격이 다르기 때문에, 이를 개별적으로 기술 개발해 왔다.

굴착 작업의 절차는 다음과 같다. 오퍼레이터가 조종석에서 버튼을 누르면, 1차 콘크리트를 뿜어낸 벽면을 향해 두 개의 붐이 지정된 위치로 자동 이동한다. 위치가 확정되면 물보라를 일으키며 천공이 시작된다. 천공이 끝나면 장착 장치가 회전하여 파이프를 구멍 안에 삽입한 뒤, 모르타르를 주입하며 빼낸다. 이어서 장치가 다시 회전하며 록볼트를 설치한다. 이 일련의 작업을 굴착면에 인력을 투입하지 않고 완료했다.

산악 터널 시공의 자동화·원격화가 지향하는 목표는 생산성 향상에만 있지 않다. 굴착면에서의 작업을 줄여 안전을 확보하는 것, 그리고 작업자의 경험에 의존해 왔던 공정을 기계에 맡겨 품질을 높이는 것도 중요한 목적이다. 그 배경에는 숙련공의 감소와 고령화가 있다. 인력이 부족한 상황에서 적은 인원과 경험이 적은 작업자만으로도 기존 이상의 생산성과 품질을 확보해야 하며, 동시에 안전도 보장되어야 한다.

댐 공사 등 토공 분야에서 도입된 자율운전 기술에는 GNSS(전지구위성항법시스템)가 사용되지만, 터널 내부에는 전파가 닿지 않는다. 터널 내에서 자율주행하는 휠 로더를 개발할 때 위치 파악에 활용된 것이 SLAM(동시적 위치추정 및 지도작성) 기술이다. 휠 로더에 탑재된 라이다로 계측한 점군 데이터를 기반으로 터널 내 지도를 작성하고 자기 위치를 추정한다.

가시마건설은 앞으로 여러 자동화·원격화 기술을 통합해 현장에 도입하고, 기능 개선을 계속 진행할 계획이다. 또한 도입이 비교적 쉬운 일부 기술은 단독으로 각 현장에 보급할 방침이다.

— 츠츠이 사와토(닛케이 크로스 테크, 닛케이 컨스트럭션)

070.

차세대 막 소재

투명, 거울 표면, 직물 등 건축물의 지붕이나
외벽에 쓰는 신소재

기술 성숙 레벨 | 고   2030 기대지수 | 14.6

약 반년간 이어지는 오사카·간사이 엑스포에서는 파빌리온 지붕에 해체하기 쉽고 가벼운 막(膜) 소재가 대거 사용되었다. 오사카시에 본사를 둔 태양공업이 개발한 ETFE(열가소성 불소수지 필름) 막을 비롯해, 세계 최초의 다양한 막 소재가 이번 엑스포에 투입되고 있다.

엑스포 파빌리온에 사용된 막 소재 제조업체 중 가장 먼저 거론되는 곳은 태양공업이다. 태양공업은 1970년 오사카 엑스포에서 세계 최초로 로우 라이즈 방식의 대형 공기막 구조를 채택한 '아메리카관'을 구축하며 도약했다.

　엑스포와 깊은 인연을 맺어온 태양공업은 2025년 오사카·간사이 엑스포에서도 강한 존재감을 드러냈다. 막 소재 개발부터 설계·시공, 시설 운영에 이르기까지 그룹 각사가 폭넓게 참여했으

엑스포 사우나 '태양의 봉오리'

'엑스포 사우나'에서 투명한 ETFE 막을 홍보
ETFE 막은 빛을 투과하기 때문에 조명을 활용한 연출이 용이하다. 사우나 시설 설계에는 KOMPAS의 고무로 마이 씨가 참여했다.
(출처: 이쿠타 마사토)

며, 그 수는 약 30개 시설에 달한다. 태양공업의 노무라 유키 사장은 "막 소재 공급만 해도 20개 시설을 넘는다"고 밝혔다.

이번 엑스포를 계기로 보급이 기대되는 막 소재나 신개발 제품도 다수 투입되었다. 그중에서도 특히 주목받는 것이 ETFE 막이다. "해외 스포츠 시설에서도 채택이 잇따르고 있다"고 노무라 사장은 말했다. 엑스포에서는 '오사카 헬스케어 파빌리온 Nest for Reborn'과, 태양공업이 직접 시공한 엑스포 사우나 '태양의 꽃봉오리'에 ETFE 막이 사용되었다.

ETFE 막은 '깨지지 않는 유리'로 불릴 만큼 투명하고 내구성이 높은 신소재다. 지붕에서 '새의 둥지(Nest)' 같은 구조가 비쳐 보이는 오사카 파빌리온의 상징적 디자인에 기여했으며, 지붕 막 위

대지붕 링의 옥상에 긴 흰색 막재
대지붕 링의 지상부가 어두워지지 않도록, 옥상의 일부에 투과성 흰색 막재가 설치됐다. 태양공업의 막재는 오바야시구미와 다케나카공무점의 각 JV(공동기업체)가 시공한 구역에서 사용됐다.
(출처: 닛케이 아키텍처)

로 물이 흐르도록 설계되어 시각적 효과를 높였다.

노무라 사장이 다음으로 언급한 것은, 테마 사업 프로듀서 중 한 명인 오치아이 요이치의 시그니처 파빌리온 'null2(눌눌)' 외벽을 덮은 거울 막(미러 필름)이다. 높은 반사 표면과 '움직이는 파사드'를 구현하기 위한 신축성을 겸비한, 세계 최초의 막 소재다. 거울을 테마로 한 오치아이관에서 거울 막은 핵심 요소였다. 오치아이와 설계 파트너 노이즈(NOIZ, 도쿄 시부야), 태양공업 등이 null2를 위해 수년에 걸쳐 공동 개발을 진행했다.

일본가스협회의 민간 파빌리온 '가스 파빌리온 오바케 원더랜드' 외부를 덮은 은색 막 소재에는 복사 냉각 기술을 적용해 외기보다 실내 온도를 낮추는 신소재가 사용되었다. 이 소재는 오사카가스가 개발한 광학 필름 '스페이스쿨(SPACECOOL)'로, 제조사는 스페이스쿨(도쿄 미나토구)이다. 공조 부하(냉난방 부하)를 줄일 수 있는 신소재로 주목받고 있다.

스페이스쿨을 막 소재로 가공한 것도 태양공업이다. "고가의 소재라 이번 엑스포에서 채택이 보류된 시설도 있다. 수요는 크며, 가격이 낮아지면 한꺼번에 확산될 것"이라고 노무라 사장은 말했다.

세계 최초라는 점에서 화제가 된 사례도 있다. 민간 파빌리온 '이이다 그룹×오사카 공립대학 공동 출전관'에 사용된 붉은색 꽃무늬의 니시진 직물 막이 그것이다. 교토의 전통 견직물인 니시진 직물에 태양공업이 독자적인 라미네이트 가공을 더해 막 소재로 만든 것이다.

파빌리온을 설계한 다카마쓰 신 건축설계사무소(교토시)의 다카마쓰 신은 직물을 지붕재로 활용하는 아이디어를 제안했다. 이이다 그룹홀딩스가 니시진 직물의 아름다운 꽃무늬를 마음에 들어 하여 채택을 결정하자, 실현 가능한 협력처를 찾았고, 전통과 혁신을 이어가는 교토의 노포 호소오와 태양공업이 손을 잡았다.

태양공업은 이 과정에서 큰 난관에 직면했다. 직물 본연의 아름다움을 유지하면서도 햇빛, 비, 해풍 등에 대한 내후성을 확보해야 했기 때문이다. 니시진 직물의 기포(바탕천)에 코팅을 하되, 지나치면 표면이 번들거려 진짜 니시진 직물이 단순 프린트 무늬처럼 보일 수 있었다.

막 소재를 개발하는 것만으로도 어려웠지만, 다카마쓰가 디자인한 무한을 상징하는 뫼비우스 띠형 3차원 곡면 구조체에 이를 씌우는 시공 또한 쉽지 않았다. 시공을 맡은 시미즈건설이 철골 구조를 제트코스터 레일처럼 세우자, 그 위에 태양공업이 12장으로 분할 제작한 니시진 직물 막을 덮었다.

이번 엑스포에서 최대 규모의 파빌리온인 미래사회 쇼케이스 사업 '퓨처 라이프 엑스포·미래의 도시'를 감싼 새하얀 메쉬(mesh) 외장막 역시 태양공업이 제작하고 시공했다. 길이 약 150m의 건물로, 외장막을 2겹으로 겹친 파사드가 특징이다. 외장 면적은 약 3,700㎡에 달하며, 산과 골이 이어지는 형태로 디자인되었다.

설계에 참여한 SD 어소시에이츠(도쿄 시부야)의 오카자키 교코는 "누가 봐도 아름답고 기억에 남을 외관을 추구했다"고 말했다. 그 답이 바로 순백의 외관이었다. 흰색은 때가 잘 타지만, 태양공업의 '산화티타늄 광촉매 PVC(폴리염화비닐) 메쉬 막'을 사용해 셀프 클리닝 기능을 갖췄다. 태양광을 흡수해 새똥 등 유기 오염물을 분해하고, 빗물로 씻어내는 원리다.

대지붕 링 옥상에 흰 띠처럼 보이는 부분은 지상부로 빛을 투과시키기 위한 막 소재다. 전체 외장막의 약 3분의 2에 태양공업 제품이 사용되었다.

— 카와마타 히데노리(닛케이 크로스 테크, 닛케이 아키텍처)

071.

비개착식 수도관 갱신

기존 관을 파쇄하면서 신설 관을 설치

| 기술 성숙 레벨 | 중 | 2030 기대지수 | 20.4 |

전용 파쇄기로 기존 수도관을 부수면서 그 내부에 새로운 관을 설치하는 기술이다. 기존의 관로를 그대로 활용하기 때문에 굴착 범위를 최소화하고, 기존보다 노선 설계에 드는 수고를 덜 수 있다. 노후화로 급증하는 상수도관 갱신 수요에 대응하기 위한 기술이다.

마가라건설(가나자와시)과 구리모토철공소, 이시카와공업고등전문학교는 공동으로 기존 수도관을 같은 루트에서 갱신하는 새로운 추진공법 '벨 리플레이스 공법'의 시험 시공을 실시했다. 전용 파쇄기를 삽입해 기존 관을 부수면서 새로운 관을 부설하는 방식으로, 2025년 4월 도쿄도 내의 파일럿 필드에서 시험 시공 현장을 공개했다.

벨 리플레이스 공법은 마가라건설과 호쿠토엔지니어링(오사카부

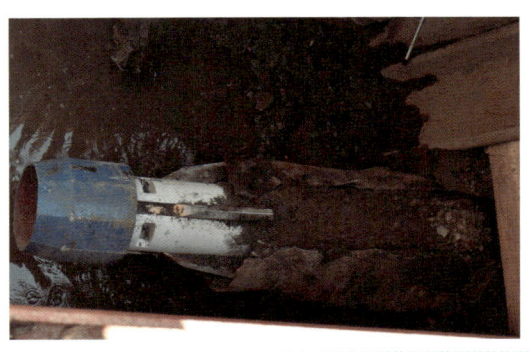

도달 수직갱에 도착한 파쇄기의 선단부분
파란색 부분은 가이드, 흰색 부분은 커터 섹션이다. 커터 섹션에는 파쇄용 날도 보인다.
(출처: 닛케이 크로스 테크)

이바라키시)이 공동 개발한 기술이다. 전방에는 기존 관을 파쇄하기 위한 칼날이 부착된 파쇄기를 설치하고, 굴착 시작용 수직구에 마련한 원압 장치(유압 장치의 일종)로 기존 관 내부로 밀어 넣는다. 파쇄한 기존 관의 자리에, 파쇄기 후방에 연결된 신설 관을 동시에 부설한다.

시험 시공에서는 기존에 사용하지 않던 공업용 수도관을 새로운 관으로 교체했다. 원통형 파쇄기의 네 방향에 장착된 칼날이 기존 관을 벌리며 파쇄한 뒤, 칼날을 닫고 약 15cm 정도 전진한다. 이 일련의 동작을 반복해 신설 관을 순차적으로 삽입하는 방식이다.

마가라건설 벨·미크로사업부의 시마다 아키히로 부장은 "기존 관의 조인트 부분은 볼트로 강하게 결합돼 있어 특히 파쇄가 어렵다. 개발 초기에는 여섯 장의 날 구조를 사용했으나, 힘을 집중시키기 위해 네 장 구조로 변경했다"고 설명했다.

실증을 거쳐 기술이 실용 단계로 발전하면, 수도관 갱신 공사에서 유용한 선택지가 될 것으로 기대된다. 지금까지 수도관 갱신에는 지표를 굴착해 관을 직접 교체하는 개착공법이나, 기존 관을 그대로 둔 채 굴착기로 지중을 파 들어가 새로운 관을 부설하는 추진공법이 주로 사용돼 왔다. 지중에 매설물이 많은 구간에서는 개착공법 적용이 어렵기 때문에 추진공법이 채택되는 경우가 많았다. 그러나 신규 관을 부설할 루트를 새로 선정하거나, 부지 확보가 필요하다는 번거로움이 있었다. 또한 잔존하는 기존 관을 비워 두지 않기 위해 모르타르 등을 주입해 충진·폐관 처리해야 했다.

 벨 리플레이스 공법은 기존 관과 동일한 루트로 신설 관을 삽입·갱신할 수 있어, 설계와 계획에 드는 시간과 인력을 줄일 수 있다. 그 결과 전체 공정 단축으로 이어지며, 대체 루트 확보가 어려운 구간에서도 시공이 가능하다.

— 츠츠이 사와토(닛케이 크로스 테크, 닛케이 컨스트럭션)

072.

디지털 트윈

현실 세계를 컴퓨터상에 재현

| 기술 성숙 레벨 | 중 | 2030 기대지수 | 16.5 |

디지털 트윈은 현실의 물체나 현장의 정보를 센서 등을 통해 수집해, 컴퓨터 등의 가상공간에서 그 움직임과 상태를 재현하는 기술이다. 일본에서는 제조업, 건설업, 도시 및 인프라 관리 분야를 중심으로 활용이 확대되고 있으며, 많은 기업과 지자체가 도입을 검토하거나 실증을 진행 중이다.

2019년 화재 피해를 입은 프랑스 파리의 노트르담 대성당이 2024년 12월 일반 공개를 재개했다. 조기 재건의 핵심 역할을 한 것은, 피해를 입은 대성당을 스캔하고 방대한 이미지를 기반으로 가상공간에서 재현한 '디지털 트윈' 기술이었다.

"우리는 불가능을 가능으로 바꾸는 위업을 달성했다." 파리 노트르담 대성당의 일반 공개를 하루 앞둔 2024년 12월 7일, 프랑스 마크롱 대통령은 재개를 기념하는 행사에서 이렇게 말했다.

니콜라 망곤(Nicolas Mangon) 씨
(출처: 닛케이 아키텍처)

2019년 4월 15일의 화재로 목조 지붕틀과 지상 96미터 높이의 첨탑이 불에 타 소실되었고, 석조 아치 천장의 일부도 무너져 내렸다. 화재 직후 마크롱 대통령은 "5년 이내에 재건하겠다"는 목표를 내세웠지만, 실현 가능성에 대해 회의적인 시각이 많았다. 문화재 복원에서는 면밀한 조사를 토대로 원형을 그대로 되살리는 것이 요구되기 때문에, 전문가들 사이에서는 "복구에는 수십 년이 걸린다"는 지적도 잇따랐다.

당초 목표는 엄밀히 말해 달성되지 못했다. 그럼에도 지붕 자재가 녹아내리며 발생한 납 오염, 코로나19 팬데믹 등 예기치 못한 사태를 극복하고 약 5년 8개월 만에 재개를 맞이한 데 대해 세계는 놀라움을 표했다.

원형 복원이라는 난제를 안고서도 가능한 한 빠른 재건을 이룰 수 있었던 배경에는 디지털 기술의 활용이 있었다. 그 중심적인 역할을 맡은 것은 미국의 오토데스크(Autodesk)였다. "화재 직후 앤드루 아나그노스트 CEO에게서 전화를 받았다. '우리는 반드시 대성당 재건에 참여해야 한다'는 지시였다." 오토데스크 AEC 인더스트리 전략 담당 부사장 니콜라 망곤은 이렇게 회상한다.

노트르담 대성당 재건에 디지털 기술 활용
화재 이후 노트르담 대성당을 12대의 레이저 스캐너로 스캔하고, 4만 6,000장의 이미지를 수집해 점군 데이터와 BIM 데이터를 작성했다.
(출처: 두 점 모두 오토데스크)

"우리는 신축 건물 설계와 시공을 지원하기 위한 다양한 디지털 기술을 개발해 왔다. 대성당의 재건을 기술적으로 지원함으로써, 역사적 건축물의 보존·복원에도 이 기술이 유효하다는 점을 세계에 보여주고자 한 것이 아나그노스트 CEO의 생각이었다."(망곤 부사장)

오토데스크는 역사적 건축물의 디지털 데이터화를 전문으로 하는 프랑스의 아트 그래픽 앤 파트리모안(AGP)과 협력해, 화재 이후의 대성당을 스캔하고 4만 장이 넘는 이미지를 기반으로 디지털 트윈을 구축했다. 이 데이터는 BIM(빌딩 인포메이션 모델링) 소프트웨어와 함께 공사를 지휘하는 프랑스 공공기관에 기증되었다.

재건 관계자들은 디지털 트윈을 시공 계획 수립이나 이해관계자 간 정보 공유에 활용했을 뿐만 아니라, 화재 전후의 변형 상태를 확인하는 데에도 사용했다. 업무 효율화와 정보 관리라는 디지털 기술의 강점이 문화재 복원에서도 유감없이 발휘된 것이다.

"지금부터라도 모든 문화재를 스캔해 두어야 한다." 망곤 부사장은 이렇게 강조했다. "대성당 재건에서 다행이었던 것은 화재 이전의 스캔 데이터가 남아 있었다는 점이다. 그것이 없었다면 건물 전체를 모델링할 수 없었을 것이며, 화재 전후의 건물 변화를 확인하는 것도 어려웠을 것이다."(망곤 부사장)

문화재를 스캔해 디지털 트윈을 구축하는 시도는 세계 여러 곳에서 진행되고 있다. 예를 들어, 가톨릭의 총본산인 바티칸의 성 베드로 대성당의 경우, 디지털 트윈이 전용 웹사이트를 통해 무료로 공개되어 있다. 바티칸은 미국 마이크로소프트, 문화재 3D 모델링 전문 기업 프랑스의 아이코넴(Iconem)과 협력하여 2024년 11월 이를 공개했다. 아이코넴은 드론 등을 사용해 대성당을 구석구석 촬영하고, 40만 장이 넘는 고해상도 이미지를 마이크로소프트의 AI 기술로 처리·분석하여 세부에 이르기까지 충실히 재현했다.

일본에서는 시미즈건설이 2024년 4월, 일본 불교의 대표적 선종 종파인 조동종의 대본산 에이헤이지와 협력해 이 사찰의 중요 문화재 19동을 디지털 트윈으로 재현했다고 발표했다. 또한 시미즈건설은 2019년 화재를 겪은 슈리성 정전의 재건 공사에도 디지털 트윈 기술을 적용했으며, 2024년 8월부터는 전용 웹사이트를 통해 데이터를 공개하고 있다.

— 호시노 다쿠미(닛케이 크로스 테크, 닛케이 컨스트럭션)

Technology 2026

7장

의료·바이오·식농

한때는 SF 속 이야기로 여겨졌던 기술들인 동물에서 얻은 조직을 이용한 이식이나, 생물의 특성을 응용한 제품 개발이 이제는 현실로 다가오고 있다. 또한 인간의 '건강 수명'을 늘리기위한 다양한 시도 역시 꾸준히 이어지고 있다.

073.

생체 모방 시스템

신약, 식품, 화장품 개발 등에서 폭넓게 활용

기술 성숙 레벨 | 중   2030 기대지수 | **20.8**

인간 세포 등을 사용해 생체 기능을 재현하는 생체 모방 시스템(MPS)의 활용이 빠르게 확산되고 있다. 2010년 EU가 실험동물 보호 지침을 시행하면서 동물실험을 줄이거나 대체할 기술의 필요성이 높아졌고, 그 대안으로 MPS에 대한 관심과 수요가 급증했다. 현재는 신약 개발뿐 아니라 화장품, 화학제품, 식품 등 폭넓은 분야에서의 활용이 기대되고 있다.

생체 모방 시스템(MPS)은 사람이나 동물의 장기나 조직을 시험관 내(in vitro, 인공 환경)에서 사람 세포 등을 이용해 모방한 시스템이다. 줄기세포 유래의 3차원 구조체인 오르가노이드(organoid, 줄기세포로 만든 미니 장기)의 다양화, 마이크로 유체 디바이스의 보급, 세포 배양 기술의 발전이 맞물리면서 활용 범위가 크게 넓어졌다. MPS가 주목받게 된 계기는 ①소장 오르가노이드의 성공적 보

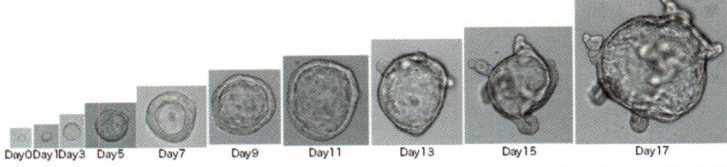

장관 오르가노이드의 현미경 사진
장관 오르가노이드가 성장해 가는 모습. 소장의 구조를 반영한 3차원 구조체가 형성된다.
(출처: 게이오기주쿠대 의과대학 의화학교실 사토 도시로 교수)

고, ② 폐 장기 칩의 발표 두 가지다.

2009년, 네덜란드 후브레흐트연구소와 위트레흐트대학교 메디컬센터의 한스 크레버스 교수, 그리고 사토 도시로(현 게이오대학교 의학부 의화학 교수) 등이 쥐의 소장 오르가노이드를 배양하는 방법을 확립해, 과학지 〈네이처〉에 발표했다.

사토 교수 연구진은 조직에서 유래한 줄기세포를 세포외기질(ECM)에 포매하고, 세포 증식과 분화를 돕는 니치 인자(niche factor, 미세환경 인자) — 예를 들어 R-스폰딘(R-spondin), 노긴(Noggin) 등을 더해 배양하면, 줄기세포가 증식·분화하면서 스스로 조직화해 소장을 모사한 3차원 구조체를 형성한다는 사실을 밝혔다.

오르가노이드 형성에 필요한 니치 조건은 장기마다 다르지만, 공통점도 많다. 이에 대해 사토 교수는 "소장 오르가노이드의 배양 조건을 응용하면 대장, 췌장, 간, 미뢰 등 다양한 조직에서 오르가노이드를 구축할 수 있게 되었다. 이제는 쥐뿐 아니라 사람 조직에서도 오르가노이드 배양이 가능해지면서 활용이 크게 확대되고 있다"고 설명한다.

또한 2010년, 미국 하버드대학교 도널드 잉그버 교수팀이 폐

에뮬레이트(Emulate)의 'Chip-S1'
미세 유로에 세포를 파종하고 배지를 순환시키면 실제 조직 상태를 재현할 수 있다고 한다.
(출처: 에뮬레이트)

장기 칩(lung-on-a-chip)을 〈사이언스〉지에 발표했다. 잉그버 교수는 폐 구조를 모사하기 위해, 다공성 막으로 두 개의 공간을 나눈 형태의 마이크로 유체 디바이스를 고안했다. 두 공간에 각각 사람의 폐포 상피세포와 폐 미세혈관 내피세포를 배양하고, 기계적으로 신축시켜 폐의 호흡 운동을 재현했다.

이 칩에 염증성 사이토카인 TNF-α를 자극으로 가하자, 백혈구 접착 분자(ICAM-1)의 발현이 증가하는 등 실제 생체 반응이 확인되었다. 즉, 폐 칩이 생체 반응을 충실히 모방한다는 것이 입증된 것이다. 이 성과는 장기 칩이 약효 평가나 독성 검증에 활용될 가능성을 열었다.

이후 잉그버 교수의 연구 성과를 실용화를 목적으로, 2013년 하버드대학교 비스(Wyss)연구소에서 스핀오프 형태로 미국 스타트업 에뮬레이트(Emulate)가 설립되었다. 그 무렵 독일의 티슈유즈(TissUse), 싱가포르의 AIM 바이오테크(AIM Biotech), 네덜란

기업명	설립연도	기술 제공처	애플리케이션 예	활용 사례	일본 법인 또는 일본 내 판매 대리점
AIM Biotech (싱가포르)	2012년	미국 매사추세츠 공과대학(MIT) 로저 캄 교수	「OrganIX」 「IdenTx」	세부 내용은 비공개지만 IND 신청에 활용된 사례가 다수 있음	후나코시 (도쿄·분쿄)
CN Bio Innovations (영국)	2014년 ※1	영국 옥스퍼드 대학교	「PhysioMimix」	미국 Inipharm사가 비알코올성 지방성간염(NASH)에 대한 저분자 약물 개발 중 IND 신청 데이터에 활용	프라임테크 (도쿄·분쿄)
Emulate (미국)	2013년	미국 하버드 대학교 도널드 잉버 교수	「Human Emulation System」	미국 Cantex Pharmaceuticals사가 COVID-19에 대한 저분자 약물 Azeliragon의 IND 신청 시 데이터로 활용	후지필름 와코 순약
Hesperos (미국)	2015년	마이클 슐러 교수, 제임스 힉맨 교수	「Human-on-a-Chip」 ※2	프랑스 Sanofi사가 만성 염증성 탈수초성 다발신경염(CIDP)에 대한 모노클로날항체 개발 시 IND 신청 데이터로 활용	오리엔탈 효모공업 (도쿄·이타바시)
Mimetas (네덜란드)	2013년	폴 불토 CEO 등	「OrganoPlate」	벨기에 ArgenIx사가 IND 신청 데이터에 활용	Mimetas Japan
TissUse (독일)	2010년	독일 베를린 공과대학	「HUMIMIC」	세부 내용은 비공개지만 IND 신청에 활용된 사례가 있음	피지오메카닉 (사이타마현 고시가야시)

취재 등을 바탕으로 본지가 작성.
※1: Zyoxel 사(2009년 설립)에서 사명을 변경함.
※2: Hesperos 사는 수탁 분석 서비스만 제공하고 있음.

주요 해외 MPS 제조사와 임상시험 개시(IND) 신청에서의 MPS 활용 사례
(출처: 닛케이 바이오테크)

드의 미메타스(Mimetas), 영국의 CN 바이오 이노베이션즈(CN Bio Innovations), 미국의 헤스페로스(Hesperos) 등도 잇따라 MPS 전문 스타트업으로 등장했다.

　MPS의 가장 큰 강점 중 하나는 동물실험의 대체 가능성이다. EU는 2010년 '실험동물 보호 지침(2010/63/EU)'을 시행하며, 이른바 '3Rs 원칙'―대체(Replacement), 감소(Reduction), 개선(Refinement, 고통 경감)―을 명시했다. 즉, 동물실험을 수행할 경우 가능한 한 동물을 대체하고, 사용 개체 수를 줄이며, 고통을 최소화하는 방법을 채택해야 한다는 것이다. 이 지침 시행 이후 유럽을 중심으로 동물실험을 줄이거나 대체할 수 있는 기술에 대한 수요가 급격히 증가했다.

MPS의 또 다른 강점은 인체 반응에 보다 근접한 평가가 가능하다는 점이다. 동물 모델로는 재현하기 어려운 인간 장기의 약효와 독성을 평가할 수 있고, 폐·간 등 주요 기관의 기능을 실험실 환경에서 재현함으로써 기존 동물실험에서는 파악하기 어려웠던 독성 위험을 확인할 수 있다. 더 나아가, 아직 동물 모델이 확립되지 않은 질환에 대해서도 MPS 기반의 질환 모델을 구축할 수 있어, 신약 후보 물질의 스크리닝 및 안전성 평가 등에도 활용이 기대되고 있다.

— 키무라 치에미(닛케이 바이오테크)

074.

바이오 제조

생물이 가진 능력과 특성을 활용해
제품을 개발하고 제조하는 기술

기술 성숙 레벨 | 고   2030 기대지수 | 31.5

바이오 제조는 미생물이나 동식물의 세포가 가진 기능을 이용해 다양한 물질을 생산하는 기술이다. 화석연료에 의존하지 않는 생산 방식의 하나로, 탄소중립 실현을 위한 해법으로 주목받고 있다. 2032년에는 시장 규모가 약 30조 달러에 이를 것으로 전망되며, 전 세계 제조업의 3분의 1을 대체할 수 있다는 분석도 있다.

바이오 제조는 유전자 기술을 소재나 제품 생산에 응용하는 기술로 정의된다. 구체적으로는 "미생물이나 식물의 대사 기능을 이용해 유용한 물질을 생산하거나, 동물 세포를 활용해 세포 자체를 증식·고밀도화함으로써 유용 물질의 기반을 형성하는 기술"(일본 경제산업성)이다. 생산 대상에는 의약품, 고기능 소재, 연료, 생분해성 플라스틱, 식품 등이 포함된다.

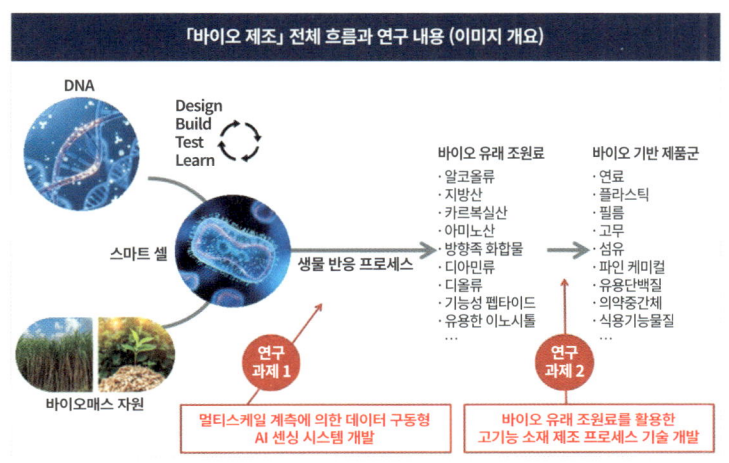

코니카미놀타 바이오프로세스 기술연계연구 랩의 연구 내용
(출처: 코니카미놀타, 산업기술종합연구소)

    생물의 작용을 이용하기 때문에 생산은 상온·상압에서 이루어지며, 기존 화학 공정에 비해 이산화탄소 배출량 절감이 기대된다. 또한 다단계 반응을 거칠 필요가 없어, 탄소 수가 많고 구조가 복잡한 물질일수록 오히려 생산 경쟁력이 높다. 반면, 생산 가능한 물질의 폭을 넓히려면 각 물질에 최적화된 미생물 균주와 생산 기술을 새로 개발해야 하므로, 당분간은 "적용 가능한 분야가 제한적"이라는 전망도 있다.

    코니카미놀타 등의 기업에 따르면 실용화를 가로막는 주요 과제는 '스케일업의 장벽'이다. 미생물을 이용한 물질 생산은 배양 조건의 미세한 차이로도 반응이 달라질 수 있어, 연구실의 실험 단계에서는 성공하더라도 대량 생산으로 확대할 때 수율과 품질의 안정성을 유지하기 어렵다. 또한 플라스틱 등 고분자 물질의 원료가 되는 알코올류나 지방산류를 바이오 기반 원료로 대체하려면, 생산 조건을 처음부터 다시 설정해야 하는 경우도 많다.

이처럼 대규모 상용화에는 넘어야 할 기술적 장벽이 있지만, 화학·섬유·식품·음료 산업 등에서 기존 제품을 점차 대체하기 시작하면 시장 성장 가능성은 매우 크다. OECD(경제협력개발기구)는 2030년 바이오 제조의 세계 시장 규모가 약 200조 엔(약 1,800조 원)에 이를 것으로 추산한다. 또한 2022년 9월 12일 발표된 미국 대통령 행정명령에서는, 향후 10년 내에 바이오 제조가 전 세계 제조업의 3분의 1을 대체해 시장 규모가 약 30조 달러(약 4.5경 원)에 이를 것이라는 전망을 내놓았다. 전 세계적으로 바이오 분야의 경쟁이 가속화되는 흐름을 반영하듯, 미국은 바이오 제조 확대를 위한 집중적인 투자를 추진한다는 방침을 밝혔다.

— 요시다 마사루(닛케이 크로스 테크, 닛케이 모노즈쿠리),
마쓰다 치호(라이터)

075.

슬립테크

호흡을 모니터링해
심부전 악화를 조기에 감지하는 기술

기술 성숙 레벨 | 중   2030 기대지수 | 9.8

슬립테크(Sleep Tech)는 센서를 통해 사람의 수면 상태를 모니터링하고 이를 진단이나 치료 관리에 활용하는 기술이다. 다양한 응용이 가능하지만, 일본에서는 특히 심부전 악화를 조기에 탐지하기 위한 시스템이 의료기기로 승인되며 주목받고 있다. 최근에는 센서 비용이 낮아지면서 실용화 단계에 한층 가까워지고 있다.

오사카대학교를 중심으로 한 연구 그룹은 슬립테크 분야에서 새로운 의료기기 'RST 산출 프로그램'을 개발했다. 이 시스템은 '호흡 안정 시간(RST, Respiratory Stability Time)'을 원격 모니터링하는 프로그램 의료기기(SaMD)로, 2024년 8월 일본 후생노동성의 승인을 받았다.

임상시험 결과, RST 수치 저하가 심부전 악화의 조기 신호임이

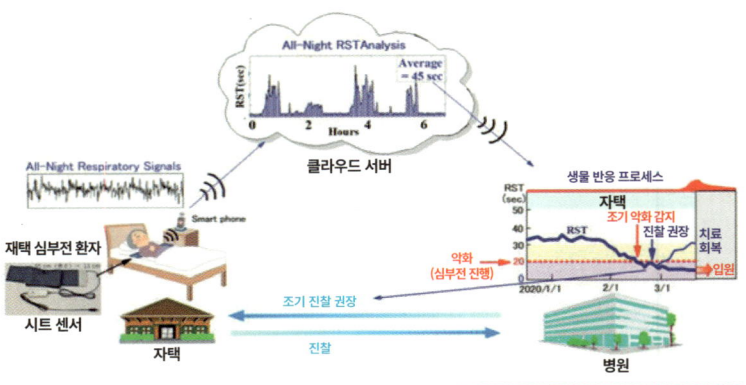

RST 원격 모니터링 시스템의 구조
(출처: 오사카대학교)

입증되었다. 악화 전조 단계에서 환자에게 조기 개입함으로써 재입원이나 사망을 줄이는 데 기여할 것으로 기대된다.

이번 연구에는 미야가와 시게루(오사카대 의학계 연구과 심혈관외과 교수 겸 국제의공정보센터 교수), 아사노이 에이지(도야마니시 종합병원 원장 겸 동 센터 초빙교수), 사카타 야스후미(오사카대 의학계 연구과 순환기내과 교수 겸 부센터장) 등이 참여했으며, 2024년 12월 18일 기자회견에서 임상시험 결과를 발표했다.

이 프로그램은 파라마운트 베드(도쿄 고토구)의 자회사 하트라보(고베시)가 관리의료기기(클래스 II) SaMD로 승인받았다. 환자가 체동 센서가 부착된 침구에서 수면을 취하면, 체동 신호가 클라우드로 자동 전송되고, 시스템이 매일 자동으로 RST를 계산한다. 의료기관은 클라우드를 통해 환자의 RST 변화를 원격으로 모니터링할 수 있다.

RST는 동일한 호흡 패턴이 일정 시간 이상 지속되는 구간을 수치화한 지표로, 2010년 아사노이 교수가 처음 제안했다. 얕고 빠른 호흡, 주기적 무호흡 등 불규칙한 호흡이 나타날수록 수치가 낮아지는 특징이 있다. 환자가 자는 침대 위에 설치된 시트형 검출기로 체동 신호를 감지해, 여기서 호흡 파형과 생체 정보를 추출·분석하여 산출한다.

이 프로그램이 개발된 배경에는, 심부전의 불현성(잠재적) 악화를 조기에 발견할 수 있는 비침습적 모니터링 수단에 대한 의료 현장의 요구가 있었다. 심부전은 체액 저류 등에 따른 급성 악화로 재입원을 반복하며 악화되는 질환으로, 조기 대응이 예후에 큰 영향을 미친다. 심부전의 재입원을 줄이기 위해 세계 각국에서 불현성 악화를 조기 포착하기 위한 다양한 모니터링 기술이 개발되고 있다. 예를 들어, 미국에서는 폐동맥 내 압력 센서를 삽입해 폐동맥압을 감시하는 시스템이 실제 임상에서 사용되고 있다.

그러나 삽입형 폐동맥압 센서는 침습성이 높고, 기기 가격과 관리 비용이 부담되며, 데이터 전송의 조작을 환자가 직접 수행해야 하는 한계가 있다. 일본에서는 아직 승인되지 않은 상태다. 일본 내 심부전 환자 수는 2020년 기준 약 120만 명으로 추산되며, 고령화와 함께 지속적으로 증가하고 있어, 보다 안전하고 간편한 비침습적 모니터링 시스템의 필요성이 커지고 있다.

이번 임상시험은 일본의료연구개발기구(AMED)의 지원을 받아 일본 내 5개 의료기관에서 의사 주도로 진행되었다. 2017~2019년 진행된 임상시험에서 "RST가 20초 미만으로 떨어질 경우, 입원이나 사망으로 이어질 수 있는 중증 악화가 발생한다"는 결과

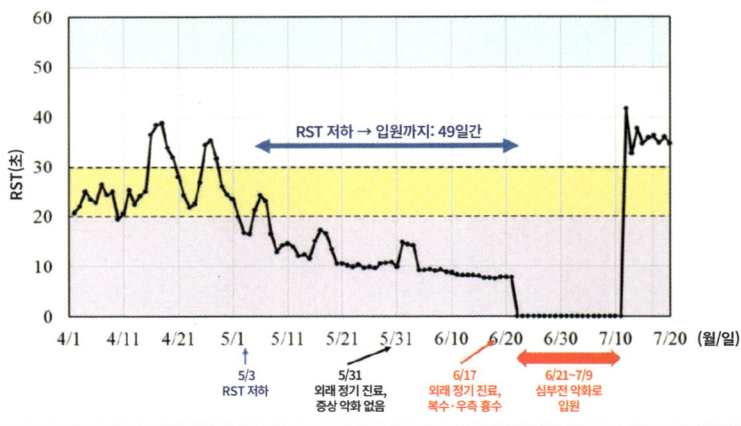

입원 전 RST 저하와 증상 악화의 발생 시기의 예
(출처: 오사카대학교)

가 도출되었다. 이를 토대로 연구진은 만성 심부전 외래 환자 73명을 대상으로 통상 치료를 받는 대조군과 RST를 하루 한 번 이상 점검해 저하 시 환자에게 재진을 권고하는 RST 관리군으로 나누어 비교했다.

그 결과, 임상적으로 파악 가능한 심부전 증상의 악화는 평균 입원 1주일 전에 나타난 반면, RST가 20초 미만으로 떨어지는 현상은 평균 입원 1개월 전부터 확인됐다. 즉, RST 측정으로 심부전의 잠재적 악화를 한 달 이상 조기 탐지할 수 있음이 확인된 것이다.

아사노이 교수는 "임상적 악화가 드러난 뒤 치료 개입해서는 이미 입원을 피하기 어렵지만, RST 저하 단계에서 조기 치료를 통해 RST를 30초 이상으로 회복시키면 악화로 인한 입원을 피할 수 있다는 점도 시사되었다"고 밝혔다.

사카타 교수는 "이 프로그램은 삽입형 센서보다 침습성이 낮고, 도입 비용이 저렴하다는 장점이 있다"며 "다만 RST 지표를 기반으로 어떤 치료 개입이 가장 효과적인지, 또 RST 기반 관리가 심부전 치료 전체 비용에 미치는 영향을 면밀히 검증할 필요가 있다"고 덧붙였다.

— 오사카베 토모히로(닛케이 메디컬)

076.

돼지 신장 이식

투석이 불필요해지는,
동물에서 인간으로의 장기 이식

| 기술 성숙 레벨 | 중   2030 기대지수 | 19.6

장기 기증자 부족을 해소하기 위한 새로운 치료법으로, 돼지에서 유래한 신장을 인간에게 이식하는 기술이 발전하고 있다. 이미 미국에서는 사람을 대상으로 한 임상 응용이 시작되었으며, 일본에서도 그 준비가 진행 중이다. 돼지 신장 이식이 실용화된다면, 미래에는 투석이 필요 없는 날이 올지도 모른다.

"이식 기회를 얻지 못하는 중증 신부전 환자들에게 '이종이식'은 평생 이어지는 투석 생활에서 벗어날 수 있다는 커다란 희망이 될 수 있다. 환자들의 요구도 있는 만큼, 앞으로 5~10년 사이에 이종이식 기술은 크게 진보할 것이다." 미국 매사추세츠종합병원 레고레타 임상이식관용센터장 겸 하버드대 의대 이식외과 카와이 다쓰오 교수는 말한다.

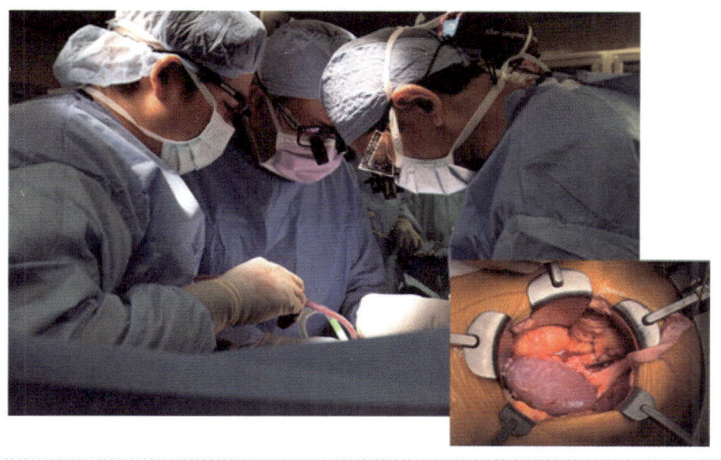

이종(異種) 신장이식 수술 중의 모습
오른쪽 아래 사진은 돼지의 신장을 이식한 장면으로, 혈관 문합이 끝나 혈류가 재개된 상태이다.
(출처: 가와이 타츠로 씨)

    2024년 3월, 매사추세츠종합병원에서는 세계 최초로 돼지의 신장을 말기 신부전 환자인 62세 남성에게 이식하는 수술이 이루어졌다. 기증체는 미국의 이제네시스(eGenesis)가 제작한 유전자 개량 돼지였다. 이 돼지는 사람과의 적합성을 높이기 위해 10종의 유전자를 개량하여 이식 후 면역 거부 반응을 줄였고, 감염 위험이 있던 돼지 내인성 레트로바이러스(PERV) 유전자를 모두 불활성화시켰다.

    이 수술을 집도한 카와이 교수는 "수술 직후 소변이 잘 나오고, 크레아티닌 수치도 낮아졌다. 시신기증 신장 이식보다 반응이 좋았으며, 생체 신장 이식에 가까운 인상이었다"고 밝혔다. 이식 수술을 받은 남성은 퇴원 후 건강 상태도 양호했으나, 51일 뒤 지병이었던 허혈성 심질환이 악화되어 사망했다. 다만 이식된 신장

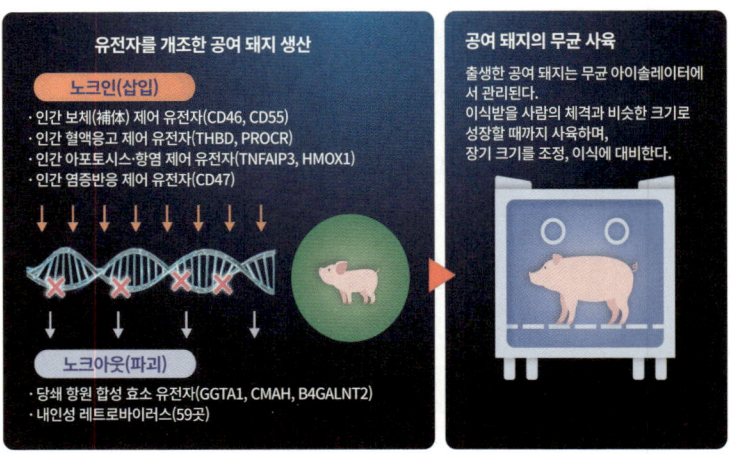

유전자 변형 공여 돼지의 신장을 인간에게 이식하기까지의 절차
(출처: 폴 메드 테크 자료를 바탕으로 닛케이 메디컬 편집부 작성)

에서는 면역 거부 반응이 전혀 관찰되지 않았다.

그 후 2025년 1월, 카와이 교수는 동일한 유전자 개량 돼지의 복제 개체에서 채취한 신장을 사용해 두 번째 이식 수술을 집도했다. 그는 "수술 후 5개월이 지난 현재도 거부 반응 없이 양호한 신장 기능을 유지하며, 외래에서 추적 관찰 중이다"라고 설명했다.

미국의 유나이티드 테라퓨틱스(United Therapeutics)는 별도로 개발한 유전자 개량 돼지를 이용해 돼지 유래 신장을 사람에게 이식하는 임상시험을 시작한다고 발표했다. 이 시험은 미국 식품의약국(FDA)의 승인을 받은 안전성과 유효성을 평가하기 위한 '페이즈 리스(phase-less) 임상시험'으로, 초기에는 6명이 등록되고 최대 50명까지 확대할 계획이다.

장기 기증자 부족을 해결하기 위한 새로운 치료법으로 이종이식 기술이 주목받고 있다. 신장 이식의 경우, 미국에서는 대기자 명단에 등록하면 3~8년 안에 시신 신장 이식을 받을 가능성이 있다고 하지만, 실제로는 대기자의 약 30%만이 이식 기회를 얻는다. 특히 60세 이상 신부전 환자의 경우, 대기자 명단에 올라도 절반 정도는 이식을 받기 전에 사망할 가능성이 높다는 보고도 있다.

이런 상황에서 FDA는 이종이식 임상시험의 대상 환자 요건을 완화했다. 당초에는 생명이 위급하고 다른 치료 수단이 없는 '컴패셔네이트 유스(compassionate use)' 상황으로 한정되어 있었지만, 그 범위가 확대되었다. (1)의학적 이유로 기존의 동종 신장 이식을 받을 수 없다고 판단된 경우, (2)대기자 명단에 등록되어 있지만 5년 내에 뇌사자 신장 이식을 받지 못해 사망하거나, 이식 기회를 얻지 못할 가능성이 높은 55~70세 말기 신부전 환자가 이에 해당한다.

카와이 교수는 "예를 들어 당뇨병 등의 기저질환을 가진 60세 이상 고령 환자는 지금은 이식 수술이 가능하지만, 5년 후에는 체력이 떨어져 이식수술 적응증에서 제외될 가능성이 높다. 이런 환자들이 대상이 된다"고 설명했다. 앞으로는 전신 상태가 양호한 환자를 대상으로 시행해 치료 성적을 안정시키고, 이식된 장기가 3~4년 이상 유지되는 것을 목표로 하고 있다.

기증자 부족이 심각한 일본도 뒤를 따르고 있다. 돼지를 이용한 이종이식 실용화를 목표로 하는 스타트업 폴 메드테크(Pol Medtech,

가와사키시 다마구)는 이제네시스가 제작한 유전자 개량 돼지의 복제 개체를 생산하고, 2024년 가을부터 이 돼지의 신장을 원숭이에 이식하는 실험 수술용으로 제공해왔다. 현재는 일본에서 사람을 대상으로 한 임상 응용을 위해 제휴 대학 등과 구체적인 준비를 진행 중이다.

공동 창업자이자 최고과학책임자(CSO)인 나가시마 히로시(메이지대 농학부 생명과학과 교수)는 "앞으로는 임상시험용 유전자 개량 돼지를 생산하는 시설을 업그레이드해 생산 능력을 높이고, 기업 주도의 임상시험을 추진할 계획이다. 장기적으로는 일본 내 공급뿐 아니라 수출도 고려하고 있다"고 말했다.

수술 절차와 기법은 사람의 신장 이식 수술과 크게 다르지 않지만, 수술 후 관리에서는 신장내과와의 긴밀한 협력이 중요하다고 전문가들은 강조한다.

— 스에다 사토미(닛케이 메디컬)

077.

소를 이용한 조직재생형 인대

굵고 튼튼하며, 파열 위험이 낮고
내구성이 뛰어나다

| 기술 성숙 레벨 | 중 | 2030 기대지수 | 5.2 |

소의 힘줄을 이용한 무릎 전방십자인대 재건술이 임상시험 단계에 들어갔다. 기존에는 환자 자신의 건(腱, 힘줄)을 떼어 사용하는 자가건(自家腱) 방식이 일반적이었으나, 환자에게 부담이 크고 충분한 굵기의 건을 확보하지 못하는 경우가 있었다. 이번 기술은 이러한 문제를 해결할 가능성을 보여준다.

인대 손상 시 시행되는 재건술은 환자 자신의 건(힘줄)을 채취해 가공한 뒤 끊어진 인대 대신 고정하기 때문에, 신체에 큰 부담이 따른다는 점이 과제로 지적되어 왔다. 이에 와세다대학교 이공학술원의 이와사키 키요타카 교수와 도쿄여자의과대학 정형외과의 오카자키 겐 교수 등이 소의 힘줄에서 세포 성분을 제거한 조직재생형 인대를 개발했다. 동물실험에서 효과가 확인되었고, 2024년 11월부터 무릎 전방십자인대를 대상으로 임상시험이 시

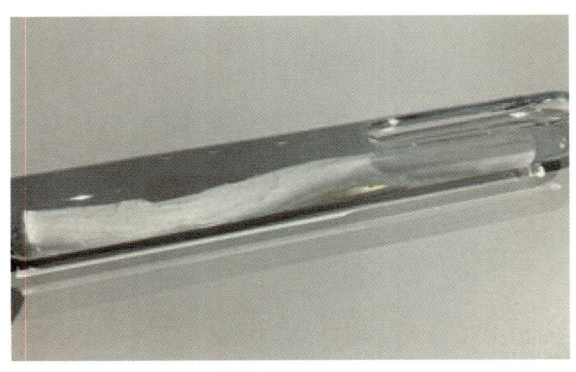

개발된 조직 재생형 인대
(출처: 닛케이 메디컬)

작되었다.

 재건술에 사용하는 자가건은 굵을수록 파열 위험이 낮다. 세계적으로 직경 8mm 이상이 표준으로 여겨지지만, 도쿄여자의과대학 정형외과에서 2017년 1월부터 2020년 12월까지 시행된 환자 사례를 조사한 결과, 자가건의 평균 직경은 7.4mm에 불과했다. 자가건은 여러 부위의 인대 손상 시 부족할 수 있고, 정상적인 건을 채취해 가공하는 과정에서 수술 시간이 길어지며, 채취 부위의 신경 손상, 통증, 근력 저하 등의 부작용도 문제로 꼽힌다.

 이번에 개발된 조직재생형 인대는 소의 건에서 면역반응을 일으키는 세포 성분을 제거한 것으로, 직경이 1cm 이상으로 굵고 튼튼해서 파열 위험이 낮다. 콜라겐을 중심으로 한 생체 본연의 섬유 구조가 유지되어 인공 소재보다 자기조직화가 잘 일어나며, 건조 멸균 처리를 통해 내구성도 뛰어나다. 수술 시에는 재수화하여 사용한다.

양을 대상으로 한 무릎 전방십자인대 재건술에서 이식 조직과 뼈가 충분히 유착되었고, 재건 조직의 자기조직화가 확인되었다. 이에 따라 2024년 11월부터 도쿄여자의과대학 환자를 대상으로 임상시험이 개시되었다. 임상은 2단계로 진행된다. 우선 도쿄여자의과대학에서 5례를 실시하고, 이후 전국 6개 의료기관에서 조직재생형 인대를 사용한 38례와 기존 재건술(대조군) 19례를 비교하여 유효성과 안전성을 확인할 예정이다. 그 후 인대 재건용 의료기기로 승인을 신청하는 것을 목표로 한다.

오카자키 교수는 "동물실험에서는 자가건보다 더 빠르게 자기조직화가 일어나는 것으로 확인되어 치료 기간 단축도 기대된다. 이번 임상시험 대상에는 개인차가 큰 고령자는 포함되지 않았지만, 폭넓게 활용할 수 있게 된다면 기존 재건술이 어려운 고령자에게도 큰 도움이 될 것"이라고 기대했다.

— 오마타 리에코(닛케이 메디컬)

078.

치매 조기 발견 플랫폼

산업 간 협력으로 추진,
주택 등에 비접촉형 센서 설치

|기술 성숙 레벨 | 중   2030 기대지수 | 26.9|

고령자의 치매나 뇌졸중으로 인한 낙상(넘어짐) 등을 실시간으로 감지할 수 있다면, 증상의 급격한 변화를 조기에 파악해 신속히 치료로 연결할 수 있다. 이 기술의 핵심은 주택, 요양시설, 병원 등 생활공간에 설치되는 비접촉형 낙상 감지 센서다. 센서의 보급이 확산되면 의료비와 돌봄비 절감 등 사회적 비용의 경감 효과도 기대된다.

도쿄 미나토구에 본사를 둔 토탈퓨처헬스케어(Total Future Healthcare, TFH)는 NTT도코모 벤처스, 주부전력, YKK AP, 다이토켄타쿠 등과 손잡고 고령자의 치매 징후를 조기 포착하기 위한 플랫폼 개발을 추진 중이다.

　TFH의 모회사이자 컨설팅을 담당하는 이솔루션즈(e-solutions)의 사사키 쓰네요 사장은 "고령자의 급격한 증상 변화를 조기에 발

낙상 감지 센서는
천장 설치를 전제로 하고 있다.
(출처: 토털퓨처헬스케어)

견할 수 있다면 사망이나 후유증으로 인한 의료, 돌봄비 등 사회적 비용을 최대 13조 엔까지 줄일 수 있다"고 강조한다. 도코모 벤처스 등 4개사는 TFH에 출자하여, 치매·당뇨병·고혈압·지질 이상증 등 주요 생활습관병의 리스크를 조기 탐지하는 모델을 공동 개발 중이다.

현재 개발 중인 모델은 두 가지다. 첫째는 '급변 조기 발견' 모델로, 증상의 급격한 변화를 센서가 감지하면 가족·요양보호사·주택 관리 회사·제휴 보안 회사 등에 통보해 즉시 응급 대응을 요청한다. 둘째는 '경증 단계 조기 발견' 모델로, 질환 리스크를 분석해 이용자와 가족에게 피드백을 제공하고, 필요 시 의료기관의 진료로 유도하는 시스템이다.

이들 모델에는 밀리파 대역 레이더 기반 낙상 감지 센서와 안면 영상 기반 바이탈 데이터 측정 기술이 적용된다. 낙상 감지 센서는 인체에 무해한 미약한 전파로 사람의 움직임을 포착하고, 데이터 분석을 통해 낙상 여부를 판정한다. 카메라를 사용하지 않는 이유는 프라이버시 보호를 위한 것이다.

얼굴 영상을 활용한 바이탈 측정은 생활공간에 설치된 카메라 탑재 디바이스로 간단히 촬영한 영상을 분석하는 방식이다. 인체가 흡수하는 빛의 양은 혈관벽·혈중 성분·혈액량 등에 따라 달라지므로, 반사광의 미세한 변화를 분석하면 얼굴 영상만으로도 심박수·호흡수·혈중 산소포화도·혈압 추정치 등 주요 생체 정보를 산출할 수 있다. 최근에는 여기에 더해 당화혈색소(HbA1c) 등 일부 혈액검사 항목의 추정치까지 계산할 수 있는 단계에 이르렀다.

— 하라다 네네(닛케이 굿데이)

079.

PHR(개인 건강 기록)

개인의 건강·의료 데이터를 관리하여,
질병에 걸리기 전에 미리 치료하는 것

> 기술 성숙 레벨 | 고   2030 기대지수 | 30.6

PHR(개인 건강 기록, Personal Health Record)은 개인의 건강과 의료 데이터를 관리하는 시스템을 말한다. 건강검진 결과를 입력하기만 하면 AI가 암이나 뇌졸중 등 질환의 위험을 예측해 준다. 현재 PHR 정비를 위한 움직임이 가속화되면서, 데이터에 기반한 건강 관리가 당연한 일이 될 가능성이 커지고 있다.

질병 예방과 건강 증진의 중요성이 높아지면서, 기업들은 건강·의료 데이터를 수집해 AI로 학습시키고 이를 개인의 건강 관리에 활용하려는 시도를 확대하고 있다. 정부 또한 PHR 활용 환경을 정비해 민간과의 연계를 강화하고 있다. 가까운 미래에는 개인이 자신의 건강 데이터를 세밀하게 파악하고 이를 건강 관리에 활용할 수 있을 뿐 아니라, 통원하는 의료기관을 옮기더라도 정보 공유를 통해 치료가 원활히 이어질 수 있을 것이다.

건강검진 결과 등을 기반으로 AI를 활용해, 암과 뇌졸중을 포함한 34가지 질환의 3년 이내 발병 위험을 예측할 수 있다.
(출처: MDV)

　PHR은 이미 질병에 걸린 사람을 치료하는 것을 넘어, 질환이 발현하기 전 단계에서 조기에 개입해 발병을 예방하는 것을 목표로 한다. 지금의 '조기 발견'이 질병 단계에서 가능하다면, 장래에는 질병으로 나타나기 전 '초(超)조기 발견'이 실현되는 것이다. 이를 위해서는 질환의 발병 메커니즘과 위험 요인에 대한 연구가 필요하며, ICT(정보통신기술)와 AI의 활용도 필수적이다.

　현재는 건강검진 결과를 기반으로 AI가 질환 위험을 예측하는 서비스가 속속 등장하고 있다. 의료 데이터 분석 기업 메디컬 데이터 비전(MDV)은 암이나 뇌졸중을 포함한 34개 질환의 3년 이내 발병 위험을 예측하는 서비스를 2024년 10월에 시작했다. 사용자가 스마트폰에서 같은 회사의 애플리케이션 '카르테코'에 건강검진 결과를 입력하면, 발병 위험과 동성·동세대 평균 대비 질환 배율, 해당 질환에 걸렸을 경우 삶의 질(QOL) 저하 정도까지 반영

• 뇌졸중	• 허혈성 심질환	• 이상지질혈증
• 급성 스트레스 반응	• 심부전	• 당뇨병
• 백내장	• 악성 림프종	• 소장·대장 폴립
• 녹내장	• 지방간	• 대장암
• 역류성 식도염	• 담낭염	• 류머티스 관절염
• 위·십이지장궤양	• 만성간염	• 유방암
• 식도암	• 간경변	• 자궁내막증
• 위암	• 간암	• 자궁암
• COPD(만성폐쇄성폐질환)	• 고요산혈증	• 전립선비대증
• 폐암	• 만성신부전	• 전립선암
• 고혈압	• 만성신장염	
• 폐색성 동맥경화증	• 췌장(이자)암	

MDV 서비스로 예측 가능한 34개 질환 목록
(출처: MDV 자료를 바탕으로 닛케이 굿데이 작성)

한 건강 위험이 산출된다. 또한 혈압이나 간 기능, 당화혈색소 등 혈액 검사 수치가 개선되었을 때 각각의 위험이 얼마나 낮아지는지도 시뮬레이션할 수 있다.

이처럼 방대한 질환 위험 예측을 가능하게 한 열쇠는 MDV가 보유한 일본 내 최대 규모의 진료 데이터다. 약 5,000만 명 규모의 데이터를 기반으로, 건강검진 결과와 이후 실제 질병 발병 여부를 머신러닝시켜 예측 모델을 구축했다. 즉, 사용자가 자신의 건강검진 결과를 입력하면, 과거에 34개 질환에 걸린 사람들의 데이터와 얼마나 유사한지를 확인할 수 있는 것이다.

병원 검사나 건강검진에서 얻은 데이터를 앱에 입력할 때마다 자신의 질환 위험이 증가했는지 감소했는지가 한눈에 드러난다. 메디컬 데이터 비전의 야나기사와 다쿠지 이사(사업기획본부장)는 "구체적인 수치로 가시화되면, 생활 습관 개선 노력을 통해 질병을 얼마나 멀리할 수 있는지를 자기 일로 받아들일 수 있다"고 설명한다. 앱에 건강검진 결과가 저장되어 있으면 이를 기반으로 분석한 질환 위험 정보를 공유할 수 있어, 보건사나 영양사 등으로부터 보다 구체적인 지도를 받을 수도 있다.

AI를 활용한 질환 예측 서비스는 IT 기업에서도 활발히 전개되고 있다. 2020년 도시바 그룹은 건강검진 결과를 기반으로 향후 6년 이내에 당뇨병이나 고혈압 등 생활습관병 6종의 발병 위험을 예측하는 서비스를 시작했다. 그룹 임직원들의 수년치 건강검진 데이터와 진료 청구 데이터(요양급여 청구 데이터)를 학습해 모델을 구축한 것으로, 현재는 Y4.com(도쿄 치요다)이 제공하는 여러 건강 앱 기능에 도입되어 있다. 같은 해 NTT데이터의 해외 그룹사 NTT데이터서비스가, 이어서 2024년에는 NEC솔루션이노베이터(도쿄 고토)가 구라시키 중앙병원과 공동으로 질환 위험 예측 AI를 개발했다.

서비스를 전개하는 것은 IT 기업에만 국한되지 않는다. 스미토모생명보험은 보험업계 최초로 AI 질환 예측 서비스를 2023년에 시작했다. 자사의 건강 증진 프로그램 '바이탈리티(Vitality)' 앱에 탑재된 기능으로, 건강검진 결과와 일상 활동 데이터를 기반으로 2년 이내 암, 뇌졸중, 심혈관질환, 당뇨병, 신장질환 등 5대 질환의 발병 위험을 예측한다. 약 100만 명의 바이탈리티 회원들의 건강검진 데이터를 활용했으며, AI를 자체 개발해 자유로운 기능 확장이 가능하다는 점이 특징이다.

건강검진 결과와 일상적인 바이탈 데이터만으로도 큰 가능성을 지니고 있다. 여기에 진료 데이터, X선 영상 데이터, 처방약 데이터 등을 결합한다면 더욱 정밀한 예방 의료가 가능해질 것이다. 그렇게 되면 앞으로의 질병 대응 방식은 크게 바뀔지도 모른다. '발병 후 치료하는 것'이 아니라, 데이터에 기반해 '사전에 예측하고 예방·회피하는 것', 즉 '병에 걸리지 않는 것'을 손안의 스마트폰으로 실현하는 미래가 다가오고 있다.

— 하라다 네네(닛케이 굿데이)

080.

웰니스테크

심신의 상태를 측정하고,
데이터에 기반해 행동을 지원하는 기술

기술 성숙 레벨 | 중   2030 기대지수 | 24.4

일본의 NTT동일본, NTT데이터, 스토리라인 3사는 2025년 5월, 심신의 상태를 측정하고 데이터를 기반으로 행동을 지원하는 기능을 검증하기 위한 시설 '웰니스 라운지(Wellness Lounge)'를 개설했다. 초기에는 3사 관계자들이 이용을 시작하며, 이후 문의가 들어온 기업과 단체 등으로 점차 확대할 계획이다.

도쿄 신주쿠에 마련된 이 시설에서는, 전용 실증실험·검증용 애플리케이션을 통해 이용자에게 다양한 콘텐츠를 제공하고 추천한다. 공간은 '아지랑이', '햇살', '그늘'의 세 구역으로 나뉘며, 각각 음식, 스트레스 완화, 수면 등과 관련된 콘텐츠를 제공한다.

 '아지랑이' 구역에서는 AI와 바이탈 데이터 측정 기술을 이용해 이용자의 심신 상태(감정, 스트레스 수치 등)를 시각화하고, 그 상태에

웰니스 라운지의 KOKAGE 구역
(출처: 닛케이 크로스 테크)

맞는 음식 메뉴를 추천·제공한다. 예를 들어, 스토리라인이 연구개발한 카페인 제거 기술로 카페인 함량을 조절한 커피, 장내 플로라 케어 서비스를 제공하는 박테리코(bacterico)가 개발한 샌드위치·수프 세트 등이 준비되어 있다.

심신 상태의 시각화에는 NTT연구소가 개발한 경량 LLM(대규모 언어모델) '쓰즈미(tsuzumi) 초경량판', 차세대 미디어 처리 AI '미디어그노시스(MediaGnosis)', 이스라엘 비나르에이아이(Binar.ai)가 제공하는 비접촉식 바이탈 데이터 측정 서비스 등이 활용된다.

'햇살' 구역에서는 스트레스 완화, 집중력 유지, 생산성 향상을 돕는 콘텐츠를 제공한다. 하루 리듬에 따라 빛이 변화하는 서카디안 리듬 조명, 이스라엘 솔로 웰빙(Solo Wellbeing)의 표정 분석 AI

를 활용한 아로마 추천 서비스, 카시오계산기의 AI 반려 로봇 '모플린', 심호흡 유도 기기 '신코큐' 등이 대표적이다.

'그늘' 구역은 심신 회복을 위한 휴식 공간이다. NTT의 기술이 탑재된 오픈 이어형 헤드폰을 통해 뇌파에 작용하는 뉴로뮤직을 듣고, 여기에 전나무 숲의 영상과 향기를 결합해 제공한다. 또한 RAG(검색 증강 생성) 기술을 활용해 답변을 생성하는 NTT DX 파트너의 수면 상담 전용 AI 챗봇 '네무소'도 설치되어 있다.

– 모리오카 레이(닛케이 크로스 테크, 닛케이 컴퓨터)

081.

실험실 자동화

세포 배양과 같은 복잡한 작업을 포함한
연구·제조 공정의 자동화

기술 성숙 레벨 | 고   2030 기대지수 | 18.5

실험량이 증가하고 작업 시간 단축에 대한 요구가 높아지는 가운데, 실험실 자동화(Laboratory Automation) 기술이 제약 기업과 화학 기업을 중심으로 확산되고 있다. 여러 자동화 장치를 조합해 활용하거나, 세포 배양과 같은 복잡한 연구 작업까지 자동화하는 것도 가능해졌다.

제약기업과 화학기업 등을 중심으로, 사람이 직접 수행하던 연구 및 제조의 일부 공정을 자동화하려는 움직임이 확산되고 있다. 연구자의 부담이 큰 세포 배양과 같은 작업도 이제는 자동화할 수 있게 되었기 때문이다. 오랜 시간이 걸리는 세포 배양이나 다수의 세포를 스크리닝하는 작업을 자동화 장치에 맡김으로써 연구와 제조의 효율을 높이고 있다.

아스텔라스 제약은 여러 장비를 조합해 세포의 배양과 관찰

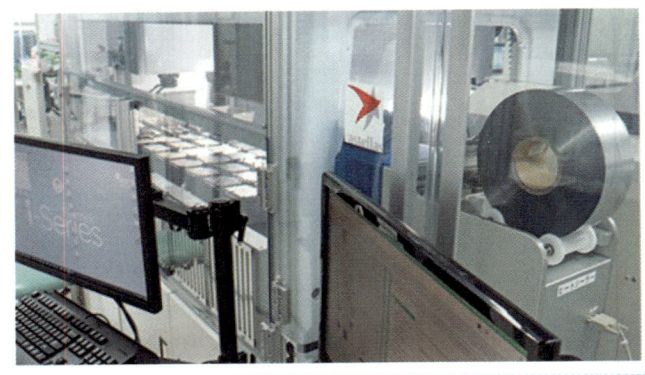

아스텔라스 제약이 로체 라이프사이언스와 공동 개발한 배양세포 평가 시스템 'Screening Station'
(출처: 닛케이 바이오테크)

을 자동화한 신약 개발 플랫폼 '마호라바(Mahol-A-Ba)'를 구축했다. 범용 휴머노이드 로봇 '마호로'를 세포 배양 장치나 관찰 장치와 연계해, 마호로가 배지 교환이나 계대 배양을 마친 세포를 자동으로 관찰하는 체계를 마련했다. 또한 여러 자동화 장비를 결합해 만든 독자적인 세포 배양·관찰 시스템 '스크리닝 스테이션(Screening Station)'도 운용 중이다.

주가이 제약은 저분자 의약품과 항체 의약품의 스크리닝 등 신약 연구 과정에 자동화 장치를 도입했다. 항체 스크리닝에는 머신러닝을 활용하고 있으며, 디지털 기술과 자동화 장치를 결합한 실험 시스템으로 연구 효율을 높이고 있다. 항체 최적화 작업을 자동화 장치로 고속 처리화하여, 한 종류의 항체에 대해 약 1,300종의 변형 항체를 제작·평가할 수 있도록 했다.

가네카는 유전자 재조합 수소 세균이 생산하는 생분해성 바이오폴리머 '그린 플래닛(Green Planet)'을 제조·판매하고 있다. 이 회

에자이가 개발한 세포 배양 실험 로봇 'ICHIRO'
(출처: 에자이)

사는 배양 기질의 종류나 최종 제품에 따라 수소 세균의 대사 경로를 정밀하게 개량하는 과정에 자동화 장비를 활용한다. 최근 DNA 합성이나 염기서열 분석을 저렴하게 위탁할 수 있게 되면서 다양한 유전자 재조합 수소 세균을 쉽게 제작할 수 있게 되었다. 그 결과 수많은 재조합 균주를 고속으로 평가할 필요가 커졌고, 이를 위해 자동화 시스템을 구축했다.

또한 사람처럼 실험실 내를 이동하며 여러 실험 장비를 조작할 수 있는 실험 로봇을 자체 개발한 사례도 있다. 에자이는 로봇 제조사 가와다 로보틱스(도쿄 다이토구), 라이프사이언스 분야 로봇 인테그레이션을 담당하는 히타치 하이테크 및 히타치 솔루션즈와 함께, 세포 배양 실험을 담당하는 로봇 '이치로'를 개발했다.

이치로는 가와다 로보틱스가 판매하는 양팔 로봇 '넥스테이지(NEXTAGE)'를 무인 운송차(AGV)에 탑재한 형태다. 에자이 DHBL/DEG 펑크션 이머징 모달리티 제너레이션 부서의 마쓰모토 요시

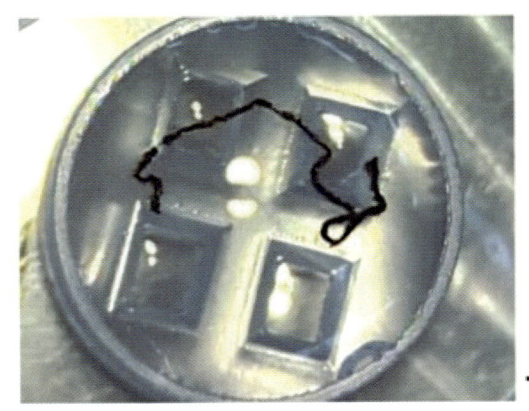

고베아이센터병원에서 임상연구가 진행 중인 iPS세포 유래 RPE(망막색소상피) 세포 응집 실
(출처: 고베시립 고베아이센터병원)

코 씨는 "연구원과 같은 실험실과 기구를 사용하며, 연구자의 실험을 대체할 수 있는 로봇을 만들고 싶었다. 개발을 시작했을 당시에는 인간처럼 플라스크나 피펫을 다루며 샘플을 옮길 수 있는 로봇이 존재하지 않았다"며 이치로 개발에 착수한 배경을 설명했다.

연구 분야뿐 아니라, 세포 의약품이나 재생의료의 제조 일부 공정을 자동화하려는 움직임도 활발하다. 세포 의약품 및 재생의료용 세포 배양에서는 정기적인 배지 교환과 세포 관찰이 필요해 장시간의 작업이 필수적이다. 또한 iPS 세포처럼 배양이 까다로운 세포의 경우 숙련된 기술자가 부족해 대규모 제조가 어려운 경우도 많다. 만약 제조 공정을 자동화할 수 있다면, 인력 절감과 함께 제조 규모 확대 및 비용 절감이 가능해진다.

고베시립 고베아이센터 병원에서는 RPE(망막색소상피) 변성증 치료를 위해 타가 iPS 세포 유래 RPE 세포를 이식하는 임상 연구가 진행 중이다. iPS 세포에서 RPE 세포를 만들어 배양하고, 이를 끈 모양으로 가공해 주사기를 이용해 환자의 RPE에 이식하는 방식이다. 비전케어(고베시)의 다카하시 마사요 사장은 현재, iPS 세포에서 RPE 세포로 분화 유도하는 과정을 마호로 로봇을 통해 자동화하고 있다. 구체적으로는 iPS 세포를 플레이트에 파종하고 계대 배양을 거쳐, RPE 세포로의 분화 유도에 필요한 시약으로 전처리와 분화 유도를 실시하고, RPE 세포를 유지 배양하는 일련의 과정을 자동화한 것이다.

 자동차, 기계, 식품 등 대량생산 분야에서는 이미 제조 공정의 자동화가 당연한 일로 자리 잡았다. 작업에 복잡성과 정밀성이 요구되는 바이오 분야에서도 이제 장시간이 필요한 공정이나 복잡한 작업까지 자동화가 본격적으로 확산되기 시작했다.

— 기쿠치 유키코(닛케이 바이오테크)

082.

극세 일회용 내시경

정형외과나 이비인후과에서의 활용이 기대되는, 세포 수준의 해상도

기술 성숙 레벨 | 중   2030 기대지수 | 13.3

세포 단위까지 관찰할 수 있을 정도의 해상도를 지닌 극세 일회용 내시경의 연구개발이 진행되고 있다. 새로운 관절 내시경으로서 양산 품질 향상과 의약품의료기기법(약기법) 인증을 목표로 준비가 이뤄지고 있으며, 이비인후과 분야나 혁신적인 암 광선 치료 기술로의 응용도 모색되고 있다. 지름이 가늘고 고해상도라는 특성 덕분에 시술의 비침습성을 한층 높일 수 있을 것으로 기대된다.

게이오의숙대학교 의학부 정형외과학 교실의 나카무라 마사야 교수, 신가와사키 첨단연구교육연계 스퀘어 특임교수이자 게이오 포토닉스 리서치 인스티튜트(KPRI) 소장인 고이케 야스히로 교수, 그리고 에어·워터(Air Water, 오사카시 주오구)는 공동으로 주사 바늘 수준의 극세 내시경을 개발했다. 게이오의숙대학교와 에어·

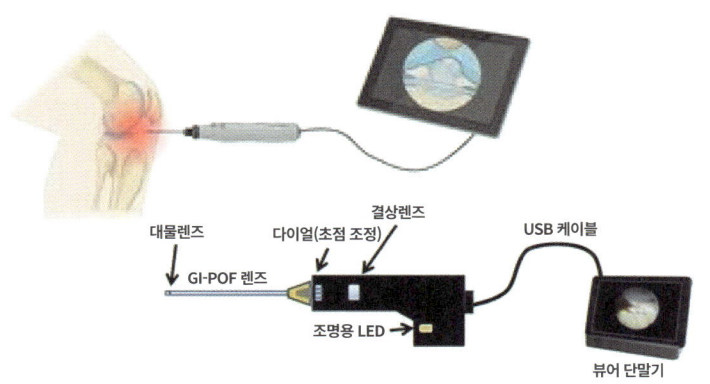

Cellendo Scope 시스템 구성
(출처: 게이오기주쿠대, 에어·워터 2025년 4월 21일자 보도자료)

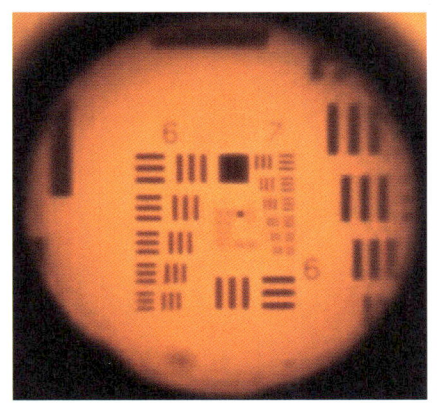

Cellendo Scope의 해상도 차트
(출처: 게이오기주쿠대, 에어·워터 2025년 4월 21일자 보도자료)

워터는 이후 화질 향상에 주력해 약 200LP/mm(라인 페어 퍼 밀리미터), 즉 1mm 폭 안에 400개의 선을 구분할 수 있는 수준의 고정밀 영상을 전송할 수 있게 되었다.

세포(cell) 단위를 관찰할 수 있는 해상도를 지닌 내시경(endoscope)이라는 의미에서, 이 장치는 셀렌도 스코프(Cellendo Scope)라 명명되었다. 셀렌도 스코프는 플라스틱 광섬유 렌즈를 채택해, 유리

렌즈를 사용하는 일반적인 극세 내시경보다 내구성이 높고 충격에 강하며 제조비를 낮출 수 있다.

또한 셀렌도 스코프는 지름이 가늘고 고해상도를 갖춘 덕분에 기존 내시경보다 환자의 통증을 줄이고 감염 위험을 낮출 수 있을 것으로 기대된다. 활용 가능성 역시 다양하다. 정형외과 영역에서는 국소 마취만으로 관절 내부 병변을 직접 관찰할 수 있는 신형 관절 내시경으로의 응용이 예상되며, 현재 양산 품질 향상과 약기법 인증을 위한 준비가 진행되고 있다.

더 나아가 도쿄의료센터와 호쿠리쿠 첨단과학기술대학원대학(JAIST)과 협력해, 이비인후과 분야 응용과 혁신적 암 광선 치료 기술 창출을 목표로 한 연구도 병행 중이다.

― 시부시타 아오이 (닛케이 메디컬)

083.

수술용 영상 인식 지원 프로그램

수술 중 손대면 안 되는 혈관을 알려준다

기술 성숙 레벨 | 저   2030 기대지수 | 15.6

수술용 영상 인식 지원 프로그램은 AI 영상 처리 기술을 활용해 수술 집도의에게 병변 부위를 파악하는 데 필요한 정보를 제공하는 시스템이다. 숙련된 의사의 노하우를 기반으로 미리 학습된 수술 영상을 통해 "손대면 안 되는 혈관" 등을 자동으로 인식해 집도의에게 보여줄 수 있다. 아직 인식 정밀도 등은 향후 추가 검증이 필요하지만, 집도의의 부담을 줄이고 교육에 활용될 수 있을 것으로 기대된다.

"수술 중에 '이 혈관은 손대면 안 됩니다'라고 알려주는 시스템이 있다면, 외과 수술을 한층 더 확실하게 진행할 수 있지 않을까?" 이런 발상에서 출발해, 쇼와의과대학 의학부 외과학 강좌 소화기 일반외과 부문 주임교수 아오키 타케시를 중심으로 한 연구팀은 간 내 혈관 구조를 AI로 자동 인식해 색상으로 구분·강조 표시하는 시스템을 개발했다.

이 기능과, 절제 구역이나 종양 부위를 파악하는 데 활용되는 인도시아닌그린(ICG) 형광법을 결합한 간 절제술용 내비게이션 시스템은 이미 교육 목적으로 활용되기 시작했다. ICG 형광법은 ICG가 혈장 단백질과 결합했을 때 근적외선 하에서 형광을 발하는 원리를 응용한 기술이다. 간 절제 시에는 종양이 포함된 간 구역의 문맥 분지에 ICG를 주입함으로써, 육안으로 식별하기 어려운 간 구역을 염색해 구분할 수 있다. 이를 통해 절제면을 명확히 확인하고, 필요한 부위만 절제하는 계통적 간 절제술을 지원할 수 있다.

하지만 ICG 형광법만으로는 절제 구역이나 종양 부위, 절제면을 완전히 특정하기 어렵다. 간은 간동맥, 간정맥, 문맥의 세 종류 혈관과 담관이 복잡하게 얽혀 있어, 절제 과정에서 빈번히 출현하는 혈관에 세심한 주의를 기울이며 수술을 진행할 필요가 있다. 이 문제를 해결하기 위해, 아오키 교수 연구팀은 수술 지원 시스템 개발 기업 아나우토(ANAUTO, 도쿄도 치요다구)와 협력해 AI 기반 간 내 혈관 강조 표시 기능과 ICG 형광법을 결합한 수술 중 내비게이션 시스템을 개발하고 있다.

방법은 다음과 같다. 복강경하 간 절제 수술 영상을 정지 이미지로 추출한 뒤, 아오키 교수 등 전문가가 직접 주석 작업을 수행한다. 여기서 간정맥과 글리슨집(간동맥·문맥·담관을 포함한 구조)을 구분하여 교사 데이터를 작성한다. 이 데이터를 AI에 딥러닝(심층학습)시켜, 혈관을 색상별로 구분해 강조 표시할 수 있는 간 내 혈관

자동 인식 모델을 구축한 것이다.

　아오키 교수는 "인식 정밀도나 타임래그(시간 지연)에 대해서는 앞으로도 정밀한 검증이 필요하지만, 실제 수술 중에 도입해도 큰 문제는 없을 만큼 안정적이다. 여기에 전적으로 의존할 수는 없지만, '정답 확인'이 가능하다는 사실만으로도 집도의의 심리적 안도감이 크게 높아질 것으로 기대된다"라고 말했다.

― 스즈키 가이시(닛케이 메디컬)

084.

아쿠아포닉스

식물과 물고기를 동시에 기르는,
친환경 수경재배·양식 기술

기술 성숙 레벨 | 중   2030 기대지수 | 12.3

아쿠아포닉스(Aquaponics)는 수산 양식(아쿠아컬처, Aquaculture)과 수경재배(하이드로포닉스, Hydroponics)를 결합한 시스템이다. 물고기와 식물을 같은 순환계에서 함께 기름으로써, 수자원과 공간을 효율적으로 활용할 수 있다. 환경에 대한 부담을 줄인 지속가능성이 높은 농업 방식으로, 사용하지 않게 된 공공시설이나 빈집을 효과적으로 활용하는 방법으로도 주목받고 있다.

아쿠아포닉스의 구조는 대략 다음과 같다. 먼저, 수조에서 사료를 먹으며 자라는 물고기가 배설물을 내놓는다. 물속의 배설물은 박테리아의 작용에 의해 영양분으로 전환된다. 그 영양분을 흡수하는 것이 수경재배로 기르는 식물이다. 식물은 물속의 영양분을 흡수하며 성장하고, 동시에 물을 정화한다. 정화된 물은 다시 물

아쿠아포닉스 가정용 키트
(출처: 닛케이 크로스 테크)

고기 수조로 돌아간다. 물고기에서 박테리아, 식물, 그리고 다시 물고기로 이어지는 폐쇄형 순환 시스템을 구축하여 이용한다.

순환식이므로 기존 농업에 비해 물을 절약할 수 있을 뿐 아니라, 흙을 쓰지 않기 때문에 도시나 실내에서도 재배·사육이 가능하다. 배출되는 폐수도 적어 환경 부담이 작은 농업 방식으로 평가된다.

교토부 후쿠치야마시에서는 사용하지 않게 된 보육원을 아쿠아포닉스로 활용하는 구상이 진행되고 있다. 이 시의 나카야쿠노의 옛 보육원 건물에서 철갑상어 양식이 검토되고 있다. 철갑상어의 배설물을 물속 박테리아가 식물의 영양분으로 바꾸고, 그 영양분으로 채소를 수경재배하는 방식이다.

아쿠아포닉스 설비는 사업화를 전제로 한 대형 시스템뿐만 아니라, 가정용으로 비교적 소형화된 시스템도 등장하고 있다. 가

정용 키트를 판매하는 곳이 아쿠포니(Aquaphony, 구 오우치 사이엔, 요코하마시)이다. 이 키트는 수경재배용 플랜터를 수조 위에 올린 형태다. 순환 펌프가 수조의 물을 플랜터로 끌어올리면, 넘친 물은 다시 수조로 돌아간다. 가정용의 경우에는 물고기의 배설물을 영양분으로 바꾸는 박테리아를 별도로 첨가하지 않아도 된다. 다만, 자연적으로 생길 때까지 약 3~5주간 기다려야 하므로, 그동안은 식물이 잘 자라지 않아 묘목은 심지 않고 물고기만 기르게 된다.

아쿠아포닉스 설비는 물고기·박테리아·식물, 이 세 요소 모두에게 최적이 되는 환경, 수량, 순환 속도의 균형을 맞추는 것이 필수적이며, 이 점에서 노하우가 필요하다.

— 나가사카 구니히로(라이터),
우노 마유코(닛케이 ESG)

085.

미도리무시 접착제

석유 유래 접착제에 필적하는 높은 접착력

기술 성숙 레벨 | 중   2030 기대지수 | 7.1

전기차의 구조재로 수요가 늘고 있는 알루미늄 합금제 부품을, 석유 유래의 에폭시계 접착제에 필적하는 강도로 접착할 수 있는 기술이 개발되었다. 또한 가열에 의해 손쉽게 분리할 수 있는 특성을 지녀, 폐차 시 자동차 해체가 용이하고 부품 재활용도 한층 원활하게 진행할 수 있다는 장점이 있다.

미도리무시(유글레나) 접착제를 개발한 곳은 일본 산업기술종합연구소(AIST, 산총연)와 아사히카세이(Asahi Kasei)이다. 이 접착제는 미도리무시가 이산화탄소와 당을 원료로 축적하는 다당류인 파라밀론(paramylon)을 주성분으로 한다. 파라밀론에 지방산을 부가함으로써 이 접착제를 합성할 수 있다. 일반적으로 바이오 기반 접착제는 에폭시계 접착제에 비해 접착력이 떨어진다고 알려져 있지만, 이번 개발에서는 기존 바이오 기반 접착제를 능가하는 성

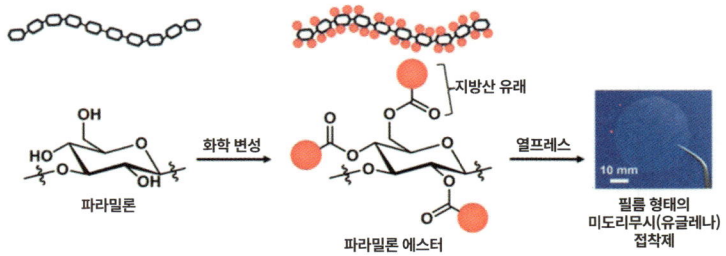

미도리무시(유글레나)가 세포 내에 다량 축적하는 다당류 '파라밀론'을 주성분으로 한 접착제
(출처: 산업기술종합연구소)

능이 확보되었다.

파라밀론은 화학적 변성을 거치면 열가소성이 높아지고, 분자가 규칙적으로 배열되는 구조를 형성해 높은 접착력에 기여한다고 한다. 산총연은 10년 이상에 걸쳐 파라밀론을 바이오 기반 소재로 활용할 수 있는 가능성을 연구해 왔다.

미도리무시 접착제의 조제 방법은 다음과 같다. 유기 합성 방법으로 파라밀론에 지방산을 부가하여 원료가 되는 분말 형태의 파라밀론 에스터를 합성한다. 이어 이 분말을 열 프레스로 가공해 두께 0.05밀리미터의 투명 필름으로 가공한다. 접착 시에는 알루미늄 합금판 사이에 이 필름을 끼워 밀착시킨 뒤, 가열·냉각 과정을 거쳐 접착한다.

산총연 연구 그룹과 아사히카세이는 공동으로 미도리무시 접착제의 접착력을 정밀하게 평가한 결과, 일반 구조재용 에폭시계 접착제의 인장 전단 강도 20~30MPa(메가파스칼)에 필적하는 30MPa의 강도를 달성했다. 이는 기존 최고 수준으로 알려졌던

바이오 기반 접착제의 인장 전단 강도인 18MPa를 크게 웃도는 수치다.

  또한 실험에서는 재가열을 통해 손쉽게 해체할 수 있음이 확인되었으며, 해체와 가열에 의한 재접착을 4회 반복해도 접착력을 유지할 수 있었다. 반면, 기존 에폭시계 접착제의 경우 해체 시 액체질소로 얼린 뒤 전용 기구로 강제 분리하는 번거로운 공정이 필요했으며, 이로 인한 시간과 비용 부담이 과제로 지적되어 왔다. 미도리무시 접착제는 이러한 문제를 해결할 수 있는 소재가 될 수 있다.

— 나가바 케이코(닛케이 크로스 테크, 닛케이 오토모티브)

Technology 2026

8장

라이프·워크스타일

자동차에서 쇼핑하고, 식사하고, '덕질'까지 하는 시대. 우리의 삶과 일은 점점 더 편리하고 쾌적해지고 있다. 지금보다 조금 앞선, 5년 뒤의 미래를 만들어 갈 기술들을 살펴보자.

086.

플라잉 카

드론과 자동차의 특성을 결합한
새로운 형태의 항공기

⋮

기술 성숙 레벨 | 고   2030 기대지수 | **34.8**

'100년에 한 번 오는 이동 혁명'이라 불리는 플라잉 카(Flying Car)의 특징은, 전동식으로 수직 이착륙(eVTOL)이 가능하다는 점이다. 일부 기체는 조종사 없이 자율 비행도 가능하다. 일본에서는 오사카·간사이 엑스포에서 시험 비행이 이루어졌으며, 중국에서는 상용 운항을 위한 형식증명(항공기의 설계와 안전성을 정부가 공식 인증하는 절차)을 취득한 기업도 등장했다. 미국에서는 로스앤젤레스 올림픽에서 플라잉 카가 공식 교통수단으로 활용될 예정이다.

브라질의 세계 3위 항공기 제조사 엠브라에르(Embraer) 산하에서 eVTOL(전동 수직이착륙기)을 개발하는 미국의 이브 에어 모빌리티(Eve Air Mobility)가 2025년 6월 발표한 글로벌 시장 예측에 따르면, 2045년까지 운용되는 플라잉 카(eVTOL)는 전 세계에서 약 3만 대

이브 에어 모빌리티가 '파리 에어쇼 2025'에서 공개한 플라잉카 'EVE'의 실물 크기 모형
5인승 기체(조종사 1명 포함)로, 항속 거리는 약 100km이다.
(출처: 닛케이 크로스 테크)

에 이를 전망이다. 이 규모의 기체가 30억 명의 승객을 수송하고, 최대 2,800억 달러(약 400조 원)의 수익 기회를 창출할 것으로 내다봤다. 이번 전망은 향후 20년에 걸친 도시형 에어 모빌리티(UAM, Urban Air Mobility) 분야의 성장과 수요를 조사한 것으로, 분석에는 유엔의 〈세계 도시화 예측〉 데이터베이스에 탑재된 1,800개의 도시, 1,000개의 공항, 그리고 현재 운용 중인 2만 7,000대 이상의 민간 헬리콥터에 관한 데이터가 활용되었다.

예측의 핵심은 앞서 언급한 수치들이지만, 플라잉 카 시장의 성장을 이끄는 대표적인 활용 사례는 도시 간 이동, 공항 셔틀, 관광, 의료 서비스의 네 가지라고 한다. 그리고 주요 성장 요인 중 하나로 도시 지역의 교통 혼잡 심화가 꼽힌다. 유엔의 〈2022년 세계 인구 예측〉에 따르면, 2050년까지 20억 명 이상이 추가로 도시 지역에 거주하게 될 것으로 전망되며, 이로 인해 기존 교통수단만으로는 대응하기 어려워질 가능성이 있다.

지역별로는, 아시아·태평양은 인구 밀도가 높은 메가시티와 확대되는 중산층으로 인해 현저한 성장이 예상된다. 북미는 풍부한 투자와 확립된 항공 에코시스템으로 인해 유망한 시장으로 꼽히며, 중동은 시장 규모는 작지만 혁신과 지속 가능한 교통에 주력하고 있어 조기 도입 지역으로 보고 있다. 한편, 유럽은 엄격한 규제라는 과제가 있어 성장은 다소 완만해질 가능성이 있다고 한다.

도시형 에어 모빌리티에는 큰 가능성이 있지만, 그 잠재력을 최대한 끌어내기 위해서는 몇 가지 중요한 과제를 극복해야 한다. ⑴안전한 운용: 대규모 운용에는 높은 수준의 안전성이 필수적이다. ⑵규제 승인: 포괄적이면서도 이용하기 쉬운 규제 환경이 안전한 생태계 구축에 필요하다. ⑶항공 교통 관리(ATM): 공역 통합이나 향후 무인 운용 등, 고밀도 운용 하에서는 ATM의 역할이 매우 중요하다. ⑷에코시스템 정비: 단기적으로는 기존 헬리포트 인프라의 활용이 요구된다. ⑸배터리 기술: 항속거리 확대와 다양한 용도에 대응하기 위해 고밀도 배터리 개발이 필요하다. 이번 시장 예측에서는 이러한 요소들의 조합이 도시형 에어 모빌리티에 대한 일반 시민의 수용 여부를 좌우하는 중요한 열쇠가 된다고 보고 있다.

일본에서는 오사카·간사이 엑스포에서 복수의 회사가 데모 비행을 실시했다. 그중, 일본 내에서 개발을 진행하고 있는 것이 스

스카이드라이브가 개발 중인 플라잉 카
조종사를 포함해 3인승이며, 최고 시속은 100km, 항속 거리는 약 15km이다.
(출처: 스카이드라이브)

카이드라이브(SkyDrive)로, 국토교통성으로부터 형식증명 취득을 목표로 나아가고 있다. 이처럼 신형 항공기에는 기존 기준이 그대로 적용되지 않기 때문에 심사 기준을 새로 정할 필요가 있으며, 국토교통성과 이에 관한 합의가 이루어졌다.

중국의 이항(EHang)은 세계에서 처음으로 상용 운항을 위한 형식증명을 취득하여, 2025년에 시험 운항을 시작했다. 상하이, 선전 등에서 운행하고 있으며, 항속거리는 30킬로미터, 운임은 1회 60달러(약 9만 원)를 예상한다. 파일럿 탑승형 개발을 선행하는 기업이 많은 가운데, 이항은 처음부터 파일럿 없는 자율 운항을 추진하고 있다. 기체의 원격 계측 데이터나 각종 파라미터 정보를 지상에서 수신하여 상황을 모니터링하고, 운항 센터에서 원격 조종으로 기체를 제어할 수도 있다고 한다.

미국에서는 도널드 트럼프 대통령이 플라잉 카의 사회 실현을 뒷받침하는 내용을 포함한 대통령령에 서명했다. 대통령령은 대

이항(EHang)의 플라잉 카
조종사가 탑승하지 않는 자율비행이 특징이며, 항속 거리는 30km, 최고 시속은 130km이다.
(출처: 닛케이 크로스 테크)

통령이 의회의 승인을 거치지 않고 행정 명령을 내릴 수 있게 하는 제도이다. 플라잉 카는 2028년 로스앤젤레스 올림픽에서 공식 수송 수단 중 하나로 활용될 예정이며, 이를 계기로 사회 실현 및 산업 육성에서 타국을 선도하려는 의도가 있다.

— 우치다 야스시(닛케이 크로스 테크, 닛케이 일렉트로닉스)

087.

E2E 자율주행

자율주행에 필요한 모든 과제를 AI가 담당

기술 성숙 레벨 | 중   2030 기대지수 | 43.8

인식에서 판단, 조작에 이르기까지 모든 과정을 대규모 AI 모델이 실행하는 E2E(End-to-End) 자율주행. 생성형 AI를 중심으로 한 인공지능 기술의 진화와 함께, 자율주행에도 변혁의 물결이 일고 있다. 기존의 '룰 베이스(rule-based)' 자율주행을 대체하며 주류로 부상할 가능성이 있다.

"자율주행차는 인간보다 10배 더 안전해질 것이다." E2E 방식을 추진하는 미국 테슬라의 CEO 일론 머스크는 이렇게 말했다.

테슬라는 자사의 첨단운전자보조시스템(ADAS)인 FSD(Full Self-Driving)에 2023년 E2E 방식을 도입했다. 현재는 북미 지역의 고속도로와 일반 도로에서 운전자의 감시 아래 핸즈오프(Hands-off, 손을 떼고) 주행이 가능한 자율주행 레벨 2+를 지원하고 있다.

기존의 룰 베이스 방식의 자율주행 및 ADAS는 사람이 설계한

화웨이가 개발을 주도하는 'AITO'의 플래그십 모델 'M9'
ADAS용 센서로 루프(지붕)에 LiDAR 1개를 탑재하고, 밀리파 레이더 3개, 초음파 센서 12개, 카메라 7개를 장착한다. AITO는 중국의 중견 자동차 제조사 세리스그룹과 화웨이가 공동 운영하는 브랜드이다.
(출처: 닛케이 오토모티브)

알고리즘을 사용해 여러 소프트웨어 모듈을 결합해 왔다. 고도화된 시스템에서는 고정밀 지도도 필수였다. 그러나 E2E 자율주행에서는 차량 주변의 인식, 판단, 조작 등 자율주행에 필요한 모든 과제를 대규모 AI 모델이 일괄적으로 담당한다. 이 방식은 고정밀 지도를 필요로 하지 않으며, 룰 베이스 방식으로는 대응이 어려운 '엣지 케이스(edge case, 돌발 상황)'에도 유연하게 대응할 수 있을 것으로 기대된다.

테슬라를 거세게 추격하는 것은 중국 업체들이다. 2024년 하반기 이후 신흥 기업과 이종 산업 기업들이 잇따라 E2E를 도입하기 시작했다. 미국과 중국에서 E2E 자율주행 도입이 빠르게 확산되고 있지만, 전통적인 완성차 업체와 1차 부품업체(티어 1)에서는 여전히 부정적인 목소리도 있다. 특히 카메라만을 활용하는 테슬라 방식에 대한 비판은 거세게 이어지고 있다.

자동차 제조사 및 반도체 업계 관계자들에 따르면, 복수의 일본 완성차 업체도 E2E 자율주행 연구개발에 착수한 것으로 알려졌다. 실제로 닛산자동차는 자사의 첨단운전자보조시스템 프로파일럿(ProPILOT) 차세대 버전에 대규모 언어모델(LLM)을 활용할 계획이라고 밝혔다. 각사에서 E2E를 차세대 차량에 탑재하는 방안은 아직 검토 단계에 머물고 있으나, 자율주행과 ADAS의 'AI 전환'은 확실히 다가오고 있다.

― 혼다 고키(닛케이 크로스 테크, 닛케이 오토모티브)

088.

PnC(플러그 앤드 차지) 시스템

케이블을 꽂기만 하면 전기차 충전과 결제가 가능

기술 성숙 레벨 | 중   2030 기대지수 | 7.3

PnC(플러그 앤드 차지, Plug and Charge) 시스템은 전기차(EV)의 충전구에 급속 충전기 케이블을 꽂기만 하면 충전과 결제를 동시에 수행할 수 있는 시스템이다. 여행지나 외출지 등에서 이루어지는 '목적지 충전' 작업을 간소화할 수 있어, EV 이용 환경의 편의성 향상이 기대된다.

혼다와 충전 서비스 사업 등을 전개하는 플라고(PLUGO, 도쿄 시나가와)는 2024년 10월, PnC 시스템의 공동 개발 계약을 체결했다고 발표했다. 두 회사는 앞으로 혼다가 출시할 EV와 혼다가 중심이 되어 설치하는 급속 충전기에 해당 시스템을 적용하는 것을 목표로 하고 있다.

일본에서 EV 보급을 확대하려면, 소비자에게 매력적인 차량의 투입뿐 아니라 '목적지 충전'에 사용되는 공공 충전 네트워크의 확

플라고의 급속 충전기
생산은 신덴겐공업과 다이헨에 위탁하고 있다.
(출처: 플라고)

충이 필요하다. '꽂기만 하면 충전'이 가능한 PnC 시스템은 이러한 공공 충전 네트워크의 사용성을 크게 높여줄 것으로 기대된다.

다만 PnC 시스템의 실용화에 있어 일본은 미국과 유럽보다 뒤처져 있다. 일본의 급속 충전 규격인 차데모(CHAdeMO)를 채택한 EV와 급속 충전기는 현재 PnC 시스템에 대응하지 못하고 있다. 이에 대해 두 회사가 공동으로 개발 중인 시스템은 하드웨어(EV와 급속 충전기)를 개조하지 않고, 양쪽의 소프트웨어 업데이트만으로 실현하는 것을 목표로 한다고 플라고의 최고기술책임자(CTO) 오카다 유야는 밝혔다.

소프트웨어 업데이트만으로 구현이 가능하다면, 기존 EV와 급속 충전기에도 쉽게 적용할 수 있다. 업데이트 방식으로는 유선 통신뿐 아니라 OTA(Over The Air, 무선 업데이트)의 활용도 검토되고 있다. 플라고에 따르면, 차량 측과 급속 충전기 측의 충전 제어용 전자제어장치(ECU) 소프트웨어를 업데이트하여 기능을 확장할 계획이다. 구체적으로는 충전 케이블을 EV 충전구에 꽂으면 시스템이 충전 대상 차량을 자동으로 식별(인증)하고, 인증이 완료되면 즉시 충전을 시작한다. 이후 인증된 EV의 정보와 소유자의 신용카드 정보 등을 연동해 자동 요금 결제를 처리하게 된다.

혼다와 플라고만으로는 보급에 한계가 있기 때문에, EV 제조·판매사, 급속 충전기 제조사, 충전 서비스 사업자 등이 통합적으로 추진하는 생태계 구축이 필요하다. 구체적으로는, PnC 시스템을 혼다나 플라고 이외의 사업자도 이용할 수 있도록 개방하고, 관련 기업 간의 연계를 통해 시스템에 대응하는 급속 충전 네트워크를 정비하는 것이 요구된다.

— 다카다 다카시(닛케이 크로스 테크, 닛케이 오토모티브)

089.

SDV(소프트웨어 정의 차량)

차량용 소프트웨어를 업데이트해,
출고 후에도 기능과 성능을 향상시킨다

기술 성숙 레벨 | 중   2030 기대지수 | 24.4

SDV(Software Defined Vehicle, 소프트웨어 정의 차량)의 확산으로, 차량 가치의 중심이 하드웨어에서 소프트웨어로 이동하고 있다. 미국 액센츄어(Accenture)는 자동차 업계 전체 매출에서 소프트웨어가 차지하는 비중이 2040년까지 2021년의 10배 이상으로 증가해, 총액 3조 5,000억 달러(약 5천 조원)에 이를 것으로 예측했다. 이는 자동차 업계 전체 수익의 약 40%를 차지한다.

SDV란 차량 판매 후에도 통신을 통해 차량용 소프트웨어를 업데이트하여 기능을 추가하거나 성능을 향상시킬 수 있는 자동차를 말한다. 기존 차량에서는 하드웨어가 경쟁력의 핵심이었지만, SDV에서는 소프트웨어가 차량의 가치를 결정하는 요소로 자리 잡고 있다.

이 분야를 선도하고 있는 것은 미국과 중국의 신흥 기업 및 이

토요타가 RAV4를 발표
3가지 등급이 있으며, 사진은 '코어(CORE)'라 불리는 모델이다.
(출처: 닛케이 크로스 테크)

종 산업 진출 기업들이다. 대표적인 사례가 미국의 테슬라다. 테슬라는 고도 운전 지원 기능인 FSD(Full Self-Driving)를 OTA(Over The Air, 무선 업데이트) 방식으로 제공하며, 이를 구독형(정액 과금) 비즈니스 모델로 확립했다. FSD의 기능 개선도 OTA를 통해 사용자 차량에 직접 반영되며, 차량 결함의 상당수도 OTA를 통한 수정으로 대응하고 있다.

중국에서도 자율주행 및 첨단운전자보조시스템(ADAS)이 SDV 경쟁의 주요 전장이 되고 있다. 화웨이와 샤오펑 등은 OTA를 통해 ADAS의 사용 가능 지역을 확대하거나 기능을 추가하는 방식을 이미 실현하고 있다.

그동안 SDV에서 뒤처졌다는 평가를 받던 일본 제조사들도 2024년에 들어 경쟁력 강화를 위한 움직임을 본격화하고 있다.

혼다가 공개한 '제로(0) 시리즈'의 시제품
2026년에 출시될 예정이다.
(출처: 닛케이 크로스 테크)

일본 기업들이 SDV를 본격 투입하는 시점은 2020년대 후반이 될 전망이다. 토요타자동차는 2025년도 내에 일본 내에서 출시하는 신형 SUV 'RAV4'에 독자적인 소프트웨어 플랫폼 '아레네(Arene)'를 탑재한다. 아레네는 토요타의 소프트웨어 자회사 우븐 바이 토요타(Woven by Toyota)가 개발을 주도했으며, RAV4를 SDV의 '제1탄'으로 삼아 ADAS와 차량용 인포테인먼트(IVI)의 미들웨어로 탑재했다. 2026년에는 고급 브랜드 '렉서스'의 차세대 EV에도 탑재해 기능 확장을 추진할 예정이다.

혼다는 2020년대 후반 투입 예정인 EV 라인업 '0(제로) 시리즈'에 독자 차량용 OS인 '아시모 OS(ASIMO OS)'를 탑재할 계획이다. 혼다와 닛산은 2024년 8월 전략적 제휴를 체결하며 '지능화'를 핵심 요소로 내세웠고, 향후에는 OS의 공통화도 검토하고 있다.

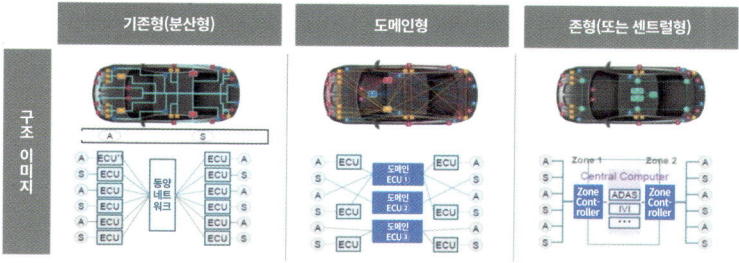

E/E 아키텍처의 종류
존형(Zone형)은 차량 중앙에 고성능 컴퓨터(HPC)를 탑재한 중앙집권형 아키텍처로, '센트럴형'이라고도 불린다.
(출처: 일본 경제산업성 자료에 닛케이 크로스 테크가 편집 추가)

또한 혼다와 소니 그룹의 합작사인 소니-혼다 모빌리티(도쿄 미나토구)는 EV 브랜드 아필라(AFEELA)'의 제1탄을 2026년에 투입할 예정이다. 영화, 음악, 게임 등 차내 엔터테인먼트에 초점을 맞춘 SDV를 개발 중이다.

대형 자동차 제조사들이 SDV를 실현하는 데 있어 가장 큰 과제는 전기/전자(E/E) 아키텍처다. 기존 제조사들은 기능별로 개별 전자제어유닛(ECU)을 장착하는 분산형 아키텍처를 채택해 왔다. 그러나 SDV에서는 다양한 기능이 OTA 업데이트에 대응해야 하므로, 각 기능을 통합적으로 제어할 수 있는 ECU 구조, 즉 통합형 아키텍처가 유리하다.

통합 ECU를 채택하여 ECU 개수를 줄인 구조는 테슬라와 중국 신흥 기업들을 중심으로 확산되고 있다. 구성 방식은 주로 세 가지로 구분된다. 파워트레인, 자율주행/ADAS, IVI 등 도메인별 통합 ECU를 탑재한 '도메인형', 차량의 전후좌우 및 중앙 등 위치별로 존(Zone) ECU를 배치하여 주변 부품을 제어하는 '존형',

그리고 두 방식을 절충한 중간형 아키텍처가 그것이다.

　기존 완성차 제조사들은 유럽과 미국을 중심으로 도메인형이나 존형 아키텍처로의 이행을 추진하고 있다. 그러나 고성능 컴퓨터(HPC)를 활용한 존형과 같은 중앙집중식 아키텍처를 단기간에 도입하기는 어렵다. 이는 지금까지 엔진차 중심의 분산형 아키텍처에 의존해 온 관성 때문이다. 예를 들어, 독일 폭스바겐은 중국에서는 샤오펑과, 북미에서는 리비안 오토모티브와 제휴하여 양사가 보유한 존형 E/E 아키텍처를 기반으로 한 시스템의 공동 개발에 나서고 있다.

- 혼다 코우키(닛케이 크로스텍, 닛케이 오토모티브)

090.

주행 중 무선급전

노면에서 차량으로 무선으로 전력 공급

| 기술 성숙 레벨 | 중 | 2030 기대지수 | 37.1 |

주행 중 무선급전(Dynamic Wireless Power Transfer, DWPT)은 도로 노면에 매설된 송전 코일에서 주행 중인 EV에 탑재된 급전 코일로 전력을 무선으로 전달하는 기술이다. 주행 중에도 전력을 공급받을 수 있어, 배터리 용량이 작더라도 장거리 주행이 가능하다. 충전 시간과 주행거리 제약이라는 EV의 근본적인 과제를 해결할 잠재력을 지닌다.

주행 중 무선급전(DWPT) 시스템은 EV가 주행 중 도로에서 무선으로 전력을 공급받는 구조로, 기본 원리는 자기장 공진 결합 기술이다. 이 기술은 2007년 큰 주목을 받은 이후, 대학과 기업이 10여 년간 연구개발과 실증 실험을 꾸준히 이어왔다. 2023년부터는 공도(公道) 실증 실험이 시작되었고, 산학을 아우르는 협의회도 발족되는 등 실용화를 향한 움직임이 본격화되고 있다.

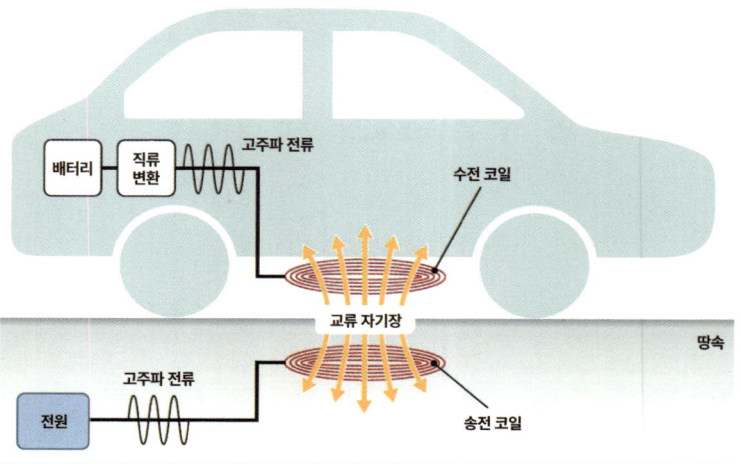

DWPT의 구조
일본 내에서 가장 많이 개발되고 있는 자기공진 결합 방식의 원리도.
(출처: 닛케이 크로스 테크)

  2024년 3월에는 국토교통성이 도로 관리자용 도입 지침을 발표하면서, 일본 도로에서의 상용화 가능성이 한층 현실적으로 다가왔다.

  일본 정부는 탄소중립 실현을 목표로 전동차 보급 확대를 추진하고 있지만, EV 충전 문제는 여전히 큰 과제로 남아 있다. 충전 시간이 길고 충전 인프라가 부족해, 특히 고속도로 서비스에어리어(SA) 등에서는 귀성 시즌에 충전 대기 행렬, 이른바 '충전 정체' 현상이 발생하고 있다. 이에 따라 경제산업성은 2023년부터 충전 인프라 확충과 이용 편의성 향상을 위한 정책을 내놓고 있지만, 이러한 대책만으로는 근본적인 해결이 어렵다는 지적이 많다. 반면, 주행 중에도 전력을 공급할 수 있는 DWPT 기술은 충전 문제를 구조적으로 해소할 수 있는 대안으로 부상하고 있다.

물론 DWPT에는 장점과 과제가 공존한다. 가장 큰 과제 중 하나는 인프라 비용이다. 도로 노면에 송전 장치를 설치해야 하며, 닛케이 크로스텍의 취재 추산에 따르면 일본 전국 도로에 설치할 경우 약 7조 엔(약 65조 원)의 비용이 필요하다. 그러나 이 시스템이 구축되면 EV 운전자는 더 이상 충전소에 들를 필요가 없고, 배터리 방전 걱정 없이 장거리 이동이 가능해진다.

DWPT의 장점은 단순히 충전 편의성에 그치지 않는다. 주행 중 항상 전력을 공급받을 수 있기 때문에, 차량에 탑재하는 리튬이온 2차전지(LIB)의 용량을 대폭 줄일 수 있는 가능성이 있다. 리튬 등 주요 원료를 해외에 의존하는 구조적 문제를 완화할 수 있고, 배터리 사용량 감소는 지정학적 리스크 경감으로 이어진다. 또한 EV의 제조 원가와 판매 가격도 낮아진다. 최근 EV 한 대에는 100kWh 이상의 배터리가 탑재되는 경우가 많지만, DWPT를 도입하여 이를 40kWh 이하로 줄일 수 있다면, 배터리 비용을 1kWh당 5,000~1만 엔으로 가정할 때 차량 1대당 약 30만~60만 엔(약 280만~560만 원)의 비용 절감이 가능하며, 차량 무게도 약 300kg 경감된다. 일부 연구자는 배터리를 10kWh 이하로 줄이고, 심지어 배터리가 아니라 캐패시터(capacitor, 축전기)로 대체하는 것도 가능하다고 본다.

물론 인프라 구축 비용만 단순 비교하면, DWPT는 여전히 고가다. 일본 전국의 고속도로와 일반도로에 DWPT를 설치하는 데 약 7조 엔이 소요되는 반면, 플러그인 충전 인프라의 2030년까지의 비용은 약 1조 1,000억 엔(약 10조 원)에 그친다. 하지만 플

	플러그인 충전	주행 중 무선 급전(DWPT)
충전 장소	충전 스탠드, 가정, 직장 등	도로
차량 배터리 용량	큼	작음
배터리나 전력공급장치 무게	배터리 용량 100kWh 기준 약 500kg	수전장치 수십kg+40kWh 배터리 약 200kg
충전 시 에너지 손실	적음	다소 있음
충전 시 인적 작업	필요	불필요
충전 시 대기	필요	불필요
인프라 갱신 기간	약 10년	약 10년
인프라 구축 비용	약 1.1조 엔	약 7조 엔
배터리 비용	약 40조 엔	약 16조 엔
자율주행과의 적합성	×	○

플러그인 방식 충전과 DWPT 방식의 특징 비교
(출처: 닛케이 크로스 테크)

러그인 충전에는 보이지 않는 사회적 비용이 존재한다. 예를 들어, 장래에 일본 내 자동차 보유 대수 8,000만 대가 모두 플러그인 충전식 EV가 된다고 가정하면, 차량 1대당 평균 100kWh 배터리를 탑재했을 때 배터리 총비용은 약 40조 엔(약 370조 원)에 이른다. 반면, DWPT 보급 시 40kWh급 EV로 전환하면 총비용은 16조 엔(약 150조 원) 수준으로 줄어든다. 약 24조 엔(약 220조 원)의 차액은 DWPT를 도입하지 않았을 경우 발생하는 '숨은 사회적 비용'으로 볼 수 있으며, 이는 DWPT 인프라 정비 비용을 상쇄하고도 남는 금액이다.

배터리 단가는 매년 하락 추세지만, EV의 주행거리 경쟁이 이어지면서 탑재 배터리 용량은 오히려 커지고 있다. 이로 인해 차량 가격은 좀처럼 낮아지지 않는다. 또한 대형 배터리를 탑재하면 차량 중량 증가로 전비(電費)가 악화되고, 타이어 및 도로 마모가 빨라진다. 충전 시간도 길어지고, 고속 충전 설비를 늘리면 인프라 비용이 급증한다. 반면 DWPT는 이 악순환을 끊을 수 있는 새로운 기술로, EV의 구조적 한계를 근본적으로 전환시킬 가능성을 열고 있다.

— 이시바시 타쿠마 (닛케이 크로스텍, 닛케이 일렉트로닉스)

091.

실시간 텍스트 통화

전화로 이야기하는 듯한 감각의 채팅

| 기술 성숙 레벨 | 중 | 2030 기대지수 | 10.2 |

실시간 텍스트 통화는 메시지 앱과 음성 통화의 중간 성격을 지닌 새로운 커뮤니케이션 도구이다. 전화를 거는 것처럼 상대를 호출할 수 있지만, 연결된 이후에는 음성이 아니라 텍스트로 대화를 나눈다. 전화를 부담스러워하는 젊은 세대를 중심으로 빠르게 확산되고 있다.

메시지 앱으로 일본 내에서 가장 많이 쓰이는 라인(Line)은 실시간 대화가 가능하다는 장점이 있다. 그러나 상대가 알림을 눈치채지 못하거나, 알면서도 바로 반응하지 않을 때에는 즉시 전달해야 할 말을 전하기가 불편하다.

그렇다면 전화는 어떨까? 전화를 걸면 상대방 스마트폰이 울려 눈치채기 쉽고, 목소리로 대화하니 뉘앙스나 의사 전달도 정확하다. 하지만 주변 소음이 있거나 전철처럼 조용해야 하는 공간

지프시(Jiffcy)는 전화처럼 상대를 호출하고, 상대가 응답하면 대화 화면으로 전환되어 그 상태에서 바로 '텍스트 통화'를 할 수 있다.
(출처: 아나구마)

에서는 통화가 어렵다. 게다가 요즘 젊은 세대에게 전화는 '진입장벽이 높은 커뮤니케이션 수단'으로 여겨진다. 이들은 라인이나 SNS 다이렉트 메시지(DM)로 대부분의 대화를 해결하고, 전화를 거의 하지 않는다. 심지어 '전화 공포증'이라 할 만큼 전화 자체를 불편해하는 이들도 많다.

이러한 젊은 세대의 니즈에 응답해 등장한 서비스가 아나구마(Anaguma, 도쿄 신주쿠)의 지프시(Jiffcy)다. 사용자는 전화를 걸듯 연락하고 싶은 상대를 선택해 탭(발신)하면, 상대의 스마트폰이 울린다. 그러나 상대가 응답하면 곧 음성이 아니라 톡 화면으로 전환되어 문자 채팅이 시작된다.

"채팅이지만 전화처럼 상대를 직접 호출해 대화를 시작할 수 있다는 점이 핵심입니다. 또 음성을 사용하지 않기 때문에, 젊은이

입력하는 즉시, 글자가 한 자씩 상대방의 대화 화면에도 표시되도록 설계되어 있다. 전화로 이야기하듯 빠른 템포로 대화를 주고받을 수 있다고 한다.
(출처: 아나구마)

들의 '전화 기피'를 자연스럽게 피할 수 있습니다" 라고 아나구마의 니시무라 세이조 CEO가 말한다.

지프시의 가장 큰 특징은 문장을 입력하고 오타 등을 수정한 후 탭하는 '전송 버튼'이 없다는 점이다. 사용자가 입력 중인 문장은 완성되기 전이라도 수신자 화면에 거의 동시에 표시된다. 즉, '채팅이지만 전화처럼 실시간으로 대화가 이어지는 즉시성'을 갖추고 있어, 문자 기반이면서도 새로운 형태의 '텍스트 통화'를 가능하게 했다.

텍스트 통화의 장점은 명확하다. 상대의 문장이 완성되기 전에도 몇 글자만 보고 대강의 의도를 파악할 수 있어, 중간에 "그렇구나" 같은 반응을 넣거나 답변을 미리 준비할 수 있다. 말처럼 밀도 높은 대화가 가능해 오해가 생길 여지도 적다.

지프시 서비스 출시 이후 젊은 층은 빠르게 반응했다. 사용자 중 90% 이상이 중·고등학생 또는 대학생으로, 개시 2년 만에 누적

텍스트로 대화하고 있음에도 마치 눈앞의 상대와 마주 앉아 이야기하는 듯한 감각으로 대화를 나눌 수 있다.
(출처: 아나구마)

메시지 교환 횟수가 2,600만 회를 돌파했다. 최근에는 월간 활성 사용자 수(MAU)가 두 배 이상 증가하며 성장세가 가속되고 있다.

이용 패턴을 보면 아침·저녁 등하교 시간대가 가장 많다. 전철이나 버스 안에서 전화를 대신해 '무언의 텍스트 통화'를 나눈다. 또 눈에 띄는 사용 시간대는 밤 10시 이후, 본가에서 생활하는 학생들이 잠들기 전 방 안에서 친구나 연인과 이야기할 때다. 음성을 내지 않아도 되니 부모에게 들릴 걱정 없이 자유롭게 대화할 수 있다.

지프시는 전화와 라인의 장점을 절묘하게 결합한 서비스로 지지를 넓히고 있다. 또한 이 서비스는 사용자의 집중도 면에서도 뛰어나다. 텍스트 통화는 상대의 말을 눈으로 따라가야 하기 때문에, 지프시의 톡 화면에 집중할 수밖에 없다는 점이다.

"전화는 귀로 듣기 때문에 다른 일을 하면서도 대응할 수 있다. 그래서 가끔 건성으로 반응하게 된다. 반면 지프시는 글자를 눈으로 따라가야 하므로 대화에 몰입하게 된다. 마치 친구나 연인이 눈앞에 앉아 있는 것처럼, 텍스트라는 가장 가벼운 데이터로 전화 이상의 '의사 대면' 커뮤닛케이션이 가능하다"라고 니시무라 씨는 말한다.

이처럼 거리와 공간을 초월해 '대면감'을 만들어내는 방식은 가상현실(VR)이나 메타버스 속 아바타 커뮤닛케이션을 연상시킨다. 그러나 '텍스트'라는 오래된 도구로 대면감을 실현했다는 점이야말로 지프시의 진정한 흥미로움이라 할 수 있다.

— 다카하시 마나부(프리라이터)

092.

유사 도면 검색

도면을 분석해 과거의 유사 사례를 찾아내다

기술 성숙 레벨 | 고　2030 기대지수 | 2.5

유사 도면 검색 기술을 응용한 서비스가 잇달아 등장하고 있다. 이 기술은 형태가 유사한 부품이 그려진 도면을 손쉽게 검색할 수 있도록 해주며, 제조업의 조달 업무를 효율화할 수 있다. AI 등의 발전으로 활용성이 높아지면서, 필요한 시점에 과거 도면이나 자료를 빠르게 찾기 쉬워졌다. 이에 따라 설계 부문과 생산기술 부문의 효율화도 기대되고 있다.

2024년 8월, 미스미그룹 본사는 유사 도면 검색 서비스 메비 파인더(meviy Finder)의 무료 제공을 시작했다. 이 회사는 고객이 도면을 업로드하면 자동으로 견적을 산출하고 발주까지 가능한 메비 2D(meviy 2D) 서비스를 운영 중이다. 메비 파인더를 이용하면 고객은 과거 발주 이력을 손쉽게 검색할 수 있어, 견적 산출이 한층 수월해진다.

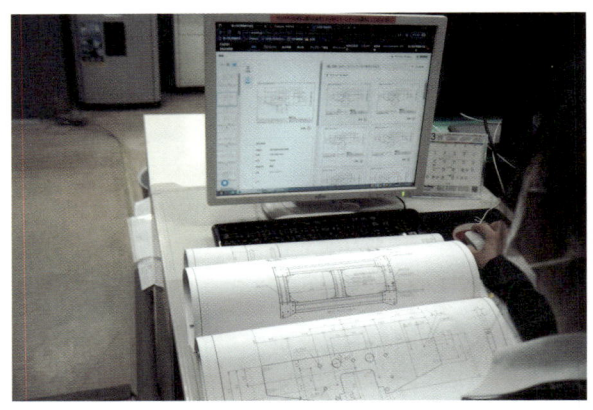

유사 도면 검색의 이용 장면
(출처: 닛케이 크로스 테크)

    캐디(CADDi, 도쿄 다이토구) 역시 제조업 DX 관련 서비스를 제공하며, 유사 도면 검색 기능을 갖춘 도면 관리 클라우드 서비스 캐디 드로어(CADDi Drawer)와, 이를 기반으로 한 조달 업무 지원 서비스 캐디 쿠오트(CADDi Quote)를 운영하고 있다.

    유사 도면 검색이 정확해지면 우선 조달 업무에서 비용 절감 효과를 얻을 수 있다. 예를 들어, 과거에 발주한 부품과 거의 같은 부품을 더 높은 가격으로 다시 발주하는 실수를 방지할 수 있다. 발주 전에 과거 실적을 참고하면 합리적인 가격을 판단할 수 있기 때문이다. 따라서 조달 경험이 많지 않은 담당자라도 적절한 금액으로 발주하기 쉬워진다.

    부품을 수주하는 기업 입장에서도 유사 도면 검색은 유용하다. 발주 기업으로부터 받은 도면을 토대로 견적을 제시할 때, 합리적인 금액을 신속히 산출할 수 있기 때문이다. 이로써 과도하게 낮은 단가로 수주해 손해를 보는 위험을 줄일 수 있다.

또한 설계 부문의 도면을 바탕으로 생산 공정을 결정하는 생산 기술 부문에서도, 과거 유사 사례를 재활용하면 작업 공수를 줄일 수 있다. 미숙련자라도 합리적인 판단을 내리기 쉬워진다는 점에서 조달 부문과 유사한 효과가 있다. 더불어 도면을 직접 작성하는 설계 부문 역시 유사 도면을 검색함으로써 불필요한 재도면화를 방지할 수 있는 메리트가 있다.

많은 제조업체에게 도면은 사업 운영의 핵심 자산이다. 중소기업이라도 과거 도면의 축적량이 수만 장에서 수십만 장에 이르는 경우가 적지 않다. 유사 도면 검색 기술은 이렇게 축적된 도면 데이터를 효과적으로 활용할 수 있는 중요한 수단으로, 제조업 전반에서 빠르게 확산되고 있다.

— 기자키 겐타로(닛케이 크로스 테크, 닛케이 모노즈쿠리)

093.

AI 챗 광고

AI 검색에 따라, 챗 응답에 광고를 삽입

| 기술 성숙 레벨 | 고 | 2030 기대지수 | 4.6 |

AI 검색이 일반화되면서, 기존의 검색 서비스가 이용자를 잃을 것이라는 전망이 나오고 있다. 특히 검색 연동형 광고는 디지털 광고 가운데 가장 큰 비중을 차지하는 거대 시장이기에, AI 검색 광고가 기존 광고 생태계를 뒤흔들 새로운 경쟁자로 떠오르고 있다.

2024년은 AI 검색이 본격적으로 등장한 해였다. AI 검색이란 이용자가 챗봇 형태로 AI에 질문을 입력하면, AI가 여러 웹사이트에서 관련 정보를 찾아 요약하고, 이를 응답 형식으로 표시하는 서비스다. 이러한 방식이 확산되면 기존의 검색 연동형 광고 중심의 인터넷 광고 에코시스템에 큰 변화를 가져올 가능성이 높다. 이에 따라 AI 검색 시대에 맞는 새로운 광고 시스템의 정립이 요구되고 있다.

AI 검색 서비스의 부상으로, 기존의 검색 연동형 광고 시장이 축소될 가능성이 있다.
(출처: Tada Images/stock.adobe.com)

　미국의 퍼플렉시티(Perplexity)는 2024년 하반기부터 미국 내에서 새로운 형태의 광고 서비스를 테스트하기 시작했다. 이 광고 방식은 AI 검색 결과에 표시되는 '관련 질문' 목록 중 하나에 광고주가 설정한 질문을 노출하는 형태다. 일반적으로 AI 검색에서는 사용자가 질문하면, 답변문과 함께 연관된 질문 후보가 함께 제시된다. 이때 광고주가 사전에 등록한 질문을 그 목록에 포함시키는 것이다.

　예를 들어, 이용자가 "캠핑에 추천할 만한 신발은 어떤 것이 있나?"라고 질문하면, 관련 질문 후보로 "○○(광고주 브랜드)의 신발이라면 어떤 제품을 추천할 수 있나?"라는 문항이 표시된다. 혹은 "비나 눈이 올 때 미끄럽지 않은 신발은 무엇인가?"와 같이 특정 브랜드에 국한되지 않은 일반적인 질문을 광고로 설정해, 자연스럽게 제품 비교와 구매 검토로 이어지도록 유도할 수도 있다.

덴쓰 디지털(도쿄 미나토구)의 CAIO(최고AI책임자) 겸 집행임원 야마모토 사토루 씨는 "앞으로는 사용자의 챗 대화 속에서, 광고임을 인식할 수 있는 형태로 광고주가 설정한 콘텐츠가 반영되는 서비스도 등장할 것이다. 예를 들어, 일반적인 AI 챗과 대화 도중에 배경색만 브랜드 색상으로 달라진 '스폰서드 대화'가 삽입되는 형태를 생각할 수 있다. 이미 일부 기업에서는 이러한 실증 테스트를 하고 있다"라고 말했다.

— 이시토비 야마토(닛케이 크로스 트렌드)

094.

AI 방범 G맨

방범 카메라에 전용 장치를 조합해,
'AI의 눈'을 구현

기술 성숙 레벨 | 고   2030 기대지수 | 9.6

대부분의 점포에 설치된 기존 방범 카메라에 전용 장치를 결합해, 저비용으로 'AI의 눈'을 구현하는 기술이다. 마케팅에도 응용할 수 있지만, 가장 먼저 실용화가 진행된 분야는 '도난 방지'다. (일본에서 'G맨(G-Man)'은 매장 내 절도나 범죄를 단속하는 민간 방범 요원을 뜻하는 표현이다. - 옮긴이)

엣지 AI 기술을 활용해 리테일 미디어 사업을 후방에서 지원하는 서비스를 제공하는 스타트업 아우루(AWL, 도쿄 시나가와)라는 기업이 있다. 엣지 AI란 AI를 클라우드가 아니라 디바이스 자체에 탑재해, 데이터를 단말기 측에서 직접 처리할 수 있도록 하는 기술을 말한다.

아우루는 독자 개발한 엣지 AI 디바이스 'AWL 박스'와, 디지털 사이니지(전자 광고판) 등에 설치해 사용하는 'AWL 라이트'를 연동

오른쪽의 네모난 박스형 기기가 엣지 AI 디바이스 '올박스(AWLBOX)'다. 기존의 방범 카메라를 AI 카메라로 전환할 수 있다.
(출처: AWL)

엣지 AI 카메라를 활용한 시스템으로, 여러 고객의 속성이나 행동을 동시에 분석할 수도 있다.
(출처: AWL)

시켜, 기존 방범 카메라나 매장 단말기를 손쉽게 AI화할 수 있도록 했다. 이를 통해 방범, 마케팅, 고객 응대, 업무 효율화 등 다양한 용도로 활용이 가능하다.

가장 먼저 효과가 입증된 것은 도난 방지 대책 분야다. 아우루는 홋카이도 지역의 드럭스토어 체인 사투도라홀딩스와 협력해 실제 매장에서 다수의 실증 실험을 거듭해 왔다. AI를 활용해 도난 행위를 높은 정밀도로 특정할 수 있는 기술을 확립함으로써, 본격적인 서비스 전개에 나설 기반을 마련했다. 2025년 6월에는 라쿠텐과의 공동 사업으로, 도난 억제와 판매 촉진을 동시에 실현하는 AI 솔루션 '라쿠텐 안심 사이니지'의 신청 접수도 시작했다.

초기에는 한계도 많았다. 고객이 선반에서 집은 상품을 장바구니에 넣은 것인지, 들고 있는 가방에 넣은 것인지를 천장 부근의 카메라 영상만으로는 판별하기 어려워 오검출이 잦았다. 반대로, 검출 조건을 완화하면 이번에는 실제 도난을 포착하지 못하는 미검출 사례가 늘어났다. 한때는 AI로 도난을 인식하는 것이 불가능하다고 여겨지기도 했다. 그러나 이 기술적 난관은 결국 극복되었다. 오검출과 미검출이 거의 사라져, 상용화가 가능한 수준에 도달했다.

점포 입장에서 보면 AWL의 도난 방지용 시스템 도입 효과는 절대적이다. 인력 부족 문제의 해소와 매출 증대라는 두 과제를 동시에 해결할 수 있기 때문이다.

그동안 기존의 도난 방지 활동은 점원이나 점장, 외부 경비 인력('방범 G맨'), 그리고 경찰의 방범 관리 부서가 협력해 수행했지만, 놓치는 경우도 많았다. 그러나 사투도라의 실제 점포에 AWL의 시스템을 도입해 검증한 결과, 도난 검지율이 비약적으로 향상된 것으로 확인되었다.

— 다카하시 마나부(프리라이터)

095.

감정 분석 AI

피부 온도, 심박수, 발한 등 생체 데이터를 기반으로 AI가 인간의 감정을 분석

기술 성숙 레벨 | 고   2030 기대지수 | 24.6

감정 분석 AI는 생체 데이터를 바탕으로 인간의 감정을 분석하는 기술이다. 신체의 반응으로부터 '긴장', '안심', '흥분' 등 감정 상태를 추정한다. 센서를 통해 얻은 데이터를 AI가 분석하여 감정의 변화를 실시간으로 파악할 수 있는 것이 특징이다. 이 기술은 게임이나 고객 응대 지원 등 다양한 분야에서 활용이 기대되고 있다.

감정 분석 AI를 개발하는 오보마인드(OVOMIND)는 2024년 9월, 마쿠하리 멧세에서 열린 도쿄게임쇼 2024에서 감정 분석 기능을 접목한 공포 게임 〈데드 섀도(Dead Shadows)〉를 선보였다. 게임 플레이어는 스마트밴드를 착용하고, 그 센서를 통해 피부 온도·심박수·피부 전기 반응·발한량 등의 생체 데이터를 실시간으로 측정한다. AI는 이 데이터를 기반으로 감정을 분석하고, 그 결과를

 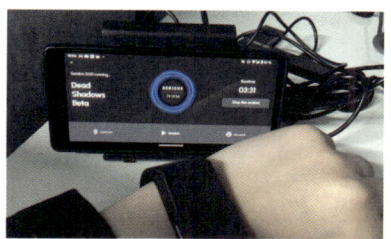

게임의 클라이맥스 장면. 이때의 감정은 'ALARMED(경계·긴장)'이다. 게임 화면의 가장자리가 붉게 변하고 있다.
(출처: 닛케이 크로스 테크)

스마트밴드를 착용해 감정 분석을 하는 모습. 이때의 감정은 'SERIOUS(진지함)'이었다.
(출처: 닛케이 크로스 테크)

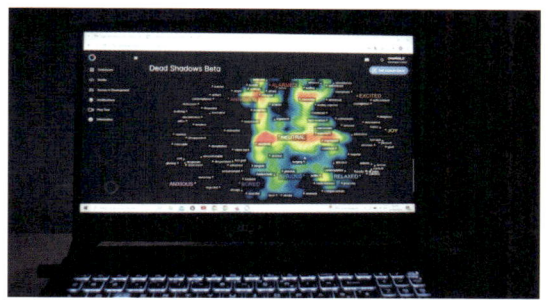

플레이어의 감정 상태를 시각화한 '감정 히트맵'
(출처: 닛케이 크로스 테크)

즉시 게임 전개에 반영한다.

〈데드 섀도〉는 손전등을 들고 폐허에서 탈출하는 형식의 공포 게임이다. 플레이 도중 스마트밴드는 블루투스(근거리 무선통신)를 통해 스마트폰과 연결되어, 현재 감정 상태가 실시간으로 표시된다. 실제 체험한 기자의 감정은 "긴장함(SERIOUS)", "불안함(ALARMED)" 등 공포심과 연결된 것이 중심이었다. 감정 변화에 따라 게임 화면이 좁아지거나 외곽이 붉게 변하는 등 시각적 연출도 즉시 바뀌었다.

감정 분석은 플레이어의 실시간 감정에 따라 게임 전개나 캐릭터의 대사를 동적으로 변화시켜, 몰입도를 높인다. 또한 플레이어의 감정 데이터를 '감정 히트맵' 형태로 시각화할 수 있어, 플레이 중 플레이어가 쉽게 질려하는 구간이나 흥분도가 높은 전투를 분석하는 등 콘텐츠 제작 과정에서도 새로운 데이터 피드백 도구로 활용될 가능성이 크다.

— 모리오카 레이(닛케이 크로스 테크, 닛케이 컴퓨터)

096.

전기 미각

미약한 전류를 흘려 짠맛과 감칠맛을 느끼게 하다

기술 성숙 레벨 | 저   2030 기대지수 | 9.2

전기 미각은 사람이 맛을 느끼는 미각기에 미약한 전기 자극을 흘려, 짠맛이나 감칠맛 등 미각을 변화시키는 기술이다. 예를 들어 젓가락이나 숟가락 같은 식기에 전류를 흘려 입에 넣으면, 짠맛을 유발하는 나트륨 이온이 미각기에 모여들어 맛을 더 강하게 느끼게 된다.

세계 최대급 기술 박람회 CES 2025(2025년 1월 7~10일, 미국 라스베이거스) 전시장 한쪽. 작은 공간이었지만 유난히 활기를 띠고 있던 곳이 푸드테크 전시 구역이었다.

 주목받은 기술 중 하나가 바로 '전기 미각'이었다. 전기 미각은 사람이 맛을 느끼는 미각기에 미약한 전기 자극을 흘려, 짠맛이나 감칠맛 같은 미각을 변화시키는 기술이다. 예를 들어 젓가락

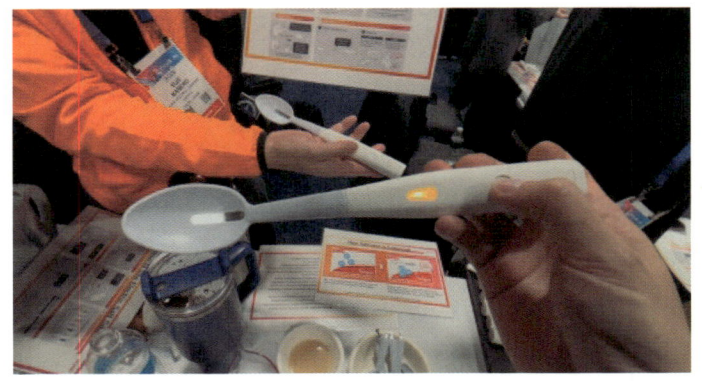

기린홀딩스는 2025년 1월 기술 박람회 'CES 2025'에서 전기 미각 기술을 활용한 '에레키솔트 스푼' 시식 체험회를 진행했다.
(출처: 닛케이 크로스 테크)

이나 숟가락 같은 식기에 전류를 흘려 입에 넣으면, 짠맛을 느끼게 하는 나트륨 이온이 미각기에 모여들어, 짠맛을 더 강하게 느낄 수 있게 된다.

CES 2025에서는 기린홀딩스가 짠맛과 감칠맛을 강화하는 스푼 '에레키솔트 스푼(Elecisalt Spoon, 전기 소금 스푼)'을 출품했다. 헬스 사이언스사업부 신규사업그룹의 에레키솔트 사업 책임자 사토 아이는 "무리 없이 저염 생활을 지속할 수 있도록 하고자 개발했다"고 설명했다. 이 제품은 CES 혁신상의 '디지털 헬스' 부문과 '접근성 & 에이지테크' 부문에서 동시에 수상했다.

원리는 이렇다. 스푼 손잡이에 탑재된 전극에서 미약한 전류가 흘러 손과 팔을 거쳐 몸으로 전달되면, "혀 주변이 마이너스 정전기를 띠게 된다"고 사토 씨는 설명한다. 이 상태에서 스푼에 음식을 올려 입에 넣으면, 짠맛을 내는 성분인 나트륨 이온(Na^+)이나

카라워터가 CES 2025에서 공개한 공기 중의 수분으로 커피를 추출하는 '카라포드(Kara Pod)'
(출처: 닛케이 크로스 테크)

감칠맛 성분인 아미노산 등의 양이온이 혀로 끌려가 짠맛과 감칠맛이 더욱 강하게 느껴지는 것이다.

충분한 효과를 얻으려면 손잡이 전극을 확실히 잡고, 천천히 음미하며, 음식이 스푼 부분 전극에 닿도록 해야 한다. 효과에는 개인차가 있다. 현장에서는 이 스푼을 이용한 라면 수프 시음이 진행됐다. 참관자들은 맛의 변화에 놀라거나, 차이를 잘 모르겠다는 반응을 보였다.

필자가 직접 시도해 본 결과, '짠맛이 강해진다'는 명확한 감각은 느끼지 못했다. 하지만 알루미늄 호일을 실수로 입에 넣었을 때와 같은, 찌릿찌릿한 '금속 맛'을 느꼈다. 이 제품은 2024년 5월 일본 내에서 한정 발매되었으며, 가격은 세금 포함 1만 9,800엔(약 17만 원)이다.

CES 2025에서 주목받은 또 다른 기술은 물을 보충하지 않아도

브리스크잇(Brisk It)의 스마트 그릴
조리 공간의 용적이 서로 다른 3종류의 제품이 라인업되어 있다.
(출처: 닛케이 크로스 테크)

되는 커피머신 '카라포드(Kara Pod)'였다. 미국 카라워터(Kara Water)가 개발한 이 제품은 공기 중 수분을 포집해 음용수를 생성하고, 그 물로 커피를 추출한다. 제습제(건조제)를 이용해 공기 중 수분을 흡착·회수한 뒤, 회수한 물을 필터와 자외선(UV) 램프로 정화한다. 하루 최대 3.2리터, 커피 약 13잔 분량의 물을 생산할 수 있으며, 물 전용 토출 노즐이 있어 정수기로도 사용할 수 있다.

카라포드의 크기는 폭 230mm×깊이 380mm×높이 355mm, 무게는 약 5.9kg이다. CES 혁신상의 가전 부문을 수상했으며, 2025년 4월부터 판매를 시작했다.

CES 2025의 또 하나의 트렌드는 생성형 AI를 활용한 레시피 제안 기능이었다. 미국 브리스크잇(Brisk It)은 요리에 특화된 생성형 AI '베라 AI(Vera AI)'와 연동되는 스마트 그릴을 발표했다. 스마트폰으로 식재료가 담긴 팬트리를 촬영하면 만들 수 있는 요리를 제안하고, SNS에서 본 음식 사진을 바탕으로 재현 방법을 안내한다. 예를 들어 "5인분 햄버거 레시피를 알려줘. 단, 한 명은 유제품 알레르기가 있고 매운 것은 먹지 못해"와 같은 자연어 지시에도 대응한다.

레시피가 정해지면 사용자는 AI 지시에 따라 재료를 손질한 후, 나머지는 스마트 그릴이 자동으로 조리한다. 오븐 온도는 80~260℃ 범위에서 자동 조절되며, 직화구이·찜·훈제·조림 등 레시피에 맞는 방식으로 조리된다. 그릴에는 목질 펠릿 자동 공급 시스템이 내장돼 있으며, 그릴 내부 온도와 훈연 상태를 자동으로 조정한다.

— 이시바시 다쿠마(닛케이 크로스 테크, 닛케이 일렉트로닉스)

097.

열사병 대응
펠티어식 냉각 베스트

전기를 흘려 소재를 냉각, 소형 팬보다 효율적

기술 성숙 레벨 | 고   2030 기대지수 | 13.1

건설 현장에서 열사병 대책은 시급한 과제다. 2025년 여름은 연일 폭염이 이어졌고, 앞으로도 이러한 기후가 지속될 전망이다. 2025년 6월에는 일본 후생노동성이 사업자에게 열사병 대책을 의무화했다. 이런 가운데, 열사병 대책으로 착용 가능한 '펠티어식 냉각 베스트'가 주목받고 있다.

펠티어식 냉각 베스트는 티셔츠 등 얇은 의류 위에 착용하는 형태의 베스트(조끼)다. 베스트 내부의 소재에 전기를 흘려 소재를 냉각시켜 몸을 식히는 구조다.

　일본의 종합 건설·부동산 기업 다이토켄타쿠는 2024년 7월, 공사 관리 업무를 수행하는 직원 100명 이상에게 이 펠티어식 냉각 베스트를 배포했다. 이 제품은 다이토켄타쿠와 이전부터 소형 팬 부착 작업복 등으로 거래가 있던 쇼와상회(나고야시)가 개발한

조끼를 착용해 열사병을 예방하는 모습
열사병 예방 제품인 '펠티어식 냉각 조끼'로, 사진 속 제품은 하네스형 타입이다.
(출처: 다이토켄타쿠)

'쿨픽스(COOLFIX) 시리즈'다.

쇼와상회는 2022년부터 쿨픽스 시리즈를 판매해 왔다. 베스트의 무게는 약 1킬로그램이다. 쇼와상회 영업부 상품기획과 가토 요시노리 과장은 "펠티어식 냉각 베스트는 당사 업계에서 가장 빠른 제품화였을 것"이라고 설명했다. 최근에는 여러 기업이 유사 제품을 출시하고 있다.

다이토켄타쿠 안전품질관리부 공사업무과 야바타 요코 과장은 "당사 판매 사이트에서 2024년 6~7월의 열사병 대책 제품 판매량이 크게 증가했으며, 그중 펠티어식 냉각 베스트의 인기가 높다"고 말했다. 이처럼 시장의 흐름에 다이토켄타쿠도 뛰어든 셈이다.

여름철 더위가 혹독해지면서 현장 책임자의 열사병 대책 의식

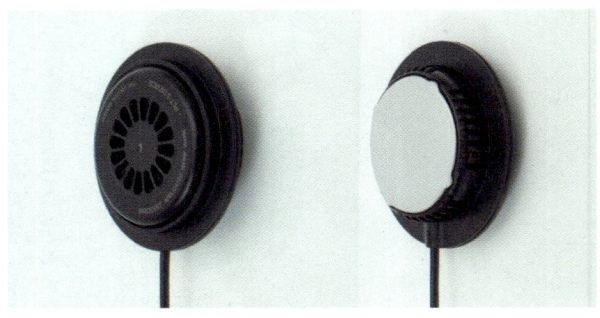

펠티어 소자가 흡열과 방열을 담당한다.
왼쪽은 방열면, 오른쪽은 흡열면으로, 냉각 효과가 있는 흡열면은 조끼의 안쪽에, 방열면은 바깥쪽으로 향하게 하여 열을 배출한다.
(출처: 쇼와상회)

도 높아지고 있다. 펠티어식 냉각 베스트는 소형 팬 부착 작업복보다 효율적으로 체온을 낮출 수 있어, 시장에 빠르게 확산되고 있다.

 펠티어식 냉각 베스트는 어떤 구조로 열사병으로부터 사람을 지키는 데 도움을 줄까? 베스트에는 반도체의 일종인 '펠티어 소자'가 부착돼 있다. 펠티어 소자에 직류 전류를 흘리면 한쪽 면이 흡열(냉각), 다른 면이 발열(가열)한다. 식은 그 냉각 면을 옷 안쪽에 배치해 몸을 식히는 구조다.

 쿨픽스 시리즈는 전류의 크기를 조절할 수 있고, 냉각 온도도 조절이 가능하다. 환경 온도를 최대 약 20도까지 낮출 수 있다고 한다. 전원에는 충전식 모바일 배터리를 사용한다.

 펠티어식 냉각 베스트와 소형 팬 부착 작업복을 병용하면 냉각 효과가 더욱 커진다. 건설 현장에서 이미 널리 사용되는 소형 팬 부착 작업복만으로는 옷 안이 뜨거워졌을 때 내부에 열풍을 순환

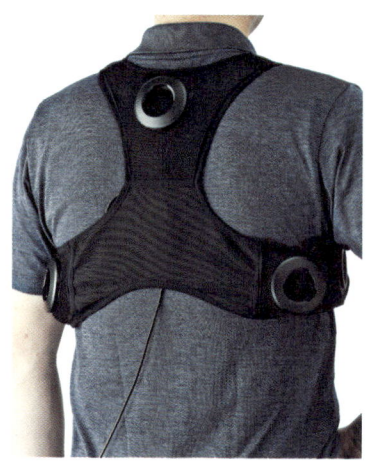 

하네스와 함께 사용할 수 있는 냉각 조끼
다이와하우스공업과 미도리안젠이 공동 개발한 펠티어 소자를 이용한 냉각 조끼이다.
(출처: 다이와하우스공업)

스위치로 냉각 세기 조절 가능
스위치를 전환해 냉각 세기를 '강, 중, 약'으로 조정할 수 있으며, 약 20도 정도의 냉각 효과가 있는 '강' 모드에서는 약 3시간 30분 연속 작동이 가능하다.
(출처: 쇼와상회)

시켜 오히려 더 더워질 수 있다. 그러나 펠티어식 냉각 베스트로 내부를 차갑게 만든 뒤 바람을 순환시키면 옷 안을 시원하게 유지하기가 훨씬 수월하다.

이에 다이토켄타쿠는 쇼와상회와 공동으로 '소형 팬 부착 펠티어식 베스트'를 개발했다. 2025년 여름부터 약 1,500명의 건설 현장 감독에게 대여하고 있다. 다이토켄타쿠의 야바타 과장은 "열사병 대책 제품의 제품군이 해마다 늘고 있다"고 말했다.

펠티어 소자를 적용한 작업복은 다이토켄타쿠뿐만 아니라 다른 건설사에서도 도입되기 시작했다. 예컨대 다이와하우스공업은 미도리안젠(도쿄 시부야)과 함께 높은 곳에서 작업할 때 착용하는 하네스와 병용할 수 있는 냉각 베스트를 개발했다. 다이와하우스

그룹과 협력사를 대상으로 2024년 5월부터 판매를 시작했다.

도다건설은 2024년 3월, 교토부 구미야마정의 플라텍과 공동으로 펠티어 소자를 이용한 배낭형 대형 냉각 디바이스 개발을 발표했다. 같은 해 6월부터 도다건설의 7개 건설 현장에서 시험 도입을 시작했다.

— 야마자키 소타(닛케이 크로스 테크, 닛케이 아키텍처)

098.

텔레비전 CM의 운용형 광고화

텔레비전 CM을 디지털 광고처럼 운영하고,
성과를 즉시 확인

기술 성숙 레벨 | 고   2030 기대지수 | 2.7

텔레비전 CM을 디지털 광고처럼 실시간으로 운용할 수 있게 한 새로운 형태의 광고 서비스가 등장했다. 이 서비스를 최초로 시작한 곳은 일본의 니혼TV 방송망(NTV)이다. 텔레비전 CM의 운용 효율성이 대폭 향상되면서, 광고주뿐 아니라 사이버에이전트(CyberAgent)를 비롯한 디지털 광고 대행사들도 텔레비전 CM 운용에 참여하기 시작하는 등 업계 전반에 큰 변화를 일으키고 있다.

기존의 텔레비전 CM은 광고 슬롯을 매입해 방영하기까지 약 한 달이 걸렸다. 또한 광고 영상(크리에이티브)은 원칙적으로 방영 4영업일 전까지 확정해야 하는 상업 관행이 있었다. 더구나 디지털 광고에서는 타기팅이 기본이지만, 텔레비전 광고는 시청자의 연령이나 성별을 구분하지 않고 GRP(연속 시청률)를 거래 단위로 삼아왔기 때문에 효율적인 운용이 어려웠다.

그러나 니혼TV 방송망이 도입한 새로운 텔레비전 광고 플랫폼 '스그리(Suguri)'의 등장으로 이러한 관행이 크게 바뀌고 있다. 지금까지 텔레비전 CM은 대규모 광고 슬롯 구매를 통해 미디어 바잉(매체 구매)에서 압도적인 영향력을 행사하던 덴츠나 하쿠호도 같은 대형 종합 광고대행사의 전유물이었다. 하지만 스그리에서는 경쟁 환경이 훨씬 평등해진다.

스그리의 특징은 ⑴타깃 인프레션 거래와 RTB(Real-Time Bidding, 실시간 입찰)의 도입, ⑵광고 성과를 디지털 화면에서 즉시 확인하고 즉시 구매 가능, ⑶방영 직전에도 광고 크리에이티브 변경 가능의 세 가지다.

타깃 인프레션 거래란 남녀별 6속성으로 시청자 타깃을 세분화해, 해당 속성에서 발생한 노출(인프레션) 수에 따라 과금하는 방식이다. 기존의 GRP 단위 거래와 달리, 지정한 타깃층의 인프레션에만 광고비가 발생한다. 이 거래 방식에서 남은 광고 슬롯은 RTB 방식으로 판매된다. RTB는 디지털 광고에서 일반적으로 사용되는 실시간 입찰 기반의 운용형 광고 방식으로, 광고주가 미리 대상층과 입찰가를 설정해 두면, 해당 조건에 맞는 노출 기회가 발생할 때 자동으로 경매가 진행된다. 가장 높은 입찰가를 제시한 광고주의 CM이 노출되는 구조다.

스그리는 이러한 RTB 방식을 지상파 텔레비전 CM에도 적용했다. 광고주는 방영 시간대, 타깃층, 인프레션 단가, 예산 상한 등을 미리 설정해 두면, 조건이 일치하는 CM 슬롯이 나올 때 자동으로 경매가 이루어진다. 이 RTB 방식의 적용 대상은 지상파 텔레비전 CM 재고에 한정된다.

 이로써, 텔레비전 CM도 직전 설정 변경이나 실시간 송출 제어가 가능한 유연한 '운용형 광고'운용이 가능해진다.

— 이시토비 야마토(닛케이 크로스 트렌드)

099.

최애테크

좋아하는 아이돌·캐릭터 등 '최애'를
일상에서 더 가깝게

| 기술 성숙 레벨 | 중 | 2030 기대지수 | 4.2 |

좋아하는 아이돌이나 캐릭터를 '최애'라고 부르며, 그 존재에 시간과 돈을 아낌없이 쏟는 '최애 활동'은 이제 나이나 성별을 넘어 보편적인 문화가 되었다. 기술의 발전은 이러한 최애 활동을 한층 더 다양하게 만들어주고 있다. 디지털 기술 덕분에, 최애가 마치 일상 속에 함께 존재하는 것처럼 느껴지는 가까운 미래가 다가오고 있다.

팬들이 '최애'를 응원하는 행동을 뜻하는 '최애 활동'은 보통 최애가 출연하는 작품을 감상하거나, 굿즈를 구매하거나, SNS를 통해 마음을 표현하는 것을 말한다. 최근에는 이런 최애 활동에 테크놀로지가 결합되며 그 폭이 더욱 넓어지고 있다. VR(가상현실)이나 MR(복합현실)과 최애 활동이 융합된 서비스, 응원 광고를 위한 디지털 사이니지 서비스 등이 속속 등장하고 있다.

한국 서울 강남구의 메가박스 코엑스(MEGABOX COEX)에서 '투모로우바이투게더'의 VR 콘서트 상영이 시작된 모습
(출처: 하이브 재팬)

　2024년에는 한국의 보이그룹 투모로우바이투게더가 일본 5개 도시를 포함한 세계 11개 도시의 영화관을 순회하는 'VR 콘서트 투어'를 개최해 K팝 팬들 사이에서 큰 화제를 모았다. 팬들은 좌석마다 VR 헤드셋을 착용한 채, 가상 공간 속에서 각자 원하는 각도에서 최애의 모습을 가까이서 감상했다. 지금은 다소 낯설게 느껴질 수 있지만, 이 경험은 기술이 만들어내는 새로운 '최애 활동'의 형태를 실감하게 한다.

　최애 성우의 목소리로 진행되는 이야기에 MR로 몰입하거나, 최애 캐릭터와 AI를 활용해 대화하는 등, 현실 공간에 디지털을 겹쳐내는 서비스도 등장하고 있다.

　2024년 9월, 오사카시 기타구 '그랑그린 오사카'의 우메키타 공원에서 시작된 공간 엔터테인먼트 프로젝트 '미라주 오사카'의 제1탄 '엔챈트리'에서는, 애플의 고글형 공간 컴퓨팅 디바이스 '애플 비전 프로'를 착장한 체험자가 현실의 공원을 마법의 세계로

올리스의 데모에서는 음성 안내에 따라 "의자에 앉으세요"라는 지시가 나오고, 의자에 앉으면 이야기의 다음 장면이 이어지는 음성이 재생된다. 사용자는 스마트폰을 목에 걸고, 이어폰(사진에서는 안경형 이어폰)을 착용하기만 하면 자유롭게 움직이며 체험할 수 있다.
(출처: 닛케이 크로스트렌드)

변화시키는 이야기를 체험했다.

MR 스타트업 가타리(GATARI, 도쿄 치요다)가 개발한 음성 MR 플랫폼 '올리스(Auris)'는 사용자가 스마트폰과 이어폰을 이용해 음성 지시에 따라 특정 장소로 이동하는 등 직접 MR 이야기 속을 이동하며 체험을 이어가는 서비스다. 예를 들어 계단을 내려갈 때 최애의 목소리로 "계단 조심해"라는 음성이 들리면, 정말로 옆에 있는 듯한 느낌을 받을 수 있다. 모든 장치를 가상 공간에서 구성할 수 있어, 시설 측이 별도의 공사를 하지 않고도 어디서든 체험을 설계할 수 있다는 점도 장점이다.

한편, 디지털 사이니지를 활용한 '응원 광고'는 이미 하나의 문화로 자리 잡았다. 응원 광고란 팬이 자발적으로 게시하는 '최애'의 광고를 뜻한다. 예를 들어 오디션 프로그램에 출연한 최애를 위한 투표 독려 광고, 생일이나 기념일을 축하하는 광고, 지방 공연을 응원하는 환영 광고 등이 있다. JR 동일본은 포스터형 응원 광고를 선도적으로 전개해 왔다.

차지스팟(ChargeSPOT)의 디지털 사이니지에 응원 광고를 표시한 모습
(출처: 인포리치)

　모바일 배터리 공유 서비스 '차지스팟(ChargeSPOT)'으로 알려진 인포리치는 2024년 '치어스팟(CheerSPOT)' 서비스를 시작했다. 차지스팟의 디지털 사이니지를 통해 팬이 전용 앱 하나로 응원 광고를 직접 게재할 수 있는 시스템이다.

　인포리치의 아키야마 히로노부 CEO는 "현재 일본 내에 약 5만 대의 차지스팟이 설치되어 있으며, 이는 일본 내 편의점 수에 육박한다. 게다가 중국, 대만, 홍콩, 싱가포르, 태국, 마카오 등 해외 거점을 포함하면 총 7만 4,900대에 이른다"고 설명한다. 그는 또 "이제는 팬이 자발적으로 최애를 응원하는 시대다. 차지스팟은 모바일 배터리를 '빌리고, 반납하는' 오프라인 접점을 통해 팬과 아티스트를 잇는 다리 역할을 하고 싶다"고 말했다.

　이 서비스는 아티스트의 생일 전후 등 IP(지식재산권) 권리자가 정한 기간 내에서, 사용자가 지정한 날짜·시간·장소에 광고를 게재할 수 있도록 설계됐다. 광고는 IP 권리자가 승인한 이미지에

팬의 닉네임을 넣는 형태이며, 2025년 8월부터는 '마이 디자인(My Design)' 기능을 활용해 팬이 직접 제작한 콘텐츠도 게재할 수 있다. 수익의 일부는 IP 권리자에게 배분된다.

아키야마 씨는 "기존 응원 광고는 아티스트에게 수익이 돌아가지 않거나, 아티스트 소속사의 허가 없이 이미지가 사용되는 문제가 있었다"며 "치어스팟은 이런 불안 요소를 없애, 팬이 안심하고 최애를 응원할 수 있는 시스템을 마련했다"고 강조한다.

이처럼 치어스팟은 기존 응원 광고의 불명확한 권리 구조를 개선하고, 팬의 자기만족을 넘어 최애를 직접 지원할 수 있는 구조를 만들었다는 점에서 새로운 가치를 갖는다. 테크놀로지의 진화와 함께, 팬들의 '최애 활동'은 앞으로 더욱 개인에게 밀착된 형태로 진화해 나갈 것이다.

— 시나다 아야카 (닛케이 크로스 트렌드)

100.

뉴로마케팅

뇌파 반응 데이터를 마케팅에 활용

| 기술 성숙 레벨 | 고 | 2030 기대지수 | 17.9 |

그동안 담당자의 취향이나 감각에 의존하던 상품 패키지 제작에 과학적 접근을 도입하려는 시도가 시작되고 있다. 소비자의 평가를 뇌파 반응 데이터로 '가시화'해 상품 개발에 반영하는 뉴로마케팅이다.

도쿄 시내의 한 맨션. 30~59세 여성 26명이 한 방에 모였다. 조사 담당 직원이 여성들에게 이렇게 말한다. "기온이 올라, 지금은 초여름입니다. 최근 집 주변의 바퀴벌레가 신경 쓰이기 시작했습니다. 그 상황을 상상해 주세요." 이어서 "바퀴벌레 퇴치를 위해 평소 다니는 홈센터나 드럭스토어에 왔다고 생각하시고, 평소처럼 쇼핑해 보세요"라고 말하며, 모니터에 실제 해충 퇴치용품이 진열된 선반 이미지가 띄워졌다. 모니터 주변에는 시선 추적 센서가 설치되어, 시선이 머무는 순서와 시간 등 세부 데이터가 기록된다.

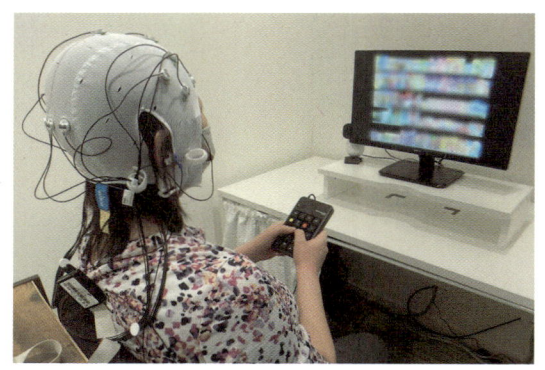

진열대 배열 이미지(선반 배치 이미지)를 표시해 시선의 움직임을 측정하는 조사. 사진은 샘플용으로 촬영된 것이다.
(출처: 아스제약)

 이 조사는 아스제약이 추진하는 뉴로마케팅의 일환으로, 뇌파 반응을 상품 개발에 반영하는 실험이다. 대상은 바퀴벌레 퇴치용 원푸시형 스프레이 '한 번 누르기만 하면 되는 아스레드 무연 푸시 스프레이'를 리브랜딩 해 2024년 2월 새로 출시한 '고킷슈 슛, 스고이!(바퀴벌레 슛! 대단해!)'의 패키지였다.
 "경쟁사 제품을 이기는 것이 목적이 아니라, 원푸시로 바퀴벌레가 사라진다는 점을 소비자에게 명확히 전달해 구매로 이어지게 하는 것이 목표였다. 그래서 소비자의 시선을 끌 수 있는 임팩트 있는 디자인을 만들고자 했다." 아스제약에서 뉴로마케팅을 담당하는 신도 토무 계장(신가치창조본부 컨슈머 인사이트실)은 이렇게 패키지 제작 과정을 설명한다.
 아스제약의 뉴로마케팅은 '시각적 인지, 호감, 전달'의 세 가지 지표를 중심으로 조사한다. 패키지를 봤을 때의 뇌파 반응, 시선

진열대에서의 주목도 조사 결과. 히트맵이 붉을수록 오래 주목받은 영역이며, 녹색에 가까울수록 시선이 머문 시간이 짧음을 나타낸다.
(출처: 아스제약)

이동 패턴, 상품 이미지 평가, 그리고 주관적 설문조사를 결합해 다각도로 분석한다.

첫 단계는 진열대에서의 시인성 조사다. 조사대상자들은 해충 퇴치 용품이 진열된 매장 선반 이미지를 보고, 눈길이 가는 순서와 체류 시간을 측정받는다. 단순히 '위치가 좋아서 눈에 잘 띈다'는 요인을 배제하기 위해 여러 패턴의 진열 이미지를 사용한다. 아스제약은 실제 매장에서 해충 퇴치 용품에서 '카테고리 캡틴'으로서 소매점포에 진열안을 제안해 왔으며, 축적된 데이터를 바탕으로 조사 이미지를 구성했다.

호감 조사에서는 조사대상자 머리에 뇌파 측정 기기를 착용시켜 감정의 변화를 분석한다. 이번 제품은 소비자에게 주는 '임팩트'를 중시했기 때문에 '각성도'라는 지표에 주목해 조사를 실시했다. 신도 씨는 "흥미로운 대상을 봤을 때 순간적으로 눈이 번쩍

'고킷슈 슛, 스고이!' 패키지. 왼쪽은 60회 분사 타입, 오른쪽은 120회 분사 타입이다.
(출처: 아스제약)

뜨이는 반응과 비슷하다"고 설명한다.

전달 조사에서는 '효과감'을 중시한다. 조사대상자에게 두 가지 상품 이미지를 보여주고, "어느 쪽이 바퀴벌레를 더 잘 퇴치할 것 같은가?"를 반복해 묻는다. 버튼으로 수차례 답변하게 하고, 각 답변까지 걸린 시간도 기록하여 반영해 정밀도를 높였다.

이러한 조사를 거쳐 2024년 2월 출시된 '고킷슈 슛, 스고이!'는 놀라운 결과를 냈다. 신도 씨조차 "이렇게 좋은 결과가 나올 줄은 몰랐다"고 말할 정도로 초반 판매가 순조로웠다. 2021년 2월 출시된 기존 제품 '한 번 누르기만 하면 되는 아스레드 무연 푸시 스프레이'와 비교했을 때, 출시 후 8개월간 매출이 약 2.2배 증가한 것이다.

아스제약이 뉴로마케팅을 본격적으로 도입한 계기는 "감각적인 판단에 의존한 패키지 결정 방식에 문제의식을 느꼈기 때문"이었다고 신도씨는 말한다. 이전에는 소비자 조사가 충분하지 않아 내부에서 "이 패키지는 별로다"라는 의견이 나와도 구체적인 근거를 제시하기 어려웠다. 또한 영업 부문에서도 소매점에 패키지의 우수성을 설득력 있게 설명할 방법이 필요했다.

이를 계기로 2017년에 전담팀을 만들고 외부 기관과 공동 연구를 시작했으며, 2020년부터는 자체적으로 연구를 내재화했다. 신도 씨는 "처음엔 회의 중 '이 과제는 뉴로 조사로 접근할 수도 있지 않을까' 제안하는 정도였지만, 실적이 쌓이면서 이제는 핵심 상품이라면 뉴로 조사를 병행하는 경우가 늘어났다"고 말한다. 또한 앞으로는 시각뿐 아니라 후각·촉각 분석 등 감각 전반으로 뉴로마케팅을 확장하고 싶다고 덧붙였다.

— 이시토비 야마토(닛케이 크로스 트렌드)

스페셜 리포트

테크놀로지
미래 투자 지수

뛰어난 잠재력을 가진 기술을 선별하는 일은 기업 경쟁력을 크게 좌우한다. 닛케이 크로스 테크와 스타트업 데이터베이스(DB)를 운영하는 주바(Zuva)는 공동으로 '테크놀로지 미래 투자 지수'를 개발했다. 주바가 보유한 155만 개가 넘는 스타트업의 자금 조달 동향을 분석해, 기술 분야별 성장 기대치를 수치화한 것이다.

앞으로 어떤 테크놀로지가 사회를 바꿀 것인가? 성장 가능성이 높은 기술을 빠르게 눈여겨보는 것은 기업의 경쟁력을 크게 좌우한다. 성장 가능성이 있는 기술 섹터에 일찌감치 인력과 자금 같은 자원을 투입하면 경쟁사보다 앞서 나갈 수 있기 때문이다. 와세다대학 이공학술원 기토 토모미 교수는 "유력 스타트업이 주목받기 시작했을 때 투자 결정을 내리는 것은 이미 늦다"고 지적한다.

그러나 유망 기술을 정확히 가려내는 일은 쉽지 않다. 그래서 닛케이 크로스 테크와 주바가 함께 만든 것이 '테크놀로지 미래 투자 지수'다. 155만 개 이상의 스타트업 데이터를 기반으로 자금 조달 흐름을 분석해 기술별 성장 기대치를 수치로 표현했다. 기토 교수가 이를 감수했다. 2025년 5월 닛케이 크로스 테크 웹사이트에서 처음 공개됐고, 같은 해 7월 업데이트가 이뤄졌다. 앞으로도 정기적으로 개정될 예정이다.

두 가지 독자 지수를 활용

테크놀로지 미래 투자 지수는 두 가지 독자 지수를 기반으로 산출되었다. 첫째, '트렌드 지수'는 특정 기술 분야에 유입되는 자금의 증가율을 보여주는 지표다. 예를 들어, 가장 최근 연도의 누적 자금 조달액의 연평균 성장률이 3년 전보다 높을수록 기대치가 크다고 본다. 둘째, '성숙도 지수'는 자금 조달 라운드(회수)의 평균치를 측정해 각 기술의 성숙 단계를 나타낸다. 성숙도가 낮을수록 성장 여지가 크다고 판단해 높은 평가를 부여한다.

이 두 지수를 조합해 편차값으로 환산한 것이 테크놀로지 미래 투자 지수다. 이번에는 2025년 3월 데이터를 기반으로 상위 50위까지의 랭킹을 작성했다. 각 기술 분야별 누적 자금 조달액도 함께 제시해 규모감을 파악할 수 있게 했다.

미래 투자 지수 1위는 '암석 풍화 강화'였다. 네거티브 에미션(탄소 제거) 기술의 하나로, 분쇄한 암석을 농지 등에 살포해 대기 중

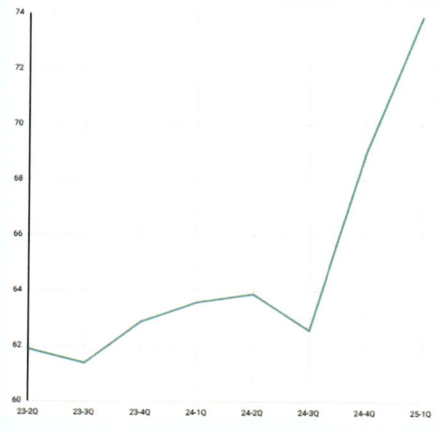

2025년 3월 말 시점에서 랭킹 1위를 차지한 '암석 풍화 강화'의 테크놀로지 미래 투자 지수 추이
(출처: 주바의 데이터를 바탕으로 닛케이 크로스 테크가 작성)

이산화탄소를 흡수·고정화한다. 탈탄소 효과뿐 아니라, 농작물 수확량 증가나 토양 개선과 같은 부수적 효과도 기대할 수 있다는 점이 특징이다.

2위에 오른 것은 '딥페이크 검출'이었다. 생성형 AI의 등장이 주목을 모으면서, 누구나 쉽게 이미지·영상·음성을 만들어낼 수 있게 된 반면, 정교한 가짜 정보가 급증하고 있다는 문제가 부각되고 있다. 그러한 가짜 정보를 검출하는 기술로서 사회적 요구가 높아지면서, 2024년 말 20위에서 크게 뛰어올라 2025년에는 2위를 차지했다.

3위는 '우주 자원 채굴'이다. 천체에 존재하는 희소금속이나 물을 확보하려는 시도로, 소행성에는 희귀금속이 존재하는 것으로 알려져 있다. 물은 인간이 직접 활용할 수 있을 뿐 아니라, 수소와 산소로 분해해 로켓 연료 등에 응용할 수 있을 것이라는 기대도 크다.

👑 테크놀로지 미래 투자 지수 (2025년 3월 말 시점의 자금 조달 동향을 바탕으로 산출)

순위	기술명	종합	트렌드	성숙도	누적 자금 조달액(USD)
1	암석 풍화 강화	73.9	75.5	58.8	1억 4,850만
2	딥페이크 검출	71.3	71.7	59.7	1억 5,980만
3	우주 자원 채굴	68.2	65.4	64.5	8,470만
4	배터리 리사이클	66.3	67.0	56.9	3억 7,690만
5	AI 에이전트	64.1	67.7	49.9	318억
6	인공위성 수명 연장	64.0	62.1	60.9	6,000만
7	자기 분리(자력 분리)	62.7	52.4	77.0	990만
8	멀티모달 AI	62.0	66.7	46.6	305억
9	3D 스트리밍	60.7	51.4	74.4	4,000만
10	LLM(대규모 언어모델)	60.7	67.5	41.7	456억
11	AI 조향(튜닝)	60.6	59.0	58.5	7,010만
12	드라이 전극	60.4	62.1	51.8	7,400만
13	하이브리드 커패시터	60.4	57.6	60.6	4,180만
14	AGI(범용 인공지능)	60.0	67.3	40.3	415억
15	스마트 미러	58.6	47.5	76.6	310만
16	리그닌 유래 소재	57.9	50.5	68.8	6,700만
17	스테이블코인	57.8	50.1	69.5	1억 4,770만
18	리얼월드 자산	57.7	53.2	62.8	1억 1,440만
19	스핀트로닉스	57.3	48.9	70.4	1,730만
20	자가복원 소재	57.0	47.0	73.6	340만
21	유기 반도체	57.0	56.7	54.1	2,940만
22	소프트웨어 정의 배터리	56.8	57.2	52.5	5억 3,790만
23	디지털 클론	56.6	46.5	73.6	950만
24	인공 광합성	56.2	53.9	57.7	5,940만
25	디지털 포렌식	56.0	53.0	59.0	8,200만
26	이자 농사(Yield Farming)	55.6	49.1	65.8	9,450만
27	재생 금융	55.4	53.2	57.1	1억 1,630만
28	스포츠 선수 추적	55.3	49.7	63.8	7,010만
29	환경 DNA	54.6	55.4	50.7	1억 3,010만
30	AI 컴패니언	54.6	48.9	63.6	1억 1,570만
31	탄소 흡착	54.5	50.8	59.6	7,270만
32	다이아몬드 반도체	54.2	50.2	60.1	7,040만
33	금속 유기 구조체(MOF)	54.2	54.5	51.4	6억 5,380만
34	산불 감지	54.0	51.6	56.8	2억 1,240만
35	바이오리칭(Bioleaching)	54.0	50.2	59.5	1억 2,490만
36	소비자 데이터 수익화	53.2	47.6	63.0	1억 50만
37	양자 센서	53.1	52.6	52.4	4억 5,940만

순위	기술명	종합	트렌드	성숙도	누적 자금 조달액(USD)
38	마이크로 로봇	53.0	52.8	52.0	1억 4,080만
39	제로 지식 증명	53.0	50.8	55.8	1억 6,060만
40	시각적 프롬프트	52.9	58.6	40.1	143억
41	사족보행 로봇	52.8	53.3	50.4	3억 7,040만
42	탄소 크레딧 부여	52.4	53.2	49.7	1억 9,970만
43	인간 확장	52.4	51.3	53.4	1억 9,760만
44	뇌-컴퓨터 인터페이스	52.2	51.1	52.5	4억 3,750만
45	4D 프린팅	51.9	48.8	57.2	3,820만
46	해양 자원 탐사	51.9	54.3	46.1	11억
47	하이퍼스케일 데이터센터	51.8	52.2	50.2	4억 5,700만
48	탄소섬유 복합 소재	51.8	48.9	56.6	1억 4,500만
49	광 인터포저	51.6	55.4	43.2	13억
50	디지털 후각 분석	51.5	46.7	60.4	1억 740만

* 종합 지수는 소수점 둘째 자리 이하까지 반영해 순위를 산정함
(출처: 닛케이 크로스 테크, 주바)

2018년 시점의 로우코드 기준으로 지수 산출

이번 랭킹에서 상위 10위에 든 기술들은 모두 '테크놀로지 미래 투자 지수'가 60을 넘는다. 하지만 그 수치가 얼마나 큰 기대치를 의미하는지는 직관적으로 와닿지 않을 수 있다. 그래서 참고로, 이미 일정 수준 사회에 구현이 진행된 기술이 과거에 어느 정도의 지수를 보였는지를 돌아봤다. 구체적으로는 '로우코드(기업 간 업무 효율화용 개발 플랫폼 기술)'에 대해, 붐이 일어나기 이전 시점의 '테크놀로지 미래 투자 지수'를 산출했다. 로우코드는 이미 기업 간에 널리 보급되어 있다. 최근 테크놀로지 미래 투자 지수에서는 상위 50위에 들지 않았지만, 2018년 시점에서 분석하면 로우코

드의 '테크놀로지 미래 투자 지수'는 61.6으로, 이번 랭킹 기준으로는 9위에 해당한다. 트렌드 지수(59.9)와 성숙도 지수(59.3)가 균형 있게 높았다.

기술 성장성을 가늠하는 잣대

테크놀로지 미래 투자 지수 순위 상위권에 포함된 기술들 가운데는 아직 역사가 짧거나 플레이어가 적은 분야도 적지 않다. 따라서 이번 순위에는 들어갔지만 단기간에 존재감을 잃고 사라질 수도 있다. 그러나 반대로 테크놀로지 미래 투자 지수를 활용하면 대중적으로 알려지기 전 단계에서 잠재력 있는 기술을 발견할 기회를 넓힐 수 있다고도 말할 수 있다.

닛케이 전망 테크놀로지 2026
미래를 바꿀 기술 트렌드 100

초판 1쇄 인쇄 | 2025년 11월 19일
초판 1쇄 발행 | 2025년 11월 26일

지은이　　| 닛케이BP
옮긴이　　| 박미연
펴낸이　　| 전준석
펴낸곳　　| 시크릿하우스
주소　　　| 서울시 마포구 월드컵북로 400 서울경제진흥원 5층 23호
대표전화　| 02-3153-1355
팩스　　　| 02-3153-1356
이메일　　| secret@jstone.biz
블로그　　| blog.naver.com/jstone2018
페이스북　| @secrethouse2018
인스타그램| @secrethouse_book
출판등록　| 2018년 10월 1일 제2019-000001호

ISBN 979-11-94522-27-0 03320

- 이 책은 저작권법에 따라 보호받는 저작물이므로 무단전재와 무단복제를 금지하며, 이 책의 전부 또는 일부를 이용하려면 반드시 저작권자와 시크릿하우스의 서면 동의를 받아야 합니다.
- 값은 뒤표지에 있습니다. 잘못된 책은 구입처에서 바꿔드립니다.